आचार्य हजारीप्रसाद द्विवेदी के उपन्यास

आचार्य हजारीप्रसाद द्विवेदी के उपन्यास

डॉ. पल्लवी श्रीवास्तव

लोकभारती प्रकाशन

लोकभारती प्रकाशन
पहली मंजिल, दरबारी बिल्डिंग, महात्मा गाँधी मार्ग
इलाहाबाद-211 001

वेबसाइट : www.lokbhartiprakashan.com
ईमेल : info@lokbhartiprakashan.com

शाखाएँ : 1-बी, नेताजी सुभाष मार्ग, दरियागंज
नयी दिल्ली-110 002
अशोक राजपथ, साइंस कॉलेज के सामने
पटना-800 006 (बिहार)
36-ए, शेक्सपियर सरणी
कोलकाता-700 017

प्रथम संस्करण : 2018

मूल्य : ₹ 400

आस्था पेपर कन्वर्टर
इलाहाबाद द्वारा मुद्रित

ACHARYA HAZARIPRASAD DWIVEDI KE UPANYAS
by Pallavi Srivastva

ISBN : 978-93-86863-98-0

अनुक्रम

भूमिका

आचार्य हजारीप्रसाद द्विवेदी हिन्दी साहित्य के नभ मण्डल के ऐसे धूमकेतु हैं, जिन्होंने अपने विलक्षण प्रतिभा से हिन्दी जगत् के हर पहलू को आलोकित किया। उनका साहित्यिक व्यक्तित्व बहुआयामी है। वह एक श्रेष्ठ निबन्धकार, विद्वान् आलोचक, सिद्धान्त साहित्येतिहासकार और महान् उपन्यासकार के रूप में अपने नैसर्गिक ज्ञान से हिन्दी जगत् को समृद्ध और अलंकृत किया। उनकी बौद्धिक चेतना के क्षितिज तक पहुँचना प्रबुद्ध-जनों के बीच जिज्ञासा का विषय रहा है। जीवन के विभिन्न पक्षों को जिस सफलता और सहायता से वह वर्णित करते हैं, वह अपने आप में असाधारण है। उनकी मान्यताएँ, धारणाएँ तथा परिकल्पनाएँ उच्च स्तरीय साहित्यिक प्रतिभा को दर्शाती हैं। उनके उच्छल सहृदयता और प्रकाण्ड पाण्डित्य एक ओर जहाँ हमें बरबस विमुग्ध करती हैं वहीं उनकी व्यापक अनुभूति और विचारों का सहज प्रवाह मनःप्राण को अभिषिक्त करती हुई हमारी बुद्धि को व्यापकता प्रदान करती है।

सन् 1907 ई. में बलिया जिले के 'आरत दुबे का छपरा' नामक गाँव में एक प्रतिष्ठित सरयूपारीण ब्राह्मण कुल में द्विवेदी जी का जन्म हुआ। उनके प्रपितामह आरत दुबे ने 28 वर्षों तक काशी में रहकर ज्योतिष विद्या का गहन अध्ययन किया था। उनके पिता अनमोल द्विवेदी भी प्रसिद्ध पण्डित और ज्योतिष थे। इस तरह विद्याध्ययन का संस्कार उन्हें अपने विरासत में मिला। वंश-परम्परा के अनुसार उन्होंने अपनी प्रारम्भिक शिक्षा संस्कृत भाषा में प्रारम्भ किया और आगे चलकर काशी हिन्दू विश्वविद्यालय से 1929 ई. में संस्कृत साहित्य से शास्त्री और 1930 ई. में ज्योतिष विषय से शास्त्राचार्य की उपाधि प्राप्त किया। बीसवीं शताब्दी के जिस दौर में उनका जन्म, पालन-पोषण, शिक्षण, जीविका एवं लेखन का कार्य आरम्भ हुआ वह ऐतिहासिक दृष्टि से अशान्ति और संघर्षों का दौर था। यह इतिहास का वह काल-खण्ड था, जब देश स्वतन्त्रता-संग्राम की देशव्यापी लहर से आन्दोलित हो रहा

था। एक ओर वामपन्थी आन्दोलन की शुरुआत हो रही थी वहीं हिन्दू-मुस्लिम साम्प्रदायिक शक्तियाँ तेजी से आगे बढ़ रही थीं। साहित्य में छायावाद के पतन के बाद शोषित और दलितों के पक्षधर प्रगतिवादी विचारधारा का प्रादुर्भाव हो रहा था। इसी दौरान बाबा साहेब भीमराव अम्बेडकर दलितों और गरीबों के अधिकार की रक्षा के लिए सामने आये। राजा राममोहन राय, स्वामी दयानन्द सरस्वती, रामकृष्ण परमहंस, विवेकानन्द, केशवचन्द्र जैसे प्रगतिशील और परिवर्तनकारी चिन्तकों ने अपने विचारों और कार्यों से ऐसी जागृति उत्पन्न की कि सम्पूर्ण देश में स्वाधीनता की भावना लोकमानस को उद्वेलित करने लगी। ऐसे जटिल एवं संघर्षपूर्ण काल में जब देश अपने अस्तित्व और अस्मिता की रक्षा के लिए संघर्षरत था द्विवेदी जी ने अपना लेखन कार्य आरम्भ किया। उनकी रचनाओं पर इस देशव्यापी आन्दोलन का प्रभाव देखा जा सकता है।

द्विवेदी जी के जीवन पर महाकवि कालिदास, बाणभट्ट, कबीरदास, महामना मालवीय जी, विश्वकवि रवीन्द्रनाथ ठाकुर, आचार्य क्षितिमोहन सेन, विधुशेखर भट्टाचार्य और महात्मा गाँधी आदि महापुरुषों और उनके विचारों का गम्भीर प्रभाव पड़ा, लेकिन उनके व्यक्तित्व पर रवीन्द्रनाथ ठाकुर के मानवतावादी जीवन-दर्शन का सबसे गहरा और व्यापक प्रभाव परिलक्षित होता है, यही कारण है कि उन्होंने शान्तिनिकेतन में रवीन्द्रनाथ के सत्संग में आगमन को अपना द्विजत्व मानते हैं। पहली मुलाकात में ही गुरुदेव ने आशीर्वाद देते हुए कहा था—"यहाँ का जो कुछ उत्तम है, उसे लेना और तुम्हारे भीतर जो सर्वोत्तम है उसे देना।" (हजारीप्रसाद द्विवेदी ग्रन्थावली-खण्ड-9, पृ. 477) इसे अपने जीवन का महामन्त्र मानते हुए वे लिखते हैं—"यह मन्त्र सदा-सर्वदा मेरा मार्गदर्शक सिद्ध हुआ। हर क्षेत्र में जो सबसे अच्छा है, उसे ग्रहण करो। गन्दगी और गलौज की उपेक्षा करो। जो तुम्हारा सर्वोत्तम है—भले ही वह औरों की दृष्टि में नगण्य हो उसे ही दो। त्रुटियाँ और कमजोरियाँ तुम्हारी अपनी हैं, उन्हें मत बाँटो— यह मन्त्र ही मेरी वास्तविक दीक्षा का मन्त्र है।" (वही पृष्ठ 477)

शान्ति निकेतन के रवीन्द्रमय वातावरण में द्विवेदी जी को विश्व-व्यापक दृष्टि मिली। जाति, धर्म, राष्ट्र, भाषा, संस्कृति और साहित्य सम्बन्धी संकीर्णताओं से मुक्त होकर ही समाज का चतुर्मुखी विकास सम्भव है। मनुष्य रूढ़ियों और परम्पराओं के बन्धन में खुद को जकड़ कर अपना विकास अवरुद्ध कर लेता है। लोग क्या कहेंगे, परिवार और समाज क्या सोचेंगे, धर्म-परम्परा के विरुद्ध जाने से पाप या नरक की प्राप्ति तो नहीं होगी? ऐसे सवालों में उलझकर मनुष्य अपना जीवन ही नहीं दूसरों के जीवन को भी नरक बना देता है। द्विवेदी जी इन चली आ रही रूढ़ियों और परम्पराओं की जड़ता से मुक्त होकर स्वतन्त्र सुखमय जीवन जीने का आह्वान करते हैं। 'बाणभट्ट की आत्मकथा' में अघोर भैरव के मुख से कहलवाते हैं—"सत्य के

लिए किसी से न डरना, गुरु से भी नहीं, मन्त्र से भी नहीं, लोक से भी नहीं, वेद से भी नहीं।" बन्धनों से मुक्त स्वाधीन मनुष्य ही परम्परा और इतिहास को स्वच्छन्द दृष्टि से देख सकता है और वही साहित्य के इतिहास को परखने का नया दृष्टिकोण प्रदान कर सकता है

मनुष्य जाति का कल्याण ही साहित्य का लक्ष्य है। इस मन्त्र को आधार मानकर वे लिखते हैं—"मैं साहित्य को मनुष्य की दृष्टि से देखने का पक्षपाती हूँ। जो वाग्जाल मनुष्य को दुर्गति, हीनता, परमुखापेक्षिता से न बचा सके, जो उसके हृदय को परदुःखकातर और संवेदनशील न बना सके, उसे साहित्य कहने में मुझे संकोच होता है।...जो साहित्य मनुष्य-समाज के रोग, शोक, दरिद्रता, अज्ञान तथा परमुखापेक्षिता से बचाकर उसमें आत्म बल का संचार करता है, वह निश्चय ही अक्षय निधि है।" इस मनुष्यतावादी दृष्टिकोण की झलक उनकी रचनाओं में परिलक्षित होती है और शायद यही कारण है कि जब रामचन्द्र शुक्ल जी सिद्धों और योगियों की रचनाओं को शुद्ध साहित्य की कोटि में न मानकर उसकी उपेक्षा करते हैं तब द्विवेदी जी उनके मतवाद का विरोध करते हुए न केवल उनके विचारों का खण्डन करते हैं बल्कि जिन सिद्धों और योगियों की रचनाओं को साहित्येतर कहकर साहित्य के इतिहास से वंचित कर दिया गया था उन सबको भक्तिकाल की प्रशान्त पीठिका के रूप में स्थापित करते हैं। उनका कहना है—"शास्त्रज्ञान से वंचित होने पर भी इस श्रेणी के साधक बहुश्रुत थे। इस बहुश्रुतता के कारण वे अनायास ही अनुभव सम्मत सत्य को संग्रह कर सकते थे। इसीलिए उनका मत न तो किसी आचार्य विशेष के मत का हू-ब-हू उलथा है और न बे-सिरपैर की बातों की बेमेल खिचड़ी। सभी विषयों में उनका आत्मोपलब्ध है।" इस तरह इतिहास और साहित्य में उपेक्षित कवियों, काव्यरूपों, जातियों, सम्प्रदायों के महत्त्व को रेखांकित करते हुए साहित्य में उसे उचित स्थान दिया। अटपटी भाषा और कवित्वहीनता का आरोप लगाकर जिस कबीर की उपेक्षा की गयी थी उस कबीर को उन्होंने वाणी के डिक्टेटर और एक सशक्त व्यंग्यकार के रूप में स्थापित किया। वे लिखते हैं—"सच पूछा जाये तो आज तक हिन्दी में ऐसा जबरदस्त व्यंग्य लेखक पैदा नहीं हुआ। उसकी साफ चोट करनेवाली भाषा, बिना कहे भी सब-कुछ कह देनेवाली शैली और अत्यन्त सादी किन्तु अत्यन्त तेज प्रकाशभंगी अनन्य और असाधारण है।" डॉ. नामवर सिंह 'दूसरी परम्परा की खोज' में कबीर और द्विवेदी जी के सम्बन्ध में लिखते हैं—"हजारीप्रसाद द्विवेदी का नाम कबीर के साथ उसी तरह जुड़ा है जैसे तुलसीदास के साथ रामचन्द्र शुक्ल का।" द्विवेदी जी कबीर के विलक्षण प्रतिभा से अत्यन्त प्रभावित थे, लेकिन उन्होंने तुलसीदास की महिमा को भी स्वीकारा है। 'तुलसीदास का स्मरण' निबन्ध में उन्होंने लिखा है—"मुझे तुलसीदास का स्मरण करने में विशेष आनन्द आता है। वह जो व्यक्ति आज हमारे लिये इतना पूज्य है, कोटि-कोटि भारतवासियों के हृदय और

मस्तिष्क को बल दे रहा है, वह कोई राजा-महाराजा नहीं था, लक्ष्मी का लाड़ला सपूत नहीं था, शास्त्रार्थ सभा में पण्डितों को पराजित करनेवाला कीर्त्ति-जिजीवषु पण्डित नहीं था, विद्यापीठों की कठोर रणभूमि के अदृश्य विकट संग्राम में विजयी महारथी नहीं था—बल्कि बहुत ही साधारण गृहस्थ परिवार में उत्पन्न हुआ था।" तुलसीदास का जीवन-संघर्ष द्विवेदी जी को अपना जीवन-संघर्ष लगता है क्योंकि तुलसीदास की तरह उन्हें भी बचपन की दरिद्रता, काशी के पण्डितों का विरोध और जीवन के अन्तिम पड़ाव में सम्मान मिला। लेकिन कुछ बातों में वे तुलसीदास से अधिक भाग्यशाली थे। तुलसीदास को जन्म लेते ही माता-पिता के स्नेह से वंचित होना पड़ा किन्तु द्विवेदी जी को माता-पिता के साथ-साथ गुरुदेव का आशीर्वाद भी मिला।

कबीर की भाँति प्रेमचन्द भी सामाजिक विषमताओं से आहत थे। उन्होंने समकालीन समस्याओं को न केवल तर्कपूर्ण ढंग से उठाया बल्कि आदर्शमुखी यथार्थवाद को आधार बनाकर उसका उचित समाधान भी किया। उनके इस सृजन और चिन्तन का प्रभाव द्विवेदी जी के ललित निबन्धों और उपन्यासों में देखा जा सकता है। 'मेघदूत' के मेघ, 'बाणभट्ट की आत्मकथा' के बाण, 'चारु चन्द्रलेख' के 'सीदी मौला' 'पुनर्नवा' के सुमेर काला और 'अनामदास का पोथा' के रैक्व जैसे पात्र साधारण-जन होकर भी लोकधर्मी हैं। इन्हें देखकर बरबस ही कबीर और प्रेमचन्द की याद आ जाती है। इस तरह तमाम अन्तर्विरोधों के बावजूद द्विवेदी जी ने सिद्धों, योगियों और निर्गुण सन्तों के साहित्यों का जबरदस्त समर्थन किया और अपने साहित्य में उनकी रचनाओं के साहित्यिक सौष्ठव को ही नहीं बल्कि उसके मर्म को भी उद्घाटित और स्थापित किया।

इसमें सन्देह नहीं किया जा सकता है कि भारतीय साहित्य के महान् सर्जन के रूप में द्विवेदी जी ने हिन्दी गद्य के विविध साहित्यिक विधाओं को अपनी सृजनात्मक लेखनी से समृद्ध किया। किन्तु उनकी अक्षय कीर्त्ति का स्रोत उनके उपन्यास हैं। उन्होंने इन उपन्यासों में अपनी कलात्मक क्षमता और यथार्थबोध के बल पर भारतीय समाज की ऐतिहासिक और पौराणिक परम्पराओं की रक्षा करते हुए अपने वर्तमान युग के सम्पूर्ण संस्कृति एवं सामाजिक सम्बन्धों और शाश्वत जीवन-मूल्यों को उद्घाटित किया है। ज्ञानरूपी समुद्र के अपार विस्तार और सरल भावुकता से युक्त कल्पनाशीलता की उन्मुक्त उड़ान के साथ उनकी मौलिक कथा-विन्यास और अनोखी चरित्र-शिल्प उनके उपन्यासों को विलक्षणता प्रदान करती है। और यही कारण है कि उनके सभी उपन्यास अमर कृति के रूप में भारतीय साहित्य की अनमोल निधि है, जो निरन्तर मानवीय चेतना को उद्वेलित और तरंगित करती रहेगी।

यह कृति 'आचार्य हजारीप्रसाद द्विवेदी के उपन्यासों में चरित्र शिल्प' में उनके उपन्यासों और उसमें वर्णित उदात्त एवं महान् पात्रों की जीवन-दृष्टि को रेखांकित

करने का एक विनम्र प्रयास है। इस पुस्तक को चार अध्यायों के अन्तर्गत संयोजित किया गया है। प्रथम अध्याय के अन्तर्गत उनके सभी उपन्यासों का सामान्य परिचय प्रस्तुत किया गया है। दूसरे और तीसरे अध्यायों में क्रमशः स्त्री चरित्र-शिल्प और पुरुष चरित्र-शिल्प के तमाम पक्षों को समाहित करते हुए उनकी विशेषताओं को उद्‌घाटित करने का प्रयास किया गया है। चौथे और अन्तिम अध्याय में चरित्र-शिल्प की दृष्टि से द्विवेदी जी के महत्त्व को दर्शाया गया है। इस कृति के निर्माण हेतु अध्ययन क्रम में मैंने जिन पुस्तकों की सहायता ली है, उनके लेखकों के प्रति मैं अनुगृहीत हूँ। मेरी अनुगृहीता उनके लिए भी है, जिन्होंने परोक्ष या प्रत्यक्ष रूप से मेरी सहायता की है। पुस्तक को और अधिक रोचक, सहज और बोधगम्य बनाने के लिए सुधी पाठकों, विद्वानों एवं शिक्षक बन्धुओं का सुझाव आमन्त्रित है।

पल्लवी श्रीवास्तव

आचार्य हजारीप्रसाद द्विवेदी के उपन्यासों का सामान्य परिचय

भारतीय साहित्य के महान् सर्जक आचार्य हजारीप्रसाद द्विवेदी के चार उपन्यास 'बाणभट्ट की आत्मकथा' (1946), 'चारु चन्द्रलेख' (1963), 'पुनर्नवा' (1973) और 'अनामदास का पोथा' (1976), क्रम से हर्षवर्द्धनकालीन, मध्ययुगीन, गुप्तकालीन एवं प्रागैतिहासिककालीन भारतीय संस्कृति की सजीव झाँकी प्रस्तुत करते हैं। प्रागैतिहासिककालीन भारतीय संस्कृति से लेकर गहड़वार नरेश जयत्रिचन्द्र (जयचन्द्र) की पराजय के बाद के समय (लगभग 1195-1220 ई.) तक की भारतीय संस्कृति की झाँकी प्रस्तुत करना द्विवेदी जी के उपन्यासों का प्रमुख प्रतिपाद्य रहा हैं।"[1]

इसमें सन्देह नहीं है कि द्विवेदी जी के चारों उपन्यास ऐतिहासिक या प्रागैतिहासिक पृष्ठभूमि पर आधारित हैं, लेकिन वे केवल ऐतिहासिक तथ्यों के संग्रह मात्र नहीं हैं। द्विवेदी जी ने इतिहास के तथ्यों और घटनाओं की तुलना में साहित्यिक-सांस्कृतिक सामग्री को अपने उपन्यास का आधार बनाया है। "उनका मुख्य स्रोत साहित्य और लोक-जीवन से प्राप्त किंवदन्तियाँ हैं। इन उपन्यासों में वे इतिहास के बहाने अपनी प्रतिभा और सर्जनात्मक कल्पना को साकार करते हैं। वे तिथियों और घटनाओं का आग्रह नहीं करते। ये उनके लिए बाह्य तत्त्व हैं। वे तिथियों और घटनाओं के पार जीवन की वास्तविक धड़कन को पकड़ना चाहते हैं। उस काल की संस्कृति, सामाजिक संरचना, मनोविज्ञान और आचार-विचार को उद्‌घाटित करना चाहते हैं।"[2]

द्विवेदी जी के औपन्यासिक रचनाओं का लक्ष्य केवल मनोरंजन करना नहीं है, बल्कि भारतीय संस्कृति का परिचय देना है। डॉ. सरनाम सिंह 'अरुण' लिखते हैं—"संस्कृति के विविध पक्षों को चित्रित करती हुई 'बाणभट्ट की आत्मकथा' संस्कृति का चित्र बन गयी है।...तीन महीने की अवधिवाली इस कृति में तीन सौ वर्ष और एक बहुरंगी संस्कृति दोनों की सामाजिक अवस्था, धर्म-साधना, कला-दर्शन, वेश-भूषा, मानवीय राग, आचार-विचार आदि का सन्धान हुआ है।"[3] 'चारु चन्द्रलेख'

के विषय में कहा गया है कि, "ऐसा प्रतीत होता है कि कथा कहना बहाना मात्र है और तत्कालीन सांस्कृतिक जीवन के सर्वांगीण चित्र को प्रस्तुत करना ही लेखक का मुख्य उद्देश्य है।"[4] "पुनर्नवा ने इतिहास की आधारभूमि पर कल्पना के विविध रंगों से सजाये हुए चतुर्थ शताब्दी के गुप्तकालीन भारतीय वातावरण को साकार उपस्थित कर दिया है।"[5] प्रथम तीनों उपन्यासों की तरह चौथा उपन्यास 'अनामदास का पोथा' भी सांस्कृतिक तत्त्वों से परिपूर्ण रचना है।

निष्कर्षतः द्विवेदी जी के उपन्यासों को भारतीय समाज की परम्पराओं का जीवन्त दस्तावेज कहा जा सकता है। "उन्होंने अपने व्यापक अध्ययन एवं अद्भुत रचनात्मक मौलिक प्रतिभा के कारण अतीत के बिखरे सूत्रों को जोड़कर एक ऐसी प्रेरणादायिनी दृढ़ मित्ति का निर्माण किया है कि जिसकी टेक लेकर वर्तमान पीढ़ी अपनी भावी जययात्रा का सफल अभियान कर सकती है।"[6]

अब यहाँ द्विवेदी जी के चारों उपन्यासों 'बाणभट्ट की आत्मकथा', 'चारु चन्द्रलेख', 'पुनर्नवा' और 'अनामदास का पोथा' का क्रमबद्ध सामान्य परिचय प्रस्तुत है—

बाणभट्ट की आत्मकथा

"बाणभट्ट की आत्मकथा" आचार्य हजारीप्रसाद द्विवेदी की प्रथम ऐतिहासिक उपन्यास है। इसकी रचना सन 1946 ई. में हुई। इस उपन्यास में 20 उच्छ्वास हैं। औपन्यासिक कौशल के साधन के रूप में उपन्यासारम्भ से पूर्व 'कथामुख' तथा बाद में 'उपसंहार' लिखा गया है। यह 314 पृष्ठों का मध्यकालीन उपन्यास है।"[7] इसकी कथावस्तु सांतवीं शताब्दी अर्थात् हर्षकालीन भारतीय समाज पर आधारित है। यह रचना न केवल ऐतिहासिक दृष्टि से अभिनव प्रयास है, बल्कि शिल्प की दृष्टि से भी इसका विशेष महत्त्व है। उपन्यासकार ने अपनी अद्भुत कल्पना-शक्ति और रचनात्मक प्रतिभा के बल पर इस उपन्यास की घटनाओं का सृजन इस ढंग से किया है कि वह मध्यकालीन ऐतिहासिक पृष्ठभूमि की पुनर्सृष्टि करने में पूर्णरूप से सफल रही है।

'बाणभट्ट की आत्मकथा' उपन्यास संस्कृत के प्रकाण्ड विद्वान् एवं साहित्यकार बाणभट्ट के जीवन पर आधारित है। उनका वास्तविक नाम 'दक्षभट्ट' था। "इसमें लेखक ने दक्षभट्ट जिसे आवारा होने के कारण लोग 'बण्ड' कहने लग गये थे, के घर से भाग जाने से लेकर महाराज हर्षवर्द्धन के सभा पण्डित बन जाने तक की कथा कही है।"[8] बाणभट्ट का जन्म प्रसिद्ध वात्स्यायन ब्राह्मण वंश में हुआ था। उसके पिता का नाम चित्रभानु भट्ट था। वे विद्याभ्यासी प्रकाण्ड पण्डित थे, जिसके कारण उनके घर में पठन-पाठन का वातावरण शुरू से ही रहा। कहा जाता है कि, "इनके

घर में आये हुए विद्यार्थी भी शुक-सारिकाओं (तोता-मैना) से डरते थे कि कहीं वे हमारी गलती न पकड़ लें। सरस्वती का सचमुच इन पर वरद हस्त था।"[9]

बाणभट्ट को असमय ही अपने माता और पिता दोनों का वियोग सहना पड़ा। माता बचपन में ही और पिता चौदह वर्ष की आयु में बाण को निस्सहाय छोड़कर परलोक चले गये। माता और पिता के स्नेह से वंचित बाणभट्ट आवारा, गप्पी, अस्थिरचित्त और घुमक्कड़ बन गया। बाण के शब्दों में—"ऐसे ही कृती पिता का मैं पुत्र था—जन्म का आवारा, गप्पी, अस्थिरचित्त और घुमक्कड़।"[10] बाण के इसी आवारा और घुमक्कड़ प्रवृत्ति के कारण लोग उसे 'बण्ड' अर्थात् पूँछ-कटा बैल कहते थे। बाद में यही 'बण्ड' शब्द संस्कार पाकर बाण बना और आगे चलकर यही शब्द 'बाणभट्ट' बन गया। इस सम्बन्ध में बाणभट्ट का कथन है—"इसी को बाद में संस्कृत शब्द 'बाण' द्वारा संस्कार करके मैंने इस नाम की कुछ इज्जत बढ़ा ली। भट्ट तो लोगों ने और बाद में जोड़ा। वैसे मेरा असली नाम दक्ष था।"[11]

उडुपति बाणभट्ट के चचेरे भाई थे, जिन्होंने बाणभट्ट को माता और पिता दोनों का स्नेह दिया। लेकिन वे भी बाण की आवारा और घुमक्कड़ प्रवृत्ति को न सुधार सके। घर से भागकर वह कभी इस जनपद तो कभी उस जनपद में घूमता रहा। इस भटकान में वह "कभी नट बनता, कभी पुतलियों का नाच दिखाता, कभी नाट्य मण्डली संगठित करता और कभी पुराण-वाचक बनकर जनपदों को धोखा देता रहा; सारांश, कोई कर्म छोड़ा नहीं।"[12] इसी घूमने के क्रम में बाणभट्ट की मुलाकात उज्जयिनी में निपुणिका से हुई। वह बाणभट्ट के नाटक में अभिनय करने के लिए आयी थी। विवाह के एक वर्ष के बाद ही वह विधवा हो गयी थी। नाटक-मण्डली में शामिल होने के बाद वह बाणभट्ट के प्रति आसक्त थी, लेकिन बाणभट्ट के मन में अपने प्रति उपेक्षा देखकर वह सह न सकी और नाटक-मण्डली छोड़कर भाग गयी। निपुणिका के चले जाने के बाद बाणभट्ट नाटक-मण्डली भंगकर निपुणिका की तलाश में निकल पड़ा।

वर्षों भटकते-भटकते बाणभट्ट एक दिन स्थाण्वीश्वर (थानेसर) नगर पहुँचा। स्थाण्वीश्वर (थानेसर) महाराजा हर्षवर्द्धन की राजधानी थी। वहाँ के नगरवासियों से पता चला कि महाराज श्री हर्षवर्द्धन के छोटे भाई कुमार कृष्णवर्द्धन के घर पुत्र-जन्म हुआ है और आज उसका नामकरण संस्कार होने जा रहा है। बाणभट्ट के मन में विचार आया कि, "क्यों न कुमार कृष्णवर्द्धन के पुत्र-जन्म के अवसर पर बधाई दे आऊँ। आशीर्वाद देना तो ब्राह्मण का धर्म है, कर्त्तव्य है, पेशा है।"[13] वह आगे सोचता है कि, "अपनी लम्पटता की बदनामी को हमेशा के लिए धो दूँगा। आज मैं कुमार कृष्णवर्द्धन से मित्रता करूँगा और दस दिन के भीतर ही महाराजाधिराज का भी कृपा-पात्र बन जाऊँगा। फिर मेरा गृह यज्ञधूम की कालिमा से दिशाओं को धवल

बना देगा। फिर मेरे द्वार पर वेद-मन्त्रों का उच्चारण करती हुई शुक-सारिकाएँ बटुकजनों को पद-पद पर टोका करेंगी। मैं अब वात्स्यायन वंश का कलंक कदापि न रहूँगा।"[14]

बाणभट्ट अपने इन्हीं विचारों में खोया हुआ आगे बढ़ रहा था। इसी समय एक क्षीण कोमल कण्ठ ने पुकारा—"भट्ट, ओ भट्ट, इधर देखो, मुझे पहचानते हो?"[15] निपुणिका की आवाज सुनकर बाणभट्ट चौंक पड़ा। निपुणिका ने उसे बताया कि नाटक-मण्डली छोड़ने के बाद वह कुछ दिन इधर-उधर भटकती रही और उसके बाद स्थाण्वीश्वर में पान बेचने लगी। इसके अलावा वह मौखरि-वंश के छोटे महाराज (जो उस समय आश्रय पाये हुए थे) के यहाँ महल में भी काम करने चली जाया करती थी। निपुणिका से बाणभट्ट को पता चला है कि मौखरि-वंश के छोटे महाराज कृष्णवर्द्धन अपनी वासना के लिए अन्तःपुर में एक राजकुमारी को कैद करके रखा है। वह राजकुमारी देवमन्दिर के समान पवित्र एवं अकलुष है। "भट्ट, वह अशोक-वन की सीता है, तुम उसका उद्धार करके अपना जीवन सार्थक करो।"[16]

नारी के शरीर को देवमन्दिर सदृश माननेवाला बाणभट्ट निपुणिका की सहायता से उस राजकुमारी का उद्धार करता है। "कालान्तर में भट्टिनी के द्वारा बाण को यह ज्ञात हुआ कि वह तुवरमिलिन्द की कन्या है।"[17] देवपुत्र तुवरमिलिन्द से बाणभट्ट की मुलाकात पहले ही हो चुकी थी। बाणभट्ट भट्टिनी के बन्दी बनने से लेकर उसके उद्धार तक की सारी कहानी तुवरमिलिन्द को बताता है। आचार्य सुगतभद्र और कुमार कृष्णवर्द्धन की सहायता से बाणभट्ट देवपुत्र नन्दिनी अर्थात् भट्टिनी को मगध ले जाने में सफल होता है। इसके लिए उन्हें कुछ मौखरि वीरों की सहायता लेनी पड़ी और उन्हीं के संरक्षण में उन्होंने नौका द्वारा गंगा नदी की जल-यात्रा की।

"जब नौकाएँ चरणाद्रि-दुर्ग के पास पहुँचीं, तब आभीर सामन्त ईश्वरसेन ने उन्हें पकड़ना चाहा। विग्रहवर्मा के नेतृत्व में नौकाओं के साथ आये मौखरि सैनिकों और ईश्वरसेन के सैनिकों के बीच युद्ध छिड़ गया। भट्टिनी गंगा में कूद पड़ी। पीछे निपुणिका कूदी और फिर उन्हें बचाने बाण।"[18] बाणभट्ट सबसे पहले भट्टिनी को बचाता है और उसे महामाया के पास छोड़कर स्वयं निपुणिका की खोज में निकल पड़ता है। रास्ते में उसे एक नयी विपत्ति का सामना करना पड़ता है। कुछ दूर चलने के बाद बाण को एक दल नृत्य और गान करता हुआ मिलता है। उस दल के एक युवक से बाण को पता चलता है कि गंगा व महासरयू के संगम पर वज्रतीर्थ है, वहाँ देवी की पूजा होती है। उसका सरदार लोरिकदेव है। युवक ने यह भी बताया कि वज्रतीर्थ की देवी का दर्शन रात्रि में निषिद्ध है। रात्रि में केवल साधक लोग ही वहाँ जाते हैं, गृहस्थ का वहाँ जाना वर्जित है। परन्तु बाण उस युवक की बातों की उपेक्षा

करके रात्रि में ही उस देवी का दर्शन करने निकल पड़ता है। वहाँ उसकी मुलाकात साधक अघोरघण्ट और साधिका चण्डमण्डना से होती है। वे दोनों मिलकर बाणभट्ट की बलि देनेवाले ही होते हैं कि भट्टिनी तथा निपुणिका के साथ महामाया वहाँ पहुँचकर बाण के प्राणों की रक्षा करती है और उसे अघोर भैरव के पास ले जाती है।

तान्त्रिक अभिचार के कारण बाणभट्ट तीन दिनों तक और निपुणिका कई दिनों तक बेहोश रहती है। महामाया उन्हें संज्ञाहीन अवस्था में ही भद्रेश्वर-दुर्ग के आभीर सामन्त लोरिकदेव के घर ले जाती है। स्वस्थ होने पर बाणभट्ट को कुमार कृष्णवर्द्धन का पत्र मिला, कुमार कृष्णवर्द्धन के निमन्त्रण मिलने पर बाणभट्ट भट्टिनी और निपुणिका को वहीं लोरिकदेव के घर छोड़कर स्वयं स्थाण्वीश्वर की ओर चल पड़ता है। कुमार कृष्ण की सहायता से बाण महाराज हर्षवर्द्धन के राजकवि के पद पर नियुक्त होता है और सम्राट् के साथ ताम्बूल वीटक पाने का उसे सौभाग्य भी मिलता है। "वहाँ उसकी भेंट कवि धावक तथा निपुणिका की सखी सुचरिता से हुई, जो स्थाण्वीश्वर में निन्ध एवं उपेक्षित जीवन बिताती हुई वेंकटेश भट्ट के नये धर्म में दीक्षित हो पुनः अपने संन्यासी पति विरतिवज्र को पति रूप में प्राप्त करके गृहस्थाश्रम में लौट आने के कारण ढोंगी पण्डित वसुमति के संकेत पर उसके चेले नगर-श्रेष्ठि धनदत्त द्वारा लगाये गये आरोपों के कारण राज्य द्वारा बन्दिनी बना ली गयी थी। जिससे वह गृहस्थाश्रम में आने के पूर्व मुक्त समझी गयी थी।"[19] इस प्रकार बाणभट्ट ने विरतिवज्र और सुचरिता को बन्दीगृह से मुक्त करके गृहस्थ जीवन में प्रवेश कराया।

इसके बाद बाणभट्ट का आभार सामन्त लोरिकदेव एवं भट्टिनी को महाराजा एवं राजश्री का सन्देश देने के लिए भद्रेश्वर दुर्ग जाना पड़ा। बाणभट्ट ने पहले लोरिकदेव को सम्राट् का पत्र दिया और इसके बाद भट्टिनी को राजश्री का निमन्त्रण पत्र पहुँचाया। पत्र पढ़कर भट्टिनी उदास हो गयी और अपना निर्णय देते हुए बोली—"मुझे अवधूतपाद की शरण में ले चलना। वे न हों तो मैं सुचरिता के घर रहूँगी।... अथवा जहाँ कहीं भी तुम्हें उचित जान पड़े। परन्तु मैं मौखरियों या कान्यकुब्जेश्वर के राजवंश का आतिथ्य स्वीकार नहीं कर सकती।"[20] इधर महाराज का पत्र पढ़कर लोरिकदेव को यह मालूम हुआ कि भट्टिनी तुवरमिलिन्द की कन्या है। उन्होंने उसकी सुरक्षा का भार अपने ऊपर ले लिया। किन्तु महाराज के द्वारा दिये गये सम्मान को उन्होंने ठुकरा दिया। महाराज चाहते थे कि लोरिकदेव पूर्व और गंगा के उत्तरस्थ प्रदेशों के सामन्त बनें। किन्तु लोरिकदेव ने सामन्त बनना स्वीकार नहीं किया और न मित्र बनना ही।

उधर भट्टिनी को भी किसी मौखरि का अतिथि बनना स्वीकार न था, किन्तु बाद में लोरिकदेव के एक सहस्र मल्ल सेना को लेकर स्वतन्त्र रानी के रूप में स्थाण्वीश्वर जाने के लिए तैयार हो गयी। लोरिकदेव ने कहा—"मैंने अपने दस सहस्र

मल्ल भट्टिनी की सेवा के लिए दे दिये हैं। वे उन्हें चाहे जिस प्रकार सेवा में नियुक्त कर सकती हैं।"[21]

भट्टिनी लोरिकदेव के अनुरोध को स्वीकार करके एक सहस्र सैनिकों के साथ स्वतन्त्र रानी के रूप में स्कन्धावार की ओर चल पड़ती है। स्कन्धावार स्थाण्वीश्वर से लगभग एक कोस की दूरी पर स्थित था। महाराज कृष्णवर्द्धन स्वागत के लिए स्वयं उपस्थित थे। बाणभट्ट, निपुणिका और भट्टिनी के साथ स्थाण्वीश्वर लौट आये जहाँ उनको सम्मानित किया गया। बाणभट्ट ने महाराज हर्षवर्द्धन के स्वागत के उपलक्ष्य में उनके द्वारा ही लिखित नाटिका रत्नावली का मंचन किया। बाणभट्ट ने स्वयं राजा का, प्रसिद्ध नर्तकी चारुस्मिता ने रत्नावली का, निपुणिका ने वासवदत्ता का और धावक ने विदूषक का जीवन्त अभिनय किया। इस अभिनय के साथ ही निपुणिका के जीवन का सचमुच अभिनय समाप्त हो गया और ज्यों ही भरत-वाक्य समाप्त हुआ त्यों ही दूसरी ओर निपुणिका की ऐहिकलीला भी समाप्त हो गयी।[22] "अन्तिम दृश्य में जब उसने राजा (बाण) का हाथ रत्नावली (चारुस्मिता) के हाथ में दिया तो वह सिर से पैर तक सिहर गयी और पछाड़ खाकर गिर गयी।"[23] बाण कहता है—"नागरजन जब साधु-साधु की आनन्द-ध्वनि से दिगन्तर कँपा रहे थे, उस समय यवनिका (पर्दे) का अन्तराल में निपुणिका के प्राण निकल रहे थे।"[24] वह आगे कहता है कि, "अभिनय करके जिसे पाया था, अभिनय करके ही उसे खो दिया।"[25]

निपुणिका के अन्त्येष्टि क्रिया को बाणभट्ट ने स्वयं सम्पन्न किया। निपुणिका से बिछुड़ने के बाद बाणभट्ट को भट्टिनी से भी दूर जाना पड़ा। आचार्य भर्वुपाद ने बाणभट्ट को पुरुषपुर में तब तक रहने की आज्ञा दी, जब तक वहाँ पूरी तरह शान्ति व सुव्यवस्था कायम न हो जाये। बाणभट्ट पुरुषपुर की ओर चल पड़ता है। बाण को जाता देख भट्टिनी कहती है—"जल्दी ही लौटना।"[26] भट्टिनी की बात को सुनकर बाण ने कातर कण्ठ के वाष्प-रुद्ध वाक्य को प्रयत्नपूर्वक दबा लिया। लेकिन अन्तरात्मा के अतल गह्वर से कोई चिल्ला उठा—"फिर क्या मिलना होगा?"[27]

"इसी स्थान पर अपने समस्त प्रभावों के साथ उपन्यास की कथा समाप्त हो जाती है। उपन्यासकार ने अनेक प्रसंगों की सहायता से कथावस्तु का निर्माण इतने कौशलपूर्वक किया है, उसने हमें एक ऐसी प्रशस्त भूमि दे दी है, जिसमें हर्षकालीन भारत के समस्त सामाजिक आचार-विचार, राजनैतिक उलट-फेर, धार्मिक आन्दोलन, जनता में व्याप्त अनेक मता-मतान्तर एवं विश्वास तथा कला और संस्कृति आदि सिमटकर आ गयी है।"[28]

स्पष्ट है कि द्विवेदी जी ने इस उपन्यास में एक ओर जहाँ सातवीं शताब्दी अर्थात् हर्षकालीन भारतीय समाज को आधार बनाया है, वहीं दूसरी ओर अपनी असीम कल्पना-शक्ति का परिचय देते हुए सप्तम शताब्दी के परिप्रेक्ष्य में आधुनिक जन-जीवन को भी अत्यन्त जीवन्त ढंग से प्रस्तुत किया है। अर्थात् अतीत के गह्वर

में उपन्यासकार का निर्भय प्रवेश न तो उसे अभिभूत करता है और न स्तब्ध, बल्कि तिमिराच्छन्न कुहासे को बेधकर उसे और अधिक आकर्षक और चमकदार बनाकर वर्तमान की मूल्यवत्ता के साथ जोड़ते हुए उसे प्रासंगिक बना देना ही उपन्यासकार की तीसरी आँख का करिश्मा है।"[29]

बाणभट्ट की आत्मकथा ऐतिहासिक उपन्यासों में एक सफल अभिनव प्रयोग है।[30] इसमें एक ऐसे ऐतिहासिक व्यक्ति की जीवन-गाथा का वर्णन है, जिन्होंने संस्कृत की अमर कृति 'कादम्बरी' और 'हर्षचरित' की रचना की है, लेकिन यह शुद्ध ऐतिहासिक उपन्यास नहीं है, इसमें लेखक ने अपनी अद्भुत कल्पना-शक्ति के बल पर कथा-विन्यास को और भी अधिक रोचक बना दिया है। द्विवेदी जी ने उपन्यास के कथामुख भाग में आस्ट्रियन महिला मिस केथराइन (दीदी) की चर्चा इस ढंग से किया है कि उपन्यास की मौलिकता पर भी सन्देह होने लगता है। पाठक इसे लेखक की मौलिक कृति न मानकर 'बाणभट्ट की आत्मकथा' का हिन्दी अनुवाद समझने लगते हैं कि क्योंकि व्योमकेश शास्त्री (द्विवेदी जी ने अत्यन्त विश्वसनीय ढंग से दीदी द्वारा शोणनद के दोनों किनारों की पैदल यात्रा तथा इस दो सौ मील की पैदल यात्रा में कागज के एक बड़े पुलिन्दे के रूप में प्राप्त पाण्डुलिपि की चर्चा की है।) "भारत छोड़ते समय दीदी की स्वीकृति भी लेखक (व्योमकेश शास्त्री) को प्रकाशनार्थ मिल जाती है और वह उपन्यास के अन्त में दीदी के स्वदेश से भेजे हुए पत्र का भी उल्लेख करना नहीं भूलता जिससे पाठकों के मन में सन्देह के लिए पर्याप्त भूमि मिल जाती है। उपन्यास के जिस प्रसंग से पाठकों के मन में सन्देह की पुष्टि होती है वहीं कुछ बातें ऐसी हैं, जिन्हें ध्यानपूर्वक समझ लेने पर भ्रम का निवारण भी हो जाता है।"[31] इस भ्रम के निवारण के लिए ही उपन्यास के अन्त में दीदी के शब्दों में उपन्यासकार का पाठकों से स्वयं निवेदन है कि—"आत्मकथा के बारे में तूने एक बड़ी गलती की है। तूने उसे अपने कथामुख में इस प्रकार प्रदर्शित किया है, मानों यह 'आटो-बायोग्राफी' हो। बाणभट्ट केवल भारत में ही नहीं पैदा होते। आस्ट्रियन में जिस नवीन बाणभट्ट का आर्विर्भाव हुआ था, वह कौन था। हाय, दीदी ने क्या हम लोगों के अज्ञात अपने उसी कवि प्रेमी की आँखों से अपने को देखने का प्रयत्न किया था।[32] उपन्यास के इन प्रसंगों से भ्रम का पूर्णतः निवारण हो जाता है और सन्देह के लिए कोई अवकाश ही नहीं रह जाता है।

आचार्य हजारीप्रसाद द्विवेदी ने अपने इस उपन्यास में भारतीय संस्कृति और प्राचीन परम्पराओं का चित्रण अत्यन्त पाण्डित्यपूर्ण ढंग से किया है। ऐतिहासिक उपन्यासकार अपने दायित्वों को भूलकर प्रायः ऐतिहासिक तथ्यों की ही चर्चा में लगे रहते हैं, जिसकी निस्सारता को द्विवेदी जी ने भली-भाँति परखा है और यही कारण है कि उनका यह उपन्यास उपर्युक्त दोषों से मुक्त रह पाया है। उपन्यासकार ने इतिहास का केवल सहारा भर लिया है, पर उसने कल्पित घटनाओं को इस ढंग से प्रस्तुत किया है कि उनका इतिहास से कहीं विरोध नहीं होने पाता है।[33]

उपन्यासकार की कल्पना कोरी कल्पना नहीं है, क्योंकि उन्होंने तत्कालीन ग्रन्थों की सहायता से उसे अत्यन्त तर्कपूर्ण ढंग से प्रमाणित बना दिया है। 'बाणभट्ट की आत्मकथा' उपन्यास मुख्य रूप से 'हर्षचरित' और 'कादम्बरी' पर आधारित है। कुछ विषय रत्नावली नाटिका, कुमारसम्भव, मेघदूत, नागानन्द, विक्रमोर्वशीय, महाभारत, मृच्छकटिक, रघुवंश, नाट्यशास्त्र, अभिलषितार्थ, चिन्तामणि कामसूत्र, मालती माधव, यतः शतक, वृहत-संहिता और मिलिन्द प्रश्न नामक ग्रन्थों से लिये गये हैं। इन ग्रन्थों की सहायता से प्राप्त विषयों का उपयोग प्रायः सामाजिक आचार-विचार, आनन्दोत्सव तथा प्राकृतिक चित्रण आदि वर्णित प्रसंगों को सजीव बनाने के लिए किया गया है। उक्त ग्रन्थों में भारतीय संस्कृति तथा परम्पराओं का जो आदर्श देखने को मिलता है, उसका पूर्ण जीवन्त चित्र हमें 'बाणभट्ट की आत्मकथा' में मिल जायेगा।[34]

अतः इस प्रकार हम देखते हैं कि, "डॉ. द्विवेदी जी ने अपनी मौलिक प्रतिभा, भारतीय संस्कृति एवं साहित्य के गम्भीर अध्ययन एवं परिष्कृत लेखन-शैली तीनों का सुन्दर समन्वय इस रचना के रूप में प्रस्तुत किया है।"[35]

चारु चन्द्रलेख

चारु चन्द्रलेख आचार्य हजारीप्रसाद द्विवेदी का दूसरा ऐतिहासिक उपन्यास है। इसकी रचना सन् 1963 ई. में हुई थी। "इसमें 12वीं-13वीं शताब्दी के मध्यकालीन भारतीय समाज के आन्तरिक कलह, तान्त्रिक साधनाओं के चमत्कारिक सम्मोहन में दिग्भ्रमित मनुष्य की कुण्ठा और ह्रान्सोमुखी, स्तब्धता, विशृंखलता और अराजकता तथा निस्पन्द चेतना की छटपटाहट को चित्रित करने का प्रयास किया है।[36] "पृथ्वीराज के पराजय के बाद विदेशी शासकों के अत्याचारों में पददलित भारतीय समाज, विशृंखल एवं व्यक्ति-केन्द्रित बन गया था। चारु चन्द्रलेख में जैन प्रबन्ध, तान्त्रिक साहित्य प्रथा, पृथ्वीराज रासो आदि साहित्यिक साक्ष्यों के आधार पर इसी विघटित ग्रस्त एवं हतदर्प समाज के जीवन एवं धर्म साधनाओं के अल्पज्ञान रूप का अनुसन्धान करने का प्रयास किया गया है।[37]

चारु चन्द्रलेख उपन्यास आत्मकथात्मक उपन्यास है। इसकी पूरी कहानी राजा सातवाहन द्वारा कहलायी गयी है। "मुनि श्री जिनविजय द्वारा सम्पादित प्रबन्ध चिन्तामणि में वर्णित चन्द्रलेखा की कथा को लेखक ने आधार माना।[38] इसमें सातवाहन नामक राजा की बत्तीस स्त्री-लक्षणों से सम्पन्न रानी चन्द्रलेखा की कहानी है, जो नागार्जुन के कहने पर कोटिबेधी रस बनाने में मदद करने के लिए पार्श्वनाथ की मूर्ति के पास जाकर सिद्ध योगिनी नहीं बन गयी थी। इसी छोटे-से कथासूत्र को आधार बनाकर इस उपन्यास की रचना की गयी है।

उपन्यास की शुरुआत उज्जयिनी के राजा सातवाहन से होती है, जो तुर्कों के आक्रमण से चिन्तित होकर सीदी मौला की खोज में निकला है। रास्ते में उसकी भेंट एक तपस्वी से होती है जो राजा से कहता है—"राजन्", देर हो रही है। निद्रा में समय

मत गँवाओ। सीधे पश्चिम की ओर घोड़ा दौड़ाओ। सीदी मौला नहीं मिलेगा, सीदी देवी मिलेगी।[39] राजा पश्चिम दिशा की ओर बढ़ता है जहाँ उसकी मुलाकात सारे स्त्री लक्षणों से सम्पन्न परम सुन्दरी चन्द्रलेखा से होती है। राजा उसके अपूर्व सौन्दर्य को देखकर मुग्ध हो जाता है। "उस देवी का सौन्दर्य अपूर्व था। उसके उलझे हुए केश कस्तूरी के समान काले थे। विषधर भुजंग की जहरींली लहरों के समान उन केशों में जहरदार गति थी। उसकी श्वेत माँग स्पष्ट दिखायी दे रही थी। जैसे-काले-काले मेघों के बीच चपला-चंचला की रेखा दिख गयी थी। ललाट द्वितीया के समान चमक रहा था। भौंहें काले धनुष के समान सुन्दर प्रतीत हो रही थीं। आँखों में एक अपूर्व आकर्षण था। आँखों के कोनों से एक अद्भुत द्रावक प्रभा क्षरित हो रही थी। सातवाहन उस अपूर्व सुन्दरी को देखकर किंकर्त्तव्यविमूढ़-सा हो गया।[40] और उसके सौन्दर्य को अपलक "केवल देखता रहा, देखता रहा, देखता रहा।"[41]

चन्द्रलेखा उसे बताती है कि वह कोटिबेधी रस सिद्ध करनेवाले तपस्वी नागनाथ को खोजने निकली है, जिसे गाँववालों ने अपमानित करके घर से निकाल दिया था। तपस्वी चन्द्रलेखा को सिद्ध योगिनी के सभी लक्षणों से परिपूर्ण मानता है। वह चन्द्रलेखा से कहता है– देवि, अपूर्व देख रहा हूँ तुम्हारी शोभा। मेरी नस-नस आज उल्लास से चंचल है, बहत्तर सहस्र नाड़ियों में अपूर्व शक्ति-धारा प्रवाहित हो गयी है, दसों प्राण आज उच्छ्वसित हो उठे हैं, रक्त में एक विचित्र आँधी बह रही है। देवि, आज मेरे ग्रह-गण प्रसन्न हैं। आज सविता का उदय सार्थक है, आज गंगा की धारा सफल काम है, आज मेरी सिद्धि मिल गयी है। गुरु ने मुझे बताया था कि तुम्हारी सिद्धि का प्रथम सोपान सुलक्षणा किशोरी का दर्शन होगा। आज मुझे सिद्धि पाना सुगम जान पड़ रहा है। चन्द्रलेखा के कहने पर तपस्वी उसके हाथ का प्रसाद खाने के लिए उसके घर आता है, लेकिन गाँव के लोग उसे गलत समझकर उसे मार-पीटकर गाँव से बाहर निकाल देते हैं। चन्द्रलेखा भोजन को थाल में सजाकर उस तपस्वी की खोज में जंगल में निकल पड़ती है। जहाँ उसकी मुलाकात राजा सातवाहन से होती है। वह राजा से तपस्वी को खोजने के लिए आग्रह करती है और इसके लिए वह अत्यन्त सहज भाव से सातवाहन की रानी बनने के लिए तैयार हो जाती है।

इस प्रकार "चन्द्रलेखा निकली थी तपस्वी को खोजने और जन्म-जन्म के साथी अवन्तिका नरेश को पाकर उनकी राजमहिषी बनकर राजभवन पहुँचती है।[42] जहाँ उसका भव्य स्वागत होता है। सभी नागरिक उसे सातवाहन की रानी के रूप में सहर्ष स्वीकार करते हैं।" पुरोहित धीर शर्मा सातवाहन से कहते हैं–"बेटा! अस्सी वर्ष के जीवन में प्रथम बार सौभाग्यवती पद्मिनी नारी को देख रहा हूँ।...तुम्हें साक्षात् पद्मिनी नारी को प्राप्त करने का सौभाग्य प्राप्त हुआ है।"[43]

दूसरी ओर "पूरा देश विदेशी आक्रमणकारियों से भयाक्रान्त और अशान्त है। आपसी स्वार्थों और परस्पर ईर्ष्या-द्वेष के कारण देश का नेतृत्व संकटापन्न है। ऐसी स्थिति में सातवाहन के मन्त्री विद्याधर भट्ट उन्हें नये सिरे से बिखरे हुए नेतृत्व को संगठित करने के लिए उत्प्रेरित करते हैं। चन्द्रलेखा के रानी बन जाने के साथ ही उज्जयिनी में राजनीतिक सक्रियता बढ़ जाती है। काशी में जयित्रचन्द्र के मन्त्री रह चुके विद्याधर भट्ट बत्तीस लक्षणों से युक्त चन्द्रलेखा की जन्म-कथा से परिचित हैं और राजनीतिक शक्ति संचय की दृष्टि से वे चन्द्रलेखा के प्रति काफी आशान्वित हैं, किन्तु अपने पूर्व अनुभवों के आधार पर यह सोचकर आशंकित भी हैं कि कहीं राजा सातवाहन चन्द्रलेखा के रूप जाल में आबद्ध होकर निष्क्रिय न हो जायें।"[44] रानी चन्द्रलेखा विद्याधर भट्ट को आश्वस्त करते हुए कहती है– "इस देश में मिथ्या खण्ड अभिमानों को चूर्ण करने के लिए चन्द्रलेखा वज्र के हथौड़े का काम करेगी और हतदर्प हीन-वीर्य पराजित प्रजा के चित्त में इतिहास की मंगलमयी प्रेरणा देने के लिए वह अमृत की तरह झरेगी।"[45]

रानी चन्द्रलेखा अपने जन्म से सम्बन्धित सारी बातें, जिसे वह अपनी कृषक माता से सुनी थीं राजा को बताती हैं। वह "चन्देल राजा परमर्दिदेव की पुत्री चन्द्रलेखा और गढ़वाल नरेश जयित्रचन्द्र (जयचन्द्र) की औरस पुत्री थी, जिसे उज्जैन जनपद के कृषक दम्पति को वह त्याज्य शिशु के रूप में प्राप्त हुई थी। जयित्रचन्द्र के भूतपूर्व मन्त्री और अब राजा सातवाहन के मन्त्री विद्याधर भट्ट ने अपने ज्योतिष ज्ञान के बल पर उसे राजरानी होने का आशीर्वाद दिया था। उनका आशीष सार्थक हुआ।"[46] और चन्द्रलेखा रानी बन गयी।

उपन्यास के तीसरे-चौथे प्रकरण में राजा की मुलाकात सीदी मौला से होती है। वे मंगोलों की वीरता और धर्म से सम्बन्धित महत्त्वपूर्ण बातें राजा को बताते हैं। इसी प्रकरण में केरोसिन तेल की उत्पत्ति और उससे बननेवाले विस्फोटक शास्त्रास्त्रों की कहानी वर्णित है। इसके अलावा बहुत-से अन्धविश्वासों का वैज्ञानिक महत्त्व भी बताया गया है।

उधर दूसरी ओर नागनाथ को यह खबर मिलती है कि पार्श्वनाथ के पादमूल में बैठने से कोटिबेधी रस सिद्ध होती है। इसके लिए वे रानी चन्द्रलेखा की मदद माँगते हैं, क्योंकि बत्तीस लक्षणों से सम्पन्न रमणी-तरुणी के हाथों से मर्दित होने पर ही यह रस सिद्ध हो सकता है। रानी रसमर्दन के लिए तैयार हो गयी। रानी की सांसारिक बातों में रुचि नहीं रही। उसके शब्दों में 'मैं' शब्द विरल हो गया।[47] सभी लोग उसे विमला देवी मानते हैं। अपनी योग-साधना के बल पर वह गुरु गोरखनाथ से मुलाकात करती हैं, जो उन्हें कुछ गूढ़ उपदेश देते हैं। इसके अलावा इस प्रसंग में रानी का अनेक सन्तों से भेंट त्रिपुरसुन्दरी का दर्शन और साथ में विभिन्न सम्प्रदायों की तान्त्रिक साधनाओं का वर्णन किया गया है।

रानी को सिद्ध योगिनी बनते देख राजा चिन्तित होते हैं और उससे मिलने के लिए व्याकुल हो उठते हैं। मैना मोहाविष्ट रानी को समझाती है और उसे सिद्धियों के भ्रमजाल से निकालकर राजा से मिलने के लिए प्रेरित करती है। राजा और रानी का मिलन होता है। इसी समय घुण्डकों का आक्रमण होता है। युद्ध के दौरान रानी के शौर्य, अलहना की वीरता, बोधा प्रधान के चातुर्य और मैना की साहस एवं स्फूर्ति देखते ही बनती है। मैना (मैनसिंह) एक किशोर-वेश में राजा की सहायता करती है। वह अपने-आपको राजा सातवाहन के चरणों में अर्पित कर देती है। मैना वीरता और साहस की प्रतिमूर्ति है। उसमें देशभक्ति की भावना कूट-कूट कर भरी है। उन्नीसवें प्रकरण में मैनसिंह की चतुराई और वीरता की कहानी है। उसके शौर्य और साहस को देखकर सभी चकित रह जाते हैं। बोधा प्रधान उसके जन्म से सम्बन्धित बातों को बताते हैं, जिससे ज्ञात होता है कि मैना जयित्रचन्द्र की राजसभा की प्रसिद्ध नर्तकी कारुनटी की पालिता पुत्री है। सामाजिक कुरीतियों और भ्रष्ट राजनीतिज्ञों को देखकर कारुनटी का हृदय अत्यन्त आहत होता है और वह इन सबको छोड़कर एकान्त में कृष्णभक्ति में लीन हो जाती है। यही कारुनटी बाद में नाटी माता के नाम से जानी जाती है। युद्ध के दौरान ही अलहना, बोधा प्रधान और मैना की सहायता से राजा सातवाहन की मुलाकात नाटी माता से होती है और वहीं भगवती विष्णुप्रिया की भक्ति-भावना से भी उनका परिचय होता है।

उधर राजा सातवाहन के दोनों भतीजे घुण्डकेश्वर स्वामी के बहकावे में आकर तापस नागनाथ की हत्या कर देते हैं। घुण्डक साधु शैव मत के थे। वे देशभक्त नाना गोसाईं के गोपाद्रि दुर्गवाले मठ पर अपना अधिकार करना चाहते थे। वह यह भी चाहते थे कि सीदी मौला उसे रसायन विद्या दे दे। इस सम्बन्ध में सीदी मौला कहते हैं विद्या माँगने से नहीं मिलती, छीनने से भी नहीं मिलती, विद्या की प्राप्ति के लिए तपस्या चाहिए। अभिचार द्वारा सिद्धि की प्राप्ति नहीं होती है। घुण्डकेश्वर स्वामी सीदी मौला की हत्या करवाना चाहते थे उन्होंने नागनाथ की हत्या तो करवायी, लेकिन उससे उसे कुछ लाभ नहीं हुआ। राजा सातवाहन पर उसने अनेक बार आक्रमण करवाया, लेकिन सफलता नहीं मिली। नागनाथ की हत्या से रानी चन्द्रलेखा को बहुत दुःख हुआ। अपने योगसाधना के बल पर रानी को उड़ने की शक्ति प्राप्त हो गयी थी। भ्रमण करने के दौरान वे अनेक सिद्ध योगियों से मिलीं। इसी क्रम में मैना से भी उसकी मुलाकात हुई। मैना उसे धीरज बँधाती है। नाटी माता और भगवती विष्णुप्रिया के उपदेशों से रानी को बहुत शान्ति मिलती है और उसका योगवेश भी कुछ कम हो जाता है।

इसी बीच दिल्ली सुल्तान के एक सेनापति शाह के विरोधी बनने का प्रसंग है। भद्रकाली भैरवपाद (अक्षोभ्य भैरव) नाम की एक तपस्वी की मनीता पुत्री थी, जिसे

शाह ने बख्तियार हुसैन के युद्ध के दौरान अपहरण कर लिया था। बाद में भद्रकाली राजमहिषी बन गयी। शाह ने भद्रकाली के विचारों का आदर किया और उनके धर्म के अनुसार रहने की अनुमति दी। उधर अक्षोभ्य भैरव (भैरवपाद) की आज्ञा से मैना (मैनसिंह) शाह की हत्या कर डालती है। राजा, बोधा सभी हाय-हाय कर उठते हैं। भद्रकाली शाह के मृत शरीर पर गिर पड़ती है और चिल्लाते हुए कहती है—मेरा सुहाग लुट गया। राजा सातवाहन मैना से कहते हैं—"हाय मैना यह तूने क्या किया? तेरे ही हाथों से मित्राघात होनेवाला था।[48] मैना अपने को अपराधी मानकर प्रायश्चित्त स्वरूप अपने छाती में भाला भोंक लेती है। मैना को घायल देखकर रानी चन्द्रलेखा भी बेहोश होकर गिर पड़ती है।" रानी को होश में लाने में थोड़ा समय लगा, बोध ाा ने मैना के शरीर को उठा लिया और यह कहते हुए कि राजन् जल्दी भागो! रानी व राजा को घसीटते हुए पर्वत वन स्थली में घुस गया। रानी थकी थी। सातवाहन ने उन्हें उठा लिया और भाग गये। सोचने का समय ही नहीं था।[49] यहीं पर उपन्यास के कथा की समाप्ति हो जाती है।

अतः स्पष्ट है कि 'चारु चन्द्रलेख' उपन्यास की सम्पूर्ण कथा में दो ही घटनाएँ अभिमुख हैं—धर्म-साधनाएँ तथा युद्ध-साधनाएँ। साधनाओं से सम्बन्धित सभी घटनाएँ काल्पनिक हैं, अलबत्ता उनसे सम्बन्धित कुछ पात्र नाटी माता, धीर शर्मा, जल्हन गोरखनाथ अवश्य ही ऐतिहासिक हैं। इस प्रकार धर्म-साधनाएँ एक विशेष भूमिका रखती हैं। जहाँ राजा, राज्य, राजनीति का सम्बन्ध है, वहाँ काल्पनिक राजा सातवाहन एवं रानी चन्द्रलेखा के साथ कई ऐतिहासिक पात्र एवं घटनाएँ गुँथी हैं।[50]

निष्कर्षतः इस उपन्यास पर दृष्टिपात करने से स्पष्टरूपेण ज्ञात होता है कि इसकी सीमा में लेखक की विलक्षण प्रतिभा ने इतने अधिक तत्त्वों एवं घटनाओं का समावेश किया है और उन्हें इस प्रकार नियोजित किया है कि पाठक मन्त्रमुग्ध-सा आदि से अन्त तक इसके क्रिया-कलापों को देखता रह जाता है और उसका कुतूहल नवीन जानकारी के लिए निरन्तर बढ़ता जाता है।...इस प्रकार उपन्यास का कथानक अपनी विविधता में भी एकता की रक्षा कर सकने में समर्थ है।[51]

पुनर्नवा

'पुनर्नवा' आचार्य हजारीप्रसाद द्विवेदी का तृतीय उपन्यास है। इसकी रचना सन् 1973 ई. में हुई। यह उपन्यास चतुर्थ शताब्दी के गुप्तकालीन ऐतिहासिक पृष्ठभूमि पर आधारित है। पुनर्नवा का शाब्दिक अर्थ है—"जो फिर से नया हो गया हो, पुनः नया किया हुआ।"[52] द्विवेदी जी के शब्दों में कहें तो इस शीर्षक के माध्यम से उपन्यासकार का मुख्य उद्देश्य है—बासी को ताजा करना।

"पुनर्नवा की कथा का आरम्भ बिना किसी भूमिका के उपन्यासकार ने स्वयं इस उपन्यास के एक प्रमुख पात्र देवरात से परिचय से किया है। देवरात साधु पुरुष

थे। कोई नहीं जानता था कि वे कहाँ से आकर हलद्वीप में बस गये थे। लोगों में उनके विषय में अनेक प्रकार की किंवदन्तियाँ थीं।[53] लोग कहते थे कि अपनी प्रिय पत्नी शर्मिष्ठा की मृत्यु के बाद कुलूत वंश के राजकुल का कलह टालने के लिए और अपनी विमाता के दुर्व्यवहार से त्रस्त देवराज ने वैराग्य ग्रहण कर लिया। उनका व्यक्तित्व अत्यन्त आकर्षक था। वे गौर वर्ण के थे। उनका ललाट प्रशस्त था। बड़ी-बड़ी आँखें, चौड़ी छाती, आजानुबाहु, दिव्यता विकीर्ण करते थे। उनके शरीर में अद्भुत कान्ति, तेज और पुरुषार्थ झलकता था। उदारता और करुणा उसके व्यक्तित्व को और अधिक निखार देता था। वह संस्कृत के ज्ञाता तो थे ही साथ-साथ विभिन्न वाद्य यन्त्रों के भी कुशल वादक थे, चित्रकला में भी उनकी गहरी रुचि थी। वैराग्य ग्रहण करने के बाद वे हलद्वीप में आकर रहने लगे। हलद्वीप के राजकुल में उन्हें काफी सम्मान मिला। उनके प्रभावशाली व्यक्तित्व को देखकर राजनर्तकी मंजुला उन पर अनुरक्त हो जाती है। आर्य देवरात अपनी पत्नी शर्मिष्ठा के वियोग को विस्मृत कर चुके थे, लेकिन मंजुला के इस गीत ने उनके बासी याद को ताजा कर दिया—

"दुल्लह जण अणुराउ गरु लज्ज परब्बसु प्राणु।
सहि मणु विसम सिणेह बसु मरणु सरणु णहु आणु ॥
[दुर्लभ जन अनुराग बड़ि लज्जा परबस प्रान।
सखि मन विषम सनेह-बस, मरन सरन नहिं आन ॥]"[54]

देवराज मंजुला से कहते हैं—"तुम्हारा देवता तुम्हारे भीतर बैठा हुआ अवसर की प्रतीक्षा कर रहा है। कोई बाहरी शक्ति किसी का उद्धार नहीं करती। यह अन्तर्यामी देवता ही उद्धार कर सकता है।[55] देवरात को मंजुला के पवित्र प्रेम की अनुभूति हुई, लेकिन तब तक बहुत देर हो चुकी थी। उन दिनों नगर में चारों ओर महामारी का प्रकोप फैला हुआ था। देवरात जन-सेवा में जुटे थे। एक दिन उन्हें समाचार मिला कि मंजुला भी रोगग्रस्त हो गयी है। और उसकी देख-भाल करनेवाला कोई नहीं है। सभी दास-दासियाँ उसे छोड़कर चले गये हैं। वह अपने विशाल महल में अकेली है। देवरात उसका समाचार जानने के लिए उसके महल में जाते हैं। महल में चारों ओर अन्धकार-ही-अन्धकार फैला हुआ था, एक भी बत्ती नहीं जल रही थी। तभी देवरात को मंजुला की कराहने की आवाज सुनायी देती है। वे किसी तरह 'मंजुला' के शयन-कक्ष तक पहुँचते हैं। देवरात की आहट सुनकर मंजुला रोने लगती है और उनसे कहती है—"पापिनी से दूर रहो, देव! यदि इस अधमा के ऊपर दया है तो अपना हाथ हटा लो और उस बच्ची को देखो। इतना कहकर मंजुला एकदम मौन हो गयी, मानो यही अन्तिम बात कहने के लिए अब तक उसके प्राण बचे थे। देवरात ने आश्चर्य और कौतूहल के साथ पूछा, "कौन-सी बच्ची, देवि? कहाँ है वह?" क्षीण कण्ठ से उत्तर मिला—'मृणालमंजरी'। जरा रुककर उसने आयासपूर्वक कहा, "इस नरककुण्ड से उसे ले जाओ और फिर सब-कुछ शान्त हो गया।"[56] देवरात उस

बच्ची को अपने साथ आश्रम में ले जाते हैं। इस प्रकार मंजुला की पुत्री मृणालमंजरी राजर्षि देवरात की पालिता पुत्री बन जाती है।

च्यवनभूमि के चौधरी वृद्धगोप देवरात का बहुत सम्मान सम्मान करते थे। वे अपने दोनों पुत्र जिनमें एक उनका पालित पुत्र ब्राह्मण कुमार श्यामरूप था और दूसरा उनका अपना पुत्र आर्यक था। इन दोनों को वे देवरात के आश्रम में लाते हैं और देवरात के चरणों को स्पर्श करते हुए कहते हैं—"मेरी हार्दिक अभिलाषा है कि श्यामरूप अपनी वंश-परम्परा के अनुसार पण्डित बने और आर्यक अपनी वंश-परम्परा के अनुसार अजेय मल्ल बने, परन्तु आपके चरणों में इन्हें सौंपकर मैं निश्चित हुआ हूँ। आप इन्हें यथोचित शिक्षा दें।[57] देवरात दोनों बच्चों को देखकर अत्यन्त प्रसन्न होते हैं और वृद्धगोप से कहते हैं—"चिन्ता न करें भद्र! यह दोनों ही बच्चे पण्डित भी बनेंगे और अजेय मल्ल भी। आर्यक में चक्रवर्ती के सब लक्षण दिखायी दे रहे हैं। यदि सामुद्रिक-शास्त्र सत्य है, तो आर्यक दिग्विजयी होकर रहेगा और श्यामरूप उसका महामात्य बनेगा।"[58]

श्यामरूप धार्मिक ब्राह्मण की अपेक्षा कुशल मल्ल बनना चाहता है, इसलिए वह गुरुकल छोड़कर भाग जाता है और एक नटों के दल में शामिल हो जाता है। वह वहाँ नटों के स्वामी जम्मल से शिक्षा ग्रहण करके प्रसिद्ध मल्ल बन जाता है और वहीं उसका नाम श्यामरूप से बदलकर छबीला पण्डित पड़ जाता है। नटों की मण्डली में माँदी नाम की एक अपहृता बालिका के प्रति श्यामरूप आकर्षित होता है। कुछ दिनों बाद वह लड़की नट मण्डली से अचानक गायब हो जाती है। बाद में पता चलता है कि माँदी उज्जैन की एक सुप्रसिद्ध गणिका वसन्तसेना के हाथों बेच दी गयी है।

छबीला पण्डित शार्विलक के नाम से माँदी को ढूँढ़ता हुआ मथुरा पहुँचता है, जहाँ उसकी मुलाकात एक वृद्ध ब्राह्मण से होती है। "श्यामरूप को वृद्ध ब्राह्मण के प्रयत्नों से अच्छा आश्रम मिल गया। राजा के पितृव्य चण्डसेन स्वयं मल्ल-विद्या में निष्णात थे और उनके आश्रम में अनेक मल्ल रहा करते थे। श्यामरूप को देखते ही उनकी गुणज्ञ आँखों ने पहचान लिया कि यह युवक यशस्वी मल्ल होगा। उनका आश्रय पाकर श्यामरूप भी प्रसन्न हुआ। मथुरा के मल्ल-समाह्वय में उसने बड़ा यश प्राप्त किया। देखते-देखते वह मल्ल-मण्डली में सम्मानित स्थान प्राप्त करने में सफल हुआ।[59] मथुरा के राजा चण्डसेन की मदद से वह माँदी को खोजते-खोजते उज्जैन पहुँचता है। वहाँ उसकी मुलाकात आर्यक से होती है और बाद में वह माँदी अर्थात् मदनिका से भी मिलता है। आर्यक से वह पुनः हलद्वीप में मिलने का वचन देता है।

देवरात के आश्रम में शिक्षा प्राप्त करते हुए आर्यक भगवान् कृष्ण के कनिष्ठ पुत्र साम्ब के नाम पर 'लहुरावीर' का भक्त अर्थात् उपासक बन जाता है। हलद्वीप के शासकों के अत्याचार से वह देवरात की पालित पुत्री मृणाल की रक्षा करता है।

बाद में, देवरात सामाजिक बन्धनों और विधि-विज्ञानों की परवाह किये बिना मृणाल और आर्यक को परिणय-सूत्र में बाँध देते हैं और स्वयं हलद्वीप के निरंकुश शासकों से दुःखी होकर तीर्थ यात्रा के लिए निकल पड़ते हैं। हलद्वीप के निरंकुश शासन और बढ़ते अत्याचार का विरोध करने के लिए आर्यक नौजवानों का आह्वान करता है। वह कहता है—"वीरक धिक्कार है इस जवानी को। धिक्कार है इस बाहुबल को। जो पुत्र पिता के यश की रक्षा नहीं कर सका, उसका जन्म अकारथ है। तुम गाँव के नौजवानों से मेरी ओर से कहो कि जो प्राण देने को प्रस्तुत हों, वे हमारे साथ आ जायें। राजा का गर्व चूर्ण करने के लिए आर्यक अकेला ही पर्याप्त है, परन्तु उसके साथ भी कुछ समान धर्म के लोग हों तो क्या कहना।"[60] समुद्रगुप्त गोपाल आर्यक की वीरता से प्रभावित होकर उसे हलद्वीप पर आक्रमण करने के लिए प्रोत्साहित करता है। युद्ध में आर्यक विजयी होता है और उससे खुश होकर समुद्रगुप्त उसको हलद्वीप का राजा घोषित करता है।

आगे चन्द्रा का प्रसंग है। वह आर्यक से उसके विवाह के पूर्व से ही प्रेम करती है। उसे सामाजिक बन्धनों की परवाह नहीं है। चन्द्रा के पिता उसकी इच्छा के विरुद्ध उसकी शादी एक दुष्ट व्यक्ति के साथ कर देते हैं। लेकिन वह आर्यक को पत्र के द्वारा अपना प्रेम-सन्देश भेजती रहती है। आर्यक अत्यन्त सहजभाव से चन्द्रा के सभी पत्र अपनी पत्नी मृणालमंजरी को दे देता है। मृणाल भी उन पत्रों को पढ़कर कोई प्रतिक्रिया व्यक्त नहीं करती है। चन्द्रा अपने दुष्ट पति से तंग आकर आर्यक के पास रहने के लिए आ जाती है। "मृणाल चाहती थी कि चन्द्रा भी उसके साथ रहे। पर आर्यक चन्द्रा को भूल जाना चाहता था। इसी बीच आर्यक को सम्राट् समुद्रगुप्त का रोष-भरा एक पत्र मिला। समुद्रगुप्त को पता चल गया था कि चन्द्रा आर्यक की विवाहिता वधू नहीं है, शर्म से आर्यक पुनः भाग गया।"[61] और भागकर उज्जैन पहुँच गया। वहाँ उसकी भेंट अग्रज तुल्य श्यामरूप से होती है। वह सम्राट् समुद्रगुप्त के सेनापति भटार्क से भी मिलता है।

उधर आर्यक के भाग जाने से लोग तरह-तरह की बातें करते हैं, जिसे सुनकर मृणाल अत्यन्त दुःखी होती है। वह चन्द्रा को अपने साथ घर में रखती है। इधर आर्यक की अनुपस्थिति में परन्दर आर्यक के नाम पर शासन कार्य सम्हालता है। आचार्य पुरगोभिल कहते हैं—"अगर निरन्तर व्यवस्थाओं का संस्कार और परिमार्जन नहीं होता रहेगा, तो एक दिन व्यवस्थाएँ तो टूटेंगी ही अपने धर्म को भी तोड़ देंगी।...सामाजिक व्यवस्थाएँ ऐसी ब्रह्मरेखा नहीं हैं, जो मिट ही नहीं सकतीं। इसलिए धर्म की रक्षा के लिए निरन्तर विचार करते रहने की आवश्यकता होती है।"[62] आचार्य पुरगोभिल के विचारों के प्रभाव से सम्राट् समुद्रगुप्त का रोष कम होता है और वे आर्यक के प्रति उदारवादी दृष्टिकोण अपनाते हैं।

दूसरी ओर, मृणालमंजरी और चन्द्रा दोनों के बीच अत्यन्त आत्मीय सम्बन्ध बन जाता है। मृणाल और चन्द्रा के आपस का अनुराग देखकर आर्यक को उज्जैन में मिली धूता भाभी की बातों का स्मरण हो आता है। वह कहती थीं—"गणिका होकर जो साहस मंजुला नहीं कर सकी, वह साहस कुलांगना होकर चन्द्रा कर बैठी। इस उद्दाम-प्रेम का निदर्शन खोजना कठिन है। उसके प्रेम में पाने का नहीं लुटाने का वेग है।"[63] मृणाल चन्द्रा को बहन की तरह स्नेह करती है और उसे अपने साथ घर में रखती है। उधर चारुदत्त और वसन्तसेना के प्रेम को चारुदत्त की पत्नी धूता अत्यन्त सहजभाव से स्वीकार कर लेती है। और अन्त में भक्ति देहधारिणी चन्द्रा और सतीत्व की मूर्ति मृणाल एवं आर्यक का आपस में आनन्दमय मिलन होता है और यहीं पर उपन्यास के कथानक की समाप्ति हो जाती है।

अतः स्पष्ट है कि 'पुनर्नवा' उपन्यास एक नया शिल्प लेकर उपन्यास-जगत् में प्रस्तुत हुआ है। 'पुनर्नवा' के परिचय में यह कहा गया है कि पुनर्नवा ऐसे हीन चरित्रों की कहानी है, जो अनेक युगों से समाज की प्रताड़ना और लांछना सहते हुए आये हैं, परन्तु उनके हृदय में शोभा और शालीनता की एक किरण छिपी रहती है, जो एक दिन पुंज बनकर उनके जीवन की ही नहीं समाज के जीवन को भी आलोकित करती है। इस उपन्यास में लेखक ने परम्परा के अन्धभक्तों को चेतावनी देने के लिए सिंह गर्जना की है—"अगर निरन्तर व्यवस्थाओं का संस्कार और परिमार्जन नहीं होता रहेगा, तो एक दिन व्यवस्थाएँ तो टूटेंगी ही, अपने साथ धर्म को भी तोड़ देंगी। यह किसी सामान्य कथाकार का उद्घोष नहीं है, बल्कि एक आर्षवक्ता का उद्घोष है।"[64]

उपन्यासकार हजारीप्रसाद द्विवेदी कोरे इतिहासकार नहीं, बल्कि ऐसे इतिहास-निर्माता और महान् सर्जक हैं, जिन्होंने लोक और शास्त्र की द्वन्द्वात्मक परम्परा से अपने इतिहास-बोध और रचनात्मक मूल्यों को स्वयं अर्जित किया है। ग्रहण और त्याग का सन्तुलित विवेक ही उनके इतिहास-बोध का प्रतिमान है।[65] उनके शब्दों में—"पोथियाँ पढ़ता हूँ उनका सम्मान भी करता हूँ, पर लोक प्रवादों को हँसकर उड़ा देने की शक्ति अभी संचय नहीं कर सकता हूँ। मुझे ऐसा लगता है कि प्रवादों में मनुष्य-समाज का जीवन्त इतिहास सुरक्षित है। जब कभी लोक-परम्परा के साथ किसी पोथी का विरोध हो जाता है तो, मेरे मन में कुछ नवीन रहस्य पाने की आशा उमड़ उठती है। सब समय नयी बात सूझती नहीं पर हार मैं नहीं मानता।"[66] और जिस समय कोई नयी बात सूझ जाती है तो कोई प्राचीन परम्परा भी 'पुनर्नवा' बन जाती है।

इतिहास और कल्पना का समन्वय करने में द्विवेदी जी को अपने सभी उपन्यासों में सफलता मिली है और 'पुनर्नवा' भी इसका अपवाद नहीं है।[67] इस उपन्यास की कथावस्तु के संगठन के लिए उन्होंने अनेक संस्कृत ग्रन्थों की सहायता

ली है, जिसमें शूद्रक की 'मृच्छकटिक' और कालिदास की 'अभिज्ञानशाकुन्तलम्' प्रमुख हैं। इसमें "लेखक ने मृच्छकटिक के कथासूत्र की अस्फुट रेखाओं का आधार लेकर अपनी कल्पना के नवीन रंगों से कथा को अभिनव रूप प्रदान किया है। इसके अलावा प्रस्तुत उपन्यास की प्रणय-कथा के रंगों में कालिदास के 'अभिज्ञानशाकुन्तलम्' की छाया भी दृष्टिगोचर होती है।"[68] कथानक के साथ-साथ द्विवेदी जी ने पात्रों के चयन के लिए भी इन्हीं पुस्तकों को आधार बनाया है। उपन्यास में जहाँ "नायक आर्यक, शार्विलक, चारुदत्त, धूता तथा मदनिका आदि मुख्य पात्र 'मृच्छकटिक' से लिये गये हैं।[69] वहीं दूसरी ओर, "उपन्यास की नायिका मृणालमंजरी कालिदास की 'शकुन्तला' की प्रतिमूर्ति है।"[70] लेकिन इन पात्रों का चरित्र-विकास द्विवेदी जी की अपनी देन है। उन्होंने अपनी कल्पना के नवीन रंगों से इन्हें उत्कर्ष प्रदान किया है।

निष्कर्षतः स्पष्ट है की चौथी शताब्दी की घटनाओं पर आधारित द्विवेदी जी का 'पुनर्नवा' उपन्यास युग की सीमा को तोड़कर आज के प्रश्नों को रेखांकित करता है और उनका एक विवेकसम्मत समाधान ढूँढ़ने की कोशिश करता है। धर्म और सामाजिक विधि-व्यवस्था के प्रति आज जो अवमानना की प्रवृत्ति बढ़ रही है, लोकमानस में शुल्क धर्माचार और रूढ़ मान्यताओं के प्रति आज जो भावलोक का विद्रोह दिखायी पड़ रहा है उसके प्रति द्विवेदी जी पूरी तरह सचेत हैं और उन्होंने उस भावलोक के विद्रोह की वास्तविकता को स्वीकार करते हुए अपनी प्रगतिशील मानवतावादी दृष्टि का परिचय दिया है।...मृत मान्यताओं, अप्रासंगिक व्यवस्थाओं तथा नीति-अनीति की सड़ी रूढ़ियों को तोड़कर जीवन की प्रवाहमान् धारा से उत्पन्न नये मूल्यों को स्वीकार करने का साहसपूर्ण प्रयास इस उपन्यास में हुआ है। समाज-व्यवस्था, विधि-व्यवस्था, धर्म-व्यवस्था को परिस्थितियों, मानवीय आकांक्षाओं के अनुरूप ढालते जाना ही शायद पुनर्नवा है और इस पुनर्नवा के स्वागत का साहस ही द्विवेदी जी के इस उपन्यास का विशेष सन्देश भी।[71]

अनामदास का पोथा

'अनामदास का पोथा' आचार्य हजारीप्रसाद द्विवेदी का चतुर्थ एवं अन्तिम उपन्यास है। इसकी रचना सन् 1976 ई. में हुई। यह उपन्यास छान्दोग्य और वृहदारण्यक उपनिषदों पर आधारित है। प्रागैतिहासिक एवं वैदिक पृष्ठभूमि को आधार बनाकर अनेक लेखकों ने उपन्यास लिखे किन्तु औपनिषदिक तत्त्वचिन्तन को कथारूप में प्रस्तुत करने का प्रयास सर्वप्रथम द्विवेदी जी ने किया। इस उपन्यास के आरम्भ में भूमिका और अन्त में उपसंहार है और इसमें अनामदास की टिप्पणी भी है। उपन्यास के ये तीनों भाग न केवल उपन्यास की पृष्ठभूमि स्पष्ट करते हैं बल्कि लेखक की अद्‌भुत सृजन प्रतिभा को भी प्रस्तुत करते हैं।

यह कहानी रिक्व ऋषि के पुत्र रैक्व की है, जो बचपन में ही सामाजिक जीवन से अनभिज्ञ होकर चिन्तन-मनन में ही लीन हो गये थे। उन्होंने यह अनुभव किया कि समस्त चैतन्य जगत् को जो प्राणवन्त बनाता है, वह वायु है। इसलिए उन्होंने वायु को ही मूल तत्त्व माना। नित्यदिन की तरह एक दिन वे स्नान करने नदी की ओर जा रहे थे। तभी भयंकर आँधी आयी और आँधी के साथ-साथ प्रचण्ड वेग से वर्षा भी होने लगी। जल का वेग इतना तीव्र था कि उसमें रैक्व ऋषि बहने लगे और नदी की धारा में बहते हुए वे एक ऊँचे शिला-खण्ड से टकरा गये और वहीं मूर्च्छित हो गये। धीरे-धीरे जब आँधी का वेग कम हुआ तो ऋषिकुमार की मूर्च्छा भी खत्म हो गयी। चाँदनी रात थी। वे किसी तरह चाँदनी की रोशनी में आगे बढ़ रहे थे। तभी उन्हें थोड़ी दूर पर मूर्च्छितावस्था में एक अनुपम सुन्दरी दिखायी पड़ी। पास में एक बैलगाड़ी कीचड़ में बुरी तरह धँसी हुई थी और गाड़ीवान भी वहीं पर मरा पड़ा था। रैक्व ऋषि सामाजिक जीवन से अनभिज्ञ होने के कारण कभी स्त्री को नहीं देखे थे।

वास्तव में वह सुन्दर युवती महाराजा जानश्रुति की इकलौती कन्या जाबाला थी, जो रथ पर बैठकर अपनी मौसी के घर जा रही थी, लेकिन आँधी-तूफान के कारण वह रास्ते में ही फँस गयी और बेहोश हो गयी। जब जाबाला को होश आया तो उसने देखा कि एक तरुण तापस उसके केशों और आँखों को घूर रहा है। उस तरुण तापस से बात करने पर जाबाला को पता चला कि वह ऋषिकुमार व्यवहारशून्य है। वह जाबाला को स्वर्गलोक का प्राणी समझकर उसके अनुपम सौन्दर्य से अभिभूत होकर उसे शुभा कहकर सम्बोधित करने लगा। राजकुमारी जाबाला इस ऋषिकुमार रैक्व से अपने घर पहुँचाने का आग्रह करती है। ऋषिकुमार रैक्व अत्यन्त विनीत भाव से जाबाला से कहता है—"शुभा, तुम जैसा भी आदेश करोगी, उसका पालन करना मेरे लिये हर्ष और गौरव की बात होगी। परन्तु तुम्हारे पिता के घर का रास्ता मुझे मालूम नहीं है। तुम्हें अपनी पीठ पर बैठाकर जिधर कहो, उधर पहुँचा दूँ।[72] राजकुमारी जाबाला रैक्व ऋषि के इस भोलेपन पर मुग्ध होकर हँसते हुए कहती है—"देखो ऋषिकुमार, तुम्हारा यह प्रस्ताव अनुचित है। इससे लोकनिन्दा होगी। कोई भी युवक किसी कुमारी को पीठ पर ले जाने की बात नहीं करता। सोचता भी नहीं।"[73] रैक्व समझ नहीं पाता कि किसी की सहायता करना कैसे अनुचित हो सकता है, तभी अनुचर जाबाला को ढूँढ़ते हुए वहाँ आते हैं और जाबाला उनके साथ चली जाती है।

"जाबाला तो चली गयी, परन्तु रैक्व को वह अपने 'स्त्रीत्व' से पूरी तरह अभिभूत कर गयी। उसका रूप, उसकी वाणी के साथ ही उसकी विद्वत्ता से वह इतना प्रभावित हुआ कि अपने ही प्रदत्त नाम 'शुभा' की स्मृतिस्वरूप टूटी गाड़ी के नीचे बैठकर चिन्तन करने लगा। छान्दोग्योपनिषद् में उल्लेख है कि रैक्व ऋषि एक टूटी गाड़ी के नीचे बैठकर चिन्तन करते थे और बीच-बीच में अपनी पीठ खुजलाया करते थे। द्विवेदी जी ने ऋषि की इस आदत को काम मनोविज्ञान की परिधि में समेट लिया है।"[74]

उधर जाबाला, भोले तापस की याद में बेचैन रहने लगी। उसे परेशान देखकर पिता जानश्रुति, गुरु औदुम्बरायण और सभी परिजन परेशान थे। "वृद्ध आचार्य औदुम्बरायण उसके भी गुरु थे और उसके पिता के भी।[75] राजा जानश्रुति ने जाबाला के विवाह के लिए सुयोग्य वर ढूँढ़ने का कार्य गुरु औदुम्बरायण को ही दे रखा था। गुरु औदुम्बरायण रथ के नीचे बैठकर पीठ को खुजलानेवाले तरुण रैक्व से मिलते हैं। उन्हें पता चलता है कि तरुण रैक्व वायु-निरोध द्वारा रोगियों को रोग से मुक्त कर देते हैं। गुरु औदुम्बरायण रैक्व ऋषि से जाबाला के रोग के सम्बन्ध में बात करना चाहते हैं। किन्तु रैक्व केवल 'शुभा' की ही चर्चा करते हैं। जाबाला को जब यह सब बातें मालूम होती हैं तो वह और अधिक बेचैन हो उठती है। वह सोचती है कि काश तरुण तापस को पता होता उसकी शुभा की क्या हालत है। वह अपनी व्यथा किसी से कह नहीं रही थी। भीतर-ही-भीतर वह अपने ताप से आप ही जलने लगी।[76]

एक दिन रैक्व ऋषि स्नान करने के लिए नदी के किनारे गये। वहाँ उन्होंने देखा कि, "एक वृद्धा स्नानादि से निवृत्त होकर सूर्य को अर्घ्य दे रही थी। वे एकटक उन्हीं की ओर देखने लगे।[77] उसने अपने जीवन में दूसरी बार किसी स्त्री को देखा। वह वृद्ध महिला महर्षि औषस्तिपाद की धर्मपत्नी ब्रह्मवादिनी ऋतम्भरा थीं। उनके पूछने पर रैक्व ने अपना परिचय दिया—"भवति प्रणिपात स्वीकार करें। मैं रिक्व ऋषि का पुत्र हूँ, लोग मुझे रैक्व कहते हैं। पर पहले आप मुझे यह बतायें कि क्या कहकर मैं आपको सम्बोधित करूँ।[78] वृद्धा ऋषिकुमार को समझाते हुए कहती है—"सौम्य, तेरे-जैसे लड़के मेरी-जैसी वृद्धा को माँ कहकर पुकारते हैं।"[79]

इस प्रकार ऋतम्भरा के रूप में अनाथ रैक्व को माता मिल गयी, जिससे उसे माता और पिता दोनों का स्नेह मिला। माता ऋतम्भरा को यह मालूम हो जाता है कि रैक्व के बार-बार पीठ खुजलाने के पीछे शुभा को पाने की अदम्य अभिलाषा है। उसे शुभा ही ठीक कर सकती है। वह रैक्व की बेचैनी को दूर करने के लिए हर सम्भव प्रयत्न करती हैं। वह रैक्व की दार्शनिक चिन्ताओं के निवारण के लिए विद्वानों से मिलने की सलाह देती हैं तथा उसे अनुभवों से सीखने के लिए प्रेरित करती हैं। महान् तत्त्वज्ञानी औषस्ति ऋषि रैक्व को समझाते हुए कहते हैं—"तूने बहुत तपस्या की है, पर तपस्या का एक बहुत आवश्यक अंग है सत्संग। उसी की कमी तुझमें जान पड़ती है।"[80] तुम सत्संग करो, लोगों के बीच घूमकर अपने परखे सत्य की जाँच करो। वे आगे कहते हैं—"एकान्त का तप बड़ा तप नहीं है, बेटा! देखो संसार में कितना कष्ट है, रोग है, शोक है, दरिद्रता है, कुसंस्कार हैं। लोग दुःख से व्याकुल हैं उनमें जाना चाहिए। उनके दुःख का भागी बनकर उनका कष्ट दूर करने का प्रयत्न करो। यही वास्तविक तप है। जिसे यह सत्य प्रकट हो गया है कि सर्वत्र एक ही आत्मा विद्यमान है, वह दुःख-कष्ट से जर्जर मानवता की कैसे उपेक्षा कर सकता है वत्स।[81] वे आगे कहते हैं—"चार पुरुषार्थ हैं—धर्म, अर्थ, काम, मोक्ष।

इनमें पहले तीन साधम हैं, अन्तिम साध्य है। पहले तीन में धर्म सबसे बड़ा है। उसके अनुकूल रहकर अर्थ का उपार्जन करना चाहिए। अर्थ प्रधान नहीं है धर्म का अविरोधी रहकर ही पुरुषार्थ है। धर्म के विरुद्ध जाने से वह त्याज्य है। इसी प्रकार सौम्य! काम, धर्म और अर्थ का अविरोधी रहकर ही पुरुषार्थ कहलाता है। धर्म और अर्थ के विरुद्ध जाने पर वह आचरणीय नहीं रहता।[82]

इस प्रकार, औषस्ति ऋषि और माता ऋतम्भरा से मिलकर रैक्व को यह अनुभव होता है कि तपस्या की कसौटी समाज है, मानवता की सेवा ही सबसे बड़ा धर्म है। यही सोचकर रैक्व समाज सेवा करने का निश्चय करता है। लोगों से मिलने पर उसे बहुत-सी बातें मालूम होती हैं, जिन बातों से वह अब-तक अनजान था। शास्त्र ज्ञान से बिल्कुल अनभिज्ञ किन्तु परोपकार की भावना से भरे हुए माता से मिलकर रैक्व को अहसास होता है कि मनुष्य की मदद करना ही सब धर्मों से बड़ा धर्म है। दूसरी ओर तपस्या और सेवा के महत्त्व को भली-भाँति समझनेवाले आश्वलायन से रैक्व को व्यावहारिक पहलुओं को समझने की सही दिशा मिलती है। अब रैक्व प्राणवायु से बढ़कर आत्मा को महत्त्व देने लगे। उन्हें ज्ञान हो गया कि—"शरीर नाशवान् है, प्राण विनश्वर साधन मात्र, मन भी नष्ट हो जानेवाला साधन है, अविनश्वर है केवल आत्मा।"[83]

उधर, जाबाला रैक्व की याद में मानसिक रोग से ग्रस्त हो जाती है। उसके मनोरंजन के लिए कोहलियों के नृत्य और नाटक का आयोजन किया जाता है। जाबाला की देख-भाल के लिए उसकी मौसी की लड़की जो उसकी अन्तरंग सखी भी थी, को बुलाया जाता है। कोहलियों ने जाबाला से मनोजन्मा देवता और अशोक वृक्ष का पूजा करवाया ताकि वह शीघ्रातिशीघ्र स्वस्थ हो जाये।

"कोहलियों द्वारा प्रस्तुत नाटक में ऋष्यशृंग को मोहित करने के लिए गन्धर्व देवता (कन्दर्प) कामदेव अप्सराओं के दल के साथ भूलोक पर उतरे। इन्द्र को भय था कि तप करके तरुण ऋष्यशृंग इन्द्रासन प्राप्त करना चाहता है। मनोजन्मा देवता ने ऋष्यशृंग को कुसुमशर से बेधकर मोहित करने का उपक्रम किया। सुव्रता नामक अप्सरा से यह न देखा गया। भोले ऋषि के मन में वासना का अंकुर उगाना उसे बड़ा क्रूर लगा। वह ऋषि के सामने आ गयी। फलतः गन्धर्व देवता ने उसे मृत्युलोक में जाने का शाप दे दिया। लेकिन अशोक-पूजन के बाद उसे शापमुक्त होकर पुनः देवलोक में आने का वरदान भी मिला। जाबाला ने ऋष्यशृंग की जगह रैक्व को देखा। वह व्यथित हो उठी, लेकिन भरत-वाक्य से उसके हृदय को असीम सान्त्वना भी मिली।"[84]

माता ऋतम्भरा जाबाला से मिलती है, जिससे जाबाला के हृदय का दर्द कुछ कम होता है। इसी बीच आश्वलायन को यह पता चलता है कि जाबाला और रैक्व दोनों एक-दूसरे को जानते हैं और आपस में मिल चुके हैं तो वे औदुम्बरायण के प्रस्ताव को अस्वीकार कर देते हैं और अन्त में माता जी के प्रयत्नों से रैक्व और

जाबाला का आनन्दमय मिलन होता है।" सारी सभा जय-जय कर उठी। रैक्व ने देखा माता जी आ गयी हैं, वे उठे और माता जी के चरणों पर साष्टांग प्रणत हो गये। माता जी ने उठकर छाती से लगा लिया। उनका इंगित समझकर जाबाला भी चरणों में उसी प्रकार आ गिरी। माता जी ने दोनों को प्यार से उठाया और आचार्य की ओर देखकर बोलीं—"आचार्य अब विवाह की सब विधियाँ पूरी कर ली जायें। रैक्व ने कातर भाव से माता की ओर देखा। अत्यन्त भोलेपन से कहा—"विवाह नहीं मा उद्वाह।' माता जी ने प्रश्न-भरी दृष्टि से पुत्र की ओर देखा। बोलीं, एक ही बात है बेटा! पर तू क्या दोनों में अन्तर मानता है? संकुचित रैक्व ने उत्तर दिया—हाँ, माँ।[85] और यहीं पर उपन्यास के कथानक की समाप्ति हो जाती है।

प्रस्तुत कथानक से यह स्पष्ट होता है कि 'अनामदास का पोथा' आचार्य द्विवेदी की औपन्यासिक प्रतिभा का बहुआयामी और बहुअर्थीय प्रयास है। "आचार्य द्विवेदी आधुनिक भारत के उन इने-गिने मनीषियों में थे, जिन्होंने इस सम्पूर्ण देश की आत्मा को, इसकी विविधता, इसके मतभेदों और अन्तर्विरोधों को सम्पूर्ण सहानुभूति के साथ समझा और पूर्वग्रहमुक्त होकर उसे रेखांकित करने का प्रयास किया। द्विवेदी जी.का यह उपन्यास भी उनके इसी विराट् साहित्यिक व्यक्तित्व की झलक ही प्रस्तुत नहीं करता, बल्कि एक साक्षी बनकर उपस्थित भी होता है।[86]

इस उपन्यास के आरम्भ में एक लम्बी भूमिका है, जिसमें द्विवेदी जी ने 'बाणभट्ट की आत्मकथा' की तरह ही 'अनामदास का पोथा' की कथा को भी किसी अन्य व्यक्ति यानी अनामदास द्वारा लिखित बताया है। द्विवेदी जी की इस प्रवृत्ति को डॉ. नामवर सिंह 'मुखौटे की प्रविधि'[87] कहते हैं। यह भूमिका न केवल उपन्यास को बल्कि उपन्यासकार के व्यक्तित्व को भी समझने में सहायता करती है। अपनी प्रसिद्ध पुस्तक 'दूसरी परम्परा की खोज' में डॉ. नामवर सिंह लिखते हैं—"दरअसल यह भूमिका' अपने-आप में स्वयं एक व्यक्ति-व्यंजक निबन्ध है।...अपने-आपको द्विवेदी जी ने जितना भूमिका में उद्घाटित किया है, शायद ही कहीं अन्यत्र किया हो। भूमिका क्या है, जैसे जीवन की सान्ध्य वेला में सारे जीवन का सिंहावलोकन।"[88]

"अनामदास का पोथा' उपनिषद्कालीन भारतीय समाज का सांस्कृतिक इतिहास प्रस्तुत करनेवाला उपन्यास है। इसमें छान्दोग्योपनिषद् के रैक्व आख्यान को प्रमुख आधार बनाया गया है तथा उसके विस्तार के लिए छान्दोग्य और वृहदारण्यक के प्रमुख पात्रों के विचारों तथा अन्य घटनाओं की सहायता ली गयी है।[89] अनामदास टिप्पणी में कहते हैं—"आख्यान के अधिकांश स्थल छान्दोग्योपनिषद् से लिये गये हैं। ...एक-एक ग्रन्थ के रूप में यदि इनका विचार किया जाये तो सबसे प्राणवन्त तत्त्वान्वेषियों का विचार पिटक छान्दोग्य है। छान्दोग्य में एक-से-एक फक्कड़ और अक्खड़ विचारक मिलते हैं जो रूढ़ियों के बिलकुल कायल नहीं। ऐसा लगता है कि छान्दोग्य और वृहदारण्यक समकालीन उपनिषदें हैं। हमारे दोनों के

रचयिताओं में एक प्रकार की प्रच्छन्न प्रतिस्पर्द्धा है। एक में जो मुख्य और स्वाधीन विचारक हैं, उसके दूसरी में गौण स्थान दे दिया गया।"[90] परन्तु अनामदास के रैक्व न तो छान्दोग्य में मिलते हैं और न वृहदारण्यक में मिलते हैं। अनामदास का कहना है—"प्रस्तुत कथा में यद्यपि छान्दोग्य के तत्त्व ही प्रधान हैं फिर भी रैक्व के प्रसंग में इनका इस रूप में कहीं भी स्मरण न किया जाना कुछ आश्चर्यजनक है।"[91] द्विवेदी जी की लेखनी का ही कमाल है कि रैक्व जैसे अविश्वसनीय पात्र को भी पाठकों ने सहर्ष स्वीकार किया है।

निष्कर्षतः कहा जा सकता है कि द्विवेदी ने "छान्दोग्य उपनिषद् के एक छोटे-से रैक्व-आख्यान की अस्फुट रेखाओं को मनोहर कल्पनाओं का रंग देकर उपन्यास की कलात्मक कथा का निर्माण किया है।"[92] जो उनके निर्माण कौशल की परिचायक है।

सन्दर्भ-सूची

1. उपन्यासकार आचार्य हजारीप्रसाद द्विवेदी, डॉ. त्रिभुवन सिंह, पृ.12.
2. भारतीय साहित्य के निर्माता—हजारीप्रसाद द्विवेदी, विश्वनाथ प्रसाद तिवारी, पृ. 45.
3. कृति और कृतिकार, डॉ. सरनाम सिंह अरुण, पृ. 35.
4. हिन्दी उपन्यास—कला, डॉ. रामलखन शुक्ल, पृ. 144.
5. पुनर्नवा—प्रकाश, डॉ. धनप्रकाश मिश्र, पृ. 81.
6. उपन्यासकार आचार्य हजारीप्रसाद द्विवेदी, डॉ. त्रिभुवन सिंह, पृ. 13.
7. हजारीप्रसाद द्विवेदी का उपन्यास साहित्य—एक अनुशीलन, डॉ. श्रीमती उमा मिश्रा, पृ. 21.
8. ऐतिहासिक उपन्यास की सीमा और बाणभट्ट की आत्मकथा, डॉ. त्रिभुवन सिंह, पृ. 32.
9. बाणभट्ट की आत्मकथा : विमर्श और व्याख्या, प्रो. लक्ष्मणदत्त गौतम, पृ. 26.
10. बाणभट्ट की आत्मकथा, हजारीप्रसाद द्विवेदी, पृ. 11.
11. उपर्युक्त, पृ. 12.
12. उपर्युक्त, पृ. 12.
13. उपर्युक्त, पृ. 14.
14. उपर्युक्त, पृ. 14.
15. उपर्युक्त, पृ. 15.
16. उपर्युक्त, पृ. 24.
17. हजारीप्रसाद द्विवेदी के ऐतिहासिक उपन्यास, राजकवि, पृ. 59.
18. आधुनिक हिन्दी उपन्यास उपशीर्षक— बाणभट्ट की आत्मकथा : हजारीप्रसाद द्विवेदी, लेखक—डॉ. हरदयाल, पृ. 114.
19. ऐतिहासिक उपन्यास की सीमा और बाणभट्ट की आत्मकथा, डॉ. त्रिभुवन सिंह, पृ. 34.
20. बाणभट्ट की आत्मकथा, हजारीप्रसाद द्विवेदी, पृ. 178.
21. उपर्युक्त, पृ. 19.
22. बाणभट्ट की आत्मकथा : विमर्श और व्याख्या, प्रो. लक्ष्मणदास गौतम, पृ. 52
23. बाणभट्ट की आत्मकथा हजारीप्रसाद द्विवेदी, पृ. 228.

24. उपर्युक्त, पृ. 227-228.
25. उपर्युक्त, पृ. 228.
26. उपर्युक्त, पृ. 232.
27. उपन्यासकार आचार्य हजारीप्रसाद द्विवेदी, डॉ. त्रिभुवन सिंह, पृ. 60.
28. आचार्य हजारीप्रसाद द्विवेदी का साहित्य, डॉ. चौथीराम यादव, पृ. 25.
29. ऐतिहासिक उपन्यास, डॉ. सत्यपाल चुघ, पृ. 162.
30. उपन्यासकार आचार्य हजारीप्रसाद द्विवेदी, डॉ. त्रिभुवन सिंह, पृ. 51
31. बाणभट्ट की आत्मकथा, हजारीप्रसाद द्विवेदी, पृ. 234.
32. उपन्यासकार आचार्य हजारीप्रसाद द्विवेदी, डॉ. त्रिभुवन सिंह, पृ. 52.
33. उपर्युक्त, पृ. 52.
34. हजारीप्रसाद द्विवेदी के ऐतिहासिक उपन्यास, राजकाव, पृ. 57.
35. आचार्य हजारीप्रसाद द्विवेदी का साहित्य, डॉ. चौथीराम यादव, पृ. 39.
36. आचार्य हजारीप्रसाद द्विवेदी के उपन्यासों में जीवन-दर्शन, श्रीमती मंजु सारस्वत, पृ. 43.
37. हिन्दी उपन्यासों का शास्त्रीय विवेचन, डॉ. महावीरमल लोढ़ी, पृ. 136.
38. चारु चन्द्रलेख, हजारीप्रसाद द्विवेदी, पृ. 13
39. डॉ. हजारीप्रसाद द्विवेदी का उपन्यास साहित्य : एक अनुशीलन, डॉ. श्रीमती उमा मिश्रा, पृ. 49-50.
40. चारु चन्द्रलेख, हजारीप्रसाद द्विवेदी, पृ. 16.
41. उपर्युक्त, पृ. 20
42. हजारीप्रसाद द्विवेदी के उपन्यासों में नारी, डॉ. हरिशंकर शर्मा, पृ. 63.
43. चारु चन्द्रलेख हजारीप्रसाद द्विवेदी, पृ. 25.
44. आचार्य हजारीप्रसाद द्विवेदी का साहित्य, डॉ. चौथीराम यादव, पृ. 40-41.
45. चारु चन्द्रलेख, हजारीप्रसाद द्विवेदी, पृ.69.
46. आचार्य हजारीप्रसाद द्विवेदी का समग्र साहित्य : एक अनुशीलन, डॉ. यदुनाथ चौबे, पृ. 72.
47. हिन्दी उपन्यासों का शास्त्रीय विवेचन, डॉ. महावीरमल लोढ़ी, पृ. 137.
48. चारु चन्द्रलेख हजारीप्रसाद द्विवेदी, पृ. 329.
49. डॉ. हजारीप्रसाद द्विवेदी का उपन्यास साहित्य —एक अनुशीलन, डॉ. उमा मिश्रा, पृ. 70.
50. हजारीप्रसाद द्विवेदी के ऐतिहासिक उपन्यास, राजकाव, पृ. 75.
51. उपन्यासकार आचार्य हजारीप्रसाद द्विवेदी, डॉ. त्रिभुवन सिंह, पृ. 109.
52. राजपाल हिन्दी शब्दकोष, डॉ. हरदेव बाहरी, पृ. 509.
53. उपन्यासकार आचार्य हजारीप्रसाद द्विवेदी, डॉ. त्रिभुवन सिंह, पृ. 122.
54. पुनर्नवा, हजारीप्रसाद द्विवेदी, पृ. 14.
55. उपर्युक्त, पृ. 18.
56. उपर्युक्त, पृ. 22.
57. उपर्युक्त, पृ. 8.
58. उपर्युक्त, पृ. 8.
59. उपर्युक्त, पृ. 64.
60. उपर्युक्त, पृ. 69.
61. डॉ. हजारीप्रसाद द्विवेदी का उपन्यास साहित्य : एक अनुशीलन, डॉ. उमा मिश्रा, पृ. 82.
62. पुनर्नवा, हजारीप्रसाद द्विवेदी, पृ. 150-51.

63. उपर्युक्त, पृ. 236.
64. डॉ. हजारीप्रसाद द्विवेदी का उपन्यास साहित्य—एक अनुशीलन, डॉ. उमा मिश्रा, पृ. 22.
65. आचार्य हजारीप्रसाद द्विवेदी का साहित्य, डॉ. चौथी राम यादव, पृ. 52.
66. ग्रन्थावली : 9, 47 हजारीप्रसाद द्विवेदी
67. उपन्यासकार हजारीप्रसाद द्विवेदी, डॉ. त्रिभुवन सिंह, पृ. 124.
68. आचार्य हजारीप्रसाद द्विवेदी के उपन्यासों में जीवन-दर्शन, श्रीमती मंजु सारस्वत, पृ. 62.
69. उपर्युक्त, पृ. 62.
70. उपर्युक्त, पृ. 62.
71. भारतीय साहित्य के निर्माता हजारीप्रसाद द्विवेदी, विश्वनाथ प्रसाद तिवारी, पृ. 60.
72. अनामदास का पोथा, हजारीप्रसाद द्विवेदी, पृ. 29.
73. उपर्युक्त, पृ. 29-30.
74. हिन्दी उपन्यास : समकालीन परिदृश्य, डॉ. महीप सिंह, पृ. 193.
75. अनामदास का पोथा, हजारीप्रसाद द्विवेदी, पृ. 36.
76. उपर्युक्त, पृ. 40.
77. उपर्युक्त, पृ. 49.
78. उपर्युक्त, पृ. 49.
79. उपर्युक्त, पृ. 49.
80. उपर्युक्त, पृ. 55.
81. उपर्युक्त, पृ. 60.
82. उपर्युक्त, पृ. 60-61.
83. डॉ. हजारीप्रसाद द्विवेदी का उपन्यास साहित्य : एक अनुशीलन, डॉ. श्रीमती उमा मिश्रा, पृ. 113.
84. आचार्य हजारीप्रसाद द्विवेदी का समग्र साहित्य : एक अनुशीलन, डॉ. यदुनाथ चौबे, पृ. 112-113.
85. अनामदास का पोथा, हजारीप्रसाद द्विवेदी, पृ. 200-201.
86. हिन्दी उपन्यास : समकालीन परिदृश्य, शीर्षक, लेख औपनिषदिक आख्यान बनाम युगीन मानवीय सम्पृक्ति, डॉ. महीप सिंह, पृ. 189.
87. दूसरी परम्परा की खोज, डॉ. नामवर सिंह, पृ. 114-15.
88. उपर्युक्त, पृ. 116.
89. आचार्य हजारीप्रसाद द्विवेदी का साहित्य, डॉ. चौथीराम यादव, पृ. 67.
90. अनामदास का पोथा, हजारीप्रसाद द्विवेदी, पृ. 205.
91. उपर्युक्त, पृ. 208.
92. आचार्य हजारीप्रसाद द्विवेदी के उपन्यासों में जीवन-दर्शन, श्रीमती मंजु सारस्वत, पृ. 77.

आचार्य हजारीप्रसाद द्विवेदी का स्त्री चरित्र-शिल्प

आचार्य हजारीप्रसाद द्विवेदी के स्त्री चरित्र-शिल्प पर विचार करने से पूर्व स्त्री के सम्बन्ध में द्विवेदी जी के मन्तव्य को समझना अत्यन्त आवश्यक है। "नारी के प्रति द्विवेदी जी की दृष्टि दार्शनिक दृष्टि है। वे नारी को शक्तिरूपा मानते हैं। उनके अनुसार पुरुष ने नारी को ठीक-ठाक समझने की कोशिश नहीं की अन्यथा दुःख और यातना का यह भवसागर सूख गया होता। पुरुष नारी को नगण्य समझकर उसकी उपेक्षा करता है, पर वह नहीं समझता कि नारी के सहयोग के बिना उसका पुरुषार्थ बंजर है। द्विवेदी जी गृहस्थ जीवन के समर्थक हैं और नारीहीन तपस्या को संसार की सबसे बड़ी भूल मानते हैं।"[1] नारी महिमा का गुणगान और उसका आत्मोत्थान द्विवेदी जी के उपन्यासों की रचना का मुख्य उद्देश्य है।

भारतीय संस्कृति के पुरोधा आचार्य हजारीप्रसाद द्विवेदी ने स्त्री को गौरवमय पद प्रदान किया है। उनकी नारियाँ सदैव आदर्श मानवी से देवी के महान् पद की ओर अग्रसर होती हैं। 'बाणभट्ट की आत्मकथा' की भट्टिनी स्त्री जाति की आदर्श है, जिसके सम्पर्क में आकर बाणभट्ट मनुष्यता से देवत्व की ओर अग्रगमन करता है। 'निपुणिका' एक ऐसी स्त्री पात्र है, जिसके माध्यम से द्विवेदी जी ने नारी के आत्मबलिदान का एक अद्भुत रूप प्रस्तुत किया है। यह प्रेम के सात्त्विक रूप की चरम उत्कर्ष है। 'पुनर्नवा' की मंजुला एक नर्तकी है, पर उसके चरित्र को द्विवेदी जी ने जिस प्रकार गौरव प्रदान किया है, उसकी पवित्रता ने उसके सात्त्विक हृदय को रेखांकित किया है, वह अद्वितीय है।

द्विवेदी जी की दृष्टि में नारी-उद्धार करना ही साहित्यकारों का मुख्य कर्त्तव्य है। वे नारी को भौतिक रूप से आत्मनिर्भरता दिलाने की वकालत नहीं करते। वे तो उसे तप, योग, सेवा, संयम के उच्च भारतीय आदर्शों से समन्वित देखना चाहते हैं। वे नारी को पद्मिनी, सीता, अनसूया और गार्गी बनाना चाहते हैं। 'आत्मकथा' की निपुणिका, 'चारु चन्द्रलेख' की मैना पद्मिनी-रूपा हैं, भट्टिनी सीता का संयम और विवेक लिये हुए है, 'पुनर्नवा' की मृणाल और धूतादेवी अनसूया-सी पतिपरायणाएँ हैं, तो 'अनामदास का पोथा' की ऋतम्भरा गार्गी के ज्ञान-गौरव से सम्पन्न हैं।"[2]

द्विवेदी जी के स्त्री चरित्र-शिल्प के सम्बन्ध में डॉ. नामवर सिंह लिखते हैं—"उनके उपन्यासों में प्रायः एक पतिता नारी के प्रति सहानुभूति जमाकर उसके उद्धार का चित्रण मिलता है।"[3] 'बाणभट्ट की आत्मकथा' की अपहृता राजपुत्री भट्टिनी और घर से भागी हुई अबला नारी निपुणिका। इन दोनों के माध्यम से द्विवेदी जी ने नारी-हृदय की समग्र पीड़ा को चित्रित किया है। इन नारियों की पीड़ा केवल उनकी पीड़ा नहीं है, बल्कि समस्त नारी-जाति की पीड़ा है। डॉ. शैल रस्तोगी के शब्दों में—"निपुणिका और भट्टिनी के हृदय की पीड़ा का जो चित्र द्विवेदी जी ने प्रस्तुत किया है, वह बड़ा सजीव है। नारी-हृदय की सम्पूर्ण वेदना उसके चरित्र में साकार हो उठी है। ...उनकी नारी की पीड़ा चिरन्तन पीड़ा है, जो पुरातन होते हुए भी नूतन है।"[4]

"मुक्त करो नारी को मानव! चिर बन्दिनि नारी को।
युग युग की बर्बर कारा से, जननि सखी प्यारी को॥"[5]

आचार्य हजारीप्रसाद द्विवेदी ने अपने उपन्यासों में एक ओर जहाँ नारी को चारित्रिक उत्कर्ष प्रदान किया है, वहीं दूसरी ओर नारी के प्रति पुरुष को स्वस्थ दृष्टि प्रदान करते हैं, जिससे वह नारी को केवल श्रृंगार का आलम्बन न मानकर उससे आगे बढ़कर श्रद्धा-विश्वासमयी मानने लगे। "इस प्रकार इन उपन्यासों में नारी-कल्याण के साथ मानव-मात्र के आत्यन्तिक कल्याण की पावन भावना की अभिव्यक्ति हुई है।"[6]

आगे द्विवेदी जी के चार उपन्यासों के स्त्री चरित्र-शिल्प का मुख्य एवं गौण पात्रों के आधार पर क्रमबद्ध वर्णन प्रस्तुत है।

बाणभट्ट की आत्मकथा

"उपन्यास में जितने भी स्त्री पात्र आये हैं उनमें राज्यश्री को छोड़कर प्रायः सभी उपन्यासकार की कल्पना की उपज हैं, जिनके द्वारा वह हर्षकालीन भारत का एक सजीव सामाजिक रोमांस उपस्थित करने में सफल हो सका है। कार्य-विस्तार एवं महानता की दृष्टि से बाणभट्ट के पश्चात् उपन्यास का सबसे महत्त्वपूर्ण चरित्र निपुणिका है, पर प्रभाव की दृष्टि से भट्टिनी का स्थान अत्यन्त महत्त्व का है जिसके कारण ही 'बाणभट्ट की आत्मकथा' का बाणभट्ट, बाणभट्ट हो सका है।"[7]

भट्टिनी आचार्य हजारीप्रसाद द्विवेदी की अद्भुत कल्पना की प्रसून है। "उपन्यासकार ने भट्टिनी को विषम समर विजयी तुवरमिलिन्द की एकमात्र नयनतारा राजनन्दिनी के रूप में उपस्थित किया है, जिससे आत्मगौरव, निश्चय की दृढ़ता तथा उदात्त भावों के प्रति निष्ठा का समावेश उसके चरित्र में जातीय संस्कार के रूप में ही आ गये हैं।...भट्टिनी के रूप में उपन्यासकार ने नारी आदर्शों को मूर्तिमान् कर दिया है। वह कमल से भी कोमल, चाँदनी से भी पावन, नवनीत से

भी तरल, सागर से भी गम्भीर और हिमालय से भी दृढ़ चरित्रवाली नारी है।"[8]

भट्टिनी का सम्पूर्ण जीवन करुणा की गाथा है। बचपन में ही माता का साथ छूट गया। "त्रेता की सीता भी पिता की गोद में पली और यह सातवीं शताब्दी की सीता चन्द्रदीधिति भी।"[9] वह अशोक वन की एक ऐसी अभागी सीता है, जिसे न तो पुष्पवाटिका में राम मिले और न वह दुल्हन बनकर अवध ही आयी। उसे न जाने किस अपराध की इतनी बड़ी सजा मिली कि उसका सम्पूर्ण जीवन दुःखों के अगाध सागर में डूब गया। अपने सम्बन्ध में वह निपुणिका को बताती है—"जिस दिन नगरहार के मार्ग में प्रत्यन्त दस्युओं ने मुझ पर आक्रमण किया था उस दिन चुने हुए दो सौ विश्वस्त सेवक मेरी पालकी के साथ थे। पितामह के समान पूज्य और प्रबल पराक्रान्त आदित्यसेन का विश्वासभाजक सेवक धीर नापित मेरे साथ था। डाकुओं ने अचानक आक्रमण किया था। धीर अन्त तक मेरे ऊपर छत्र की भाँति छाया रहा।...जब तक उनके शरीर में एक बूँद भी रक्त बचा था, तब तक किसी दस्यु को उन्होंने मेरी पालकी के पास नहीं आने दिया।...नगरहार से पुरुषपुर, पुरुषपुर से जालन्धर और फिर और न जाने कहाँ-कहाँ मुझे दस्युओं के साथ घूमना पड़ा और अन्त में स्थाण्वीश्वर के छोटे राजकुल में आश्रय मिला।...माता से मैंने बौद्ध दुःखवाद का भाव पाया है और पिता से भागवत अनुकम्पा का। मेरे ऊपर महावराह की करुणा है। यही एकमात्र सुख है और इसी करुणा ने मुझे तुमसे और भट्ट से मिलाया है।...मैं सब-कुछ भूल जाने की साधना कर रही हूँ। पिता से क्या मिलना होगा? महावराह ही जानें हम क्यों चिन्ता करें?"[10]

चन्द्रदीधिति (भट्टिनी) का प्रथम दर्शन तृतीय उच्छ्वास में एक बन्दिनी के रूप में होता है, जो स्थाण्वीश्वर के छोटे राजकुल में कैद है और रो-रोकर अपना जीवन व्यतीत कर रही है। "निपुणिका उस राजबाला को 'भट्टिनी' कहती है। अन्तःपुर की परिचारिकाएँ रानी को इसी प्रकार सम्बोधित करती हैं।"[11] बन्दीगृह में ही निपुणिका भट्टिनी को भट्ट से मिलवाती है। भट्ट भट्टिनी के अद्भुत सौन्दर्य को देखकर मुग्ध हो जाता है और उसके रूप का वर्णन करते हुए कहता है—"उसको देखकर अत्यन्त पतित व्यक्ति के हृदय में भी भक्ति उत्पन्न हुए बिना नहीं रह सकती। उसके सारे शरीर से स्वच्छ कान्ति प्रवाहित हो रही थी। अत्यन्त धवल प्रभापुंज से उसका शरीर एक प्रकार ढका हुआ-सा ही जान पड़ता था, मानो वह स्फटिक गृह में आबद्ध हो, या दुग्ध-सलिल में निमग्न हो, या विमल चीनांशुक से समावृत हो, या दर्पण में प्रतिबिम्बित हो, या शरद्कालीन मेघपुंज में अन्तरित चन्द्रकला हो।"[12]

भट्टिनी के सौन्दर्य में अद्भुत आकर्षण है। "उनका सौन्दर्य जयशंकर प्रसाद की श्रद्धा के समान हृदय की अनुकृति बाह्य उदार है। उसका दर्शन भक्तिभाव को जगानेवाला और वासना को धोनेवाला है।"[13] "मानो विधाता ने शंख से खोदकर,

मुक्ता से खींचकर, मृणाल से सँवारकर चन्द्रकिरणों के कूर्चक से प्रक्षालित कर, सुधाचूर्ण से धोकर, रजत-रज से पोंछकर कुटज, कुन्द और सिन्धुवार पुष्पों की धवल कान्ति से सजाकर ही उसका निर्माण किया था।"[14] उसके व्यक्तित्व में एक अजीब-सा सम्मोहन है, जिसके प्रथम दर्शन से ही भट्ट आत्मविस्मृत हो जाता है।

बाणभट्ट से मिलकर भट्टिनी निश्चित हो जाती है क्योंकि उसे भट्ट पर पूरा विश्वास था। उधर भट्ट भट्टिनी के बाद दुःख को देखकर द्रवित हो उठता है और अपने प्राणों की परवाह किये बिना भट्टिनी को उस बन्दीगृह से मुक्त करता है।

"संयम, मर्यादा, आदर्श एवं सारल्य का अद्भुत संयोग हमें भट्टिनी के चरित्र में दिखायी पड़ता है। बाणभट्ट के प्रति भट्टिनी में सहज स्वाभाविक आकर्षण है।"[15] महामाया से बातचीत करने के दौरान वह कहती है—"मैंने प्रथम बार अनुभव किया कि मेरे भीतर एक देवता है, जो आराधक के अभाव में मुरझाया हुआ छिपा बैठा है। मैंने प्रथम बार अनुभव किया कि भगवान् ने नारी बनाकर मुझे धन्य किया है, मैं अपनी सार्थकता पहचान गयी।...माँ, भट्ट इस पृथ्वी के पारिजात हैं, इस भवसागर के पुण्डरीक हैं, इस कण्टकमय भुवन के मनोहर कुसुम हैं।"[16]

एक स्थल पर वह बाणभट्ट से कहती है—"तुम इस आर्यावर्त्त के द्वितीय कालिदास हो। इतना कह लेने के बाद भट्टिनी ने अचानक अपने को रोक लिया, मानो, जितना कहना चाहिए, उससे अधिक कह गयी हो, मानो जहाँ रुक जाना उचित था, उससे बहुत दूर आगे बढ़ गयी हो। फिर उनका मुख कुछ लाल भी हो गया। बड़े-बड़े खंजन शावक से चपल नयन झुक गये और अधरोष्ठों का मन्द स्मित जल्दी-जल्दी भीतर भाग जाने की चेष्टा करने लगा। लेकिन भट्टिनी का आनन्द छिपाया नहीं जा सका। रह-रहकर कपोल-पालि विकसित हो उठती थी और नयन-कोरक विस्फारित हो उठते थे। भट्टिनी का मुख आनन्द व्रीड़ा और मन्द स्मित से मनोहर हो उठा।"[17]

वज्रतीर्थ में जब भट्ट सम्मोहन अभिचार से अचेत हो जाता है, तब भट्टिनी व्याकुल हो उठती है। वह अपने-आपको विघ्नरूपा समझकर ग्लानि महसूस करती है। बाण के प्रति उसकी चिन्ता उसके चेहरे पर स्पष्ट दिखायी देती है। भट्टिनी के हृदय में बाण के प्रति स्नेह है, किन्तु सीमातीत है। "संयम के कारण ऐसे पुरुष के सम्पर्क में अकेले रहने पर भी भट्टिनी कहीं भी अपनी मर्यादा का उल्लंघन करती नहीं जान पड़ती। अत्यन्त सरल एवं संकोची स्वभाव की नारी होते हुए भी जब कभी भट्टिनी मुखर हो जाती है, तो भट्ट को उपदेश देते समय उसके आदेश स्वरूप के भी दर्शन हो जाते हैं।"[18]

भट्टिनी नारियों के लिए आदर्शस्वरूप है। भट्ट भट्टिनी को देवी मानता है

किन्तु भट्टिनी अपने-आपको साधारण नारी मानती है। उसका शरीर हाड़-मांस का बना है, उसका हृदय भी मानवीय भावनाओं से भरा हुआ है। भट्टिनी बाणभट्ट को डाँटते हुए कहती है—'यह क्या बालकों की भाँति उत्तरल भाव है, भट्ट! मैं देवी नहीं हूँ। हाड़ मांस की नारी हूँ। मैं विघ्नस्वरूपा हूँ परन्तु मैं जानती हूँ कि मेरा विघ्न-रूप होना ही विश्व का परित्राण है। तुम्हीं ने मुझे यह ज्ञान दिया है भट्ट और तुम्हीं उसे भुलवाने को प्रारोचित कर रहे हो? मैं हूँ चन्द्रदीधिति सौ-सौ बालिकाओं के समान एक सामान्य बालिका। मैं हूँ तुम्हारी भट्टिनी।"[19] भट्टिनी के इन शब्दों से उसका सम्पूर्ण व्यक्तित्व अपने यथार्थ रूप में प्रकट हो जाता है। भट्ट के प्रति उनका प्रेम, उसकी व्याकुलता, उसकी तड़प सभी मनोभाव इन शब्दों के माध्यम से व्यक्त हो जाते हैं। निपुणिका भट्टिनी के अन्तर्मन के इन भावनाओं को अच्छी तरह समझती है। भट्टिनी, निपुणिका और भट्ट तीनों के हृदय में एक-दूसरे के प्रति प्रेम की धारा प्रवाहित होती रहती है। पर तीनों का प्रेम कभी भी मुखरित नहीं हो पाता है।

'भट्टिनी का जीवन आत्मोन्मुखी है। वह प्रेरणामयी है, स्वाभिमानिनी है। उनके व्यक्तित्व में निर्भीकता, दृढ़ता, कृतज्ञता, सहिष्णुता, संयम और साहस के साथ-साथ नारी सुलभ कोमलता और पावन-प्रेम आदि देव-दुर्लभ गुण हैं। वह सागर-सी गम्भीर और हिमगिरि-सी अजेय है। उनका स्वाभिमान क्षमा करना भी जानता है। स्थाण्वीश्वर के लम्पट शरण्य राजा से उन्हें घृणा है। वह कुमार कृष्णवर्द्धन पर अविश्वास करती है। उन्हें कुमार कृष्णवर्द्धन को सहायता स्वीकार नहीं है।"[20] वह बाण से कहती है—"मैं स्थाण्वीश्वर के राजवंश से घृणा करती हूँ। राजवंश से सम्बद्ध किसी व्यक्ति का आश्रय पाने से पहले मैं यमराज का आश्रय ग्रहण करूँगी।"[21] किन्तु बाद में परिस्थिति परिवर्तन हो जाने के बाद वह बाण से कहती है—"यदि स्थाण्वीश्वर चलना ही है तो चलो।"[22] बाण के आग्रह पर वह कुमार कृष्णवर्द्धन के निमन्त्रण को स्वीकार करके भद्रेश्वर से स्थाण्वीश्वर लौट जाती है।

अन्त में, निपुणिका की मृत्यु ने भट्टिनी के पूरे अस्तित्व को झकझोरकर रख दिया। वह अपने-आप को अत्यन्त विवश महसूस करती है। जब भट्ट पुरुषपुर जाने लगता है, तब वह कहती है—"जल्दी लौटना"[23] किन्तु "फिर क्या मिलना होगा"[24] यह प्रश्न प्रश्न बनकर ही रह जाता है। भट्ट को पाकर भी वह उसे नहीं पा पाती है। उसका प्रेम असफल रह जाता है।

बाणभट्ट के जाने के बाद विरह की पीड़ा और स्मृतियों का भण्डार ही उसकी संचित सम्पत्ति है, जिसके सहारे उसे अपना जीवन व्यतीत करना है। "विधाता ने मानों उसे दुःख के सागर में डूबने और माँझी को भी ले डूबने के लिए रचा है। वह

जिसका साथ पाती है, वही मध्यमार्ग में छोड़कर चल देता है। माता, पिता, निपुणिका और बाण सभी तो उससे बिछुड़े हैं। यहाँ तक कि लेखक ने भी उसका अधूरा अंकन किया और उसे अधर में लटकाकर छोड़ दिया है। वह नियति के थपेड़े झेलने को विवश है।"[25]

"भट्टिनी प्रेम की निर्धूम ज्योति, सौन्दर्य की आगार, कलाकार की प्रेरणा एवं मानवता की जीवन्त प्रतिमा है, वह सागर के गहरे तल में छुपा हुआ ऐसा मोती है, जिसकी थाह वही पा सकता है जो गहरे पानी में पैठ सके।"[26] "नारी सुलभ ईर्ष्या, द्वेष तथा इच्छा और उत्कण्ठा के लिए भट्टिनी के चरित्र में कोई स्थान नहीं, क्योंकि उसने इन दुर्बलताओं को संयम की शिला से दबा रखा है।"[27]

निष्कर्षतः कहा जाता है कि, "भारतीय संस्कृति परम्परा की भूमिका में भट्टिनी जीवन्त नारी आदर्श की एक मोहक कल्पना है।"[28]

भट्टिनी की तरह निपुणिका भी आचार्य हजारीप्रसाद द्विवेदी की अनोखी सृष्टि है। "निपुणिका के रूप में उपन्यासकार ने भारतीय नारी के आत्म-बलिदान की अपूर्व कथा कही है। लेखक भौतिक शरीर से ऊपर उठकर आदर्शों एवं गुणों के आधार पर नारी तत्त्व की कल्पना करता है, जिसे उसने निपुणिका के रूप में मूर्तिमान् करने का प्रयत्न किया है।"[29]

"निपुणिका आजकल की उन जातियों में से एक की सन्तान है, जो किसी समय अस्पृश्य समझी जाती थी परन्तु जिनके पूर्व-पुरुषों को सौभाग्यवश गुप्त सम्राटों की नौकरी मिल गयी थी। नौकरी मिलने से उनकी सामाजिक मर्यादा कुछ ऊपर उठ गयी। वे आजकल अपने को पवित्र वैश्व-वंश में गिनने लगे हैं और ब्राह्मण-क्षत्रियों में प्रचलित प्रथाओं का अनुकरण करने लगी है।"[30] निपुणिका का विवाह अल्पायु में ही एक कादम्बिक वैश्व के साथ हुआ था, किन्तु एक वर्ष के बाद ही वह विधवा हो गयी। विधवा होने के बाद से अनेक दुःख झेलने पड़े और उन्हीं दुःखों से तंग आकर उसने अपना पतिगृह त्याग दिया। 15-16 वर्ष की अवस्था में घर से भाग जाना, अपने सतीत्व की रक्षा करना और इतना ही नहीं, इस वैलासिक समाज में अपनी रोजी-रोटी की व्यवस्था करना बड़े साहस का कार्य है। इस सुकुमार अवस्था में न जाने किस मर्मान्तक दुःख ने इस बालिका को ऐसा साहसिक कार्य करने को उदबुद्ध किया।

निपुणिका पति के घर से भागकर उज्जयिनी पहुँचती है। वहाँ उसकी मुलाकात बाण से होती है। उन दिनों बाण एक नाटक-मण्डली का सूत्रधार था। उसने निपुणिका को भी अपनी नाटक-मण्डली में सम्मिलित कर लिया। "निपुणिका

बहुत सुन्दर नहीं थी, परन्तु उसकी सबसे बड़ी चारुता-सम्पत्ति उसकी आँखें और अँगुलियाँ ही थीं।'[31] अभिनय की कला से बिलकुल अनजान निणुणिका अपनी कुशाग्र बुद्धि से शीघ्र ही सफल अभिनेत्री बन जाती है।

"निपुणिका को 'बाणभट्ट' ऐसे अनोखे पुरुष का साहचर्य मिलता है, जो स्त्री-शरीर को देव-मन्दिर के समान पवित्र समझता है। यह अनुभव निपुणिका के लिए नितान्त नवीन था, जिससे वह प्राण-प्रण से भट्ट के प्रति अनुरक्त हो जाती है।"[32] एक दिन बाणभट्ट उज्जयिनी के परमभट्टारक की उपस्थिति में नाटक का आयोजन करता है। उसमें निपुणिका के अभिनय कौशल को देखकर वह विमुग्ध हो उठता है। निपुणिका का नृत्य देखकर बाण को मालविकाग्निमित्र की मालविका की याद आ जाती है। वह हँसते हुए कालिदास का एक श्लोक पढ़ता है। "निपुणिका संस्कृत नहीं जानती थी, उसने क्या जाने क्या समझा। उसके अधरों पर जरा-सी स्मित-रेखा प्रकट हो आयी और कुछ देर के लिए उसकी आँखें झुक गयीं।"[33]

निपुणिका के अभिनय से प्रसन्न होकर बाण उसे बधाई देना चाहता है। उधर निपुणिका बाण को अपने मन-मन्दिर का देवता मानकर उसके प्रति समर्पण का भाव रखती है। बाण को प्रसन्न देखकर उसे लगा कि आज उसकी जीत होनेवाली है, आज वह अपने प्यार अर्थात् बाण को पा लेगी। किन्तु नारी-देह को देव-मन्दिर माननेवाला बाण निपुणिका के हृदय की बात को भाँप लेता है और हँसते हुए वहाँ से चला जाता है बाण के हृदय में भी निपुणिका के लिए प्रेम था, लेकिन निपुणिका की तरह प्रेम को स्वीकारने का साहस उसमें नहीं था।

"निपुणिका के व्यक्तित्व का सबसे कोमल और सशक्त पक्ष है—बाण से प्रणय। वह बाण को हृदय से चाहती थी, पर बाण की उपेक्षा ने उसे विदीर्ण कर दिया।"[34] नारी का सबसे बड़ा अपमान पुरुष की उपेक्षा है। बाण के हृदय में अपने प्रति उपेक्षा देखकर निपुणिका व्याकुल हो उठती है और उसी रात वहाँ से भागकर पुनः अज्ञात, अलक्ष्य की ओर आगे बढ़ती है। रास्ते में उसकी मुलाकात एक ज्योतिष से होती है, जो उसे बाण के बारे में बताता है—"वह बड़ा यशस्वी कवि होगा, परन्तु कोई रचना समाप्त नहीं कर सकेगा। जिस दिन वह कविता लिखने बैठेगा, उस दिन से उसकी आयु क्षीण होने लगेगी। वह उनके बाद सहस्र दिन तक जीवित रह सकेगा। ...उससे कह देना कि किसी जीवित व्यक्ति के नाम पर काव्य न लिखे।"[35]

छह वर्षों की लम्बी अवधि के बाद स्थाण्वीश्वर में निपुणिका की मुलाकात पुनः बाण से होती है। वह बाण को अपने नाटक-मण्डली छोड़कर भाग आने के बारे में बताती है—"हाँ भट्ट, मेरे भाग आने का कारण तुम्हीं हो, परन्तु दोष तुम्हारा नहीं है। ...निर्दय, तुमने बहुत बार बताया था कि तुम नारी-देह को देव-मन्दिर के समान

पवित्र मानते हो, पर एक बार भी तुमने समझा होता कि यह मन्दिर हाड़-मांस का है, ईंट-चूने का नहीं। जिस क्षण मैं अपना सर्वस्व लेकर इस आशा से तुम्हारी ओर बढ़ी थी कि तुम उसे स्वीकार कर लोगे, उसी समय तुमने मेरी आशा को धूलिसात् कर दिया। उस दिन मेरा निश्चित विश्वास हो गया कि तुम जड़-पाषाण-पिण्ड हो, तुम्हारे भीतर न देवता है, न पशु है, है एक अडिग जड़ता। मैं इसीलिए वहाँ ठहर नहीं सकी। जीवन में मैंने उसके बाद बहुत दुःख झेले हैं, पर उस क्षण-भर के प्रत्याख्यान के समान कष्ट मुझे कभी नहीं हुआ।"[36]

निपुणिका स्थाण्वीश्वर में पान बेचती है लेकिन यहाँ उसके पान कम और मुस्कान अधिक बिकती थी। निपुणिका के हृदय में बाण के प्रति जो प्रेम था, वह अब भक्ति में बदल गया है। वह बाण से कहती है—"छह वर्षों तक इस कुटिल दुनिया में असहाय मारी-मारी फिरी और अब मेरा मोह भक्ति के रूप में बदल गया है।"[37] निपुणिका बाण को अपना देवता मानती है और उसके हित की कामना करती है। वह स्वयं पाप की कीचड़ में धँसी रहे, लेकिन अपने देवता को वह इस पाप के कीचड़ से दूर रखना चाहती है। यही कारण है कि जब बाण उसके दुकान पर अधिक देर तक ठहरता है तो वह उससे कहती है—"भट्ट, मुझे किसी बात का पछतावा नहीं है। मैं जो हूँ इसके सिवा और कुछ भी नहीं हो सकती थी। परन्तु तुम जो कुछ हो उससे कहीं श्रेष्ठ हो सकते हो। इसीलिए कहती हूँ, तुम यहाँ मत रुको।"[38] इसी स्थल पर निपुणिका बाण को अशोक वन की सीता भट्टिनी का उद्धार करने को कहती है—"तुम न आते तो भी मुझे तो यह करना ही था। बोलो भट्ट, तुम यह काम कर सकोगे? तुम असुर-गृह में आबद्ध लक्ष्मी का उद्धार करने का साहस रखते हो? मदिरा के पंक में डूबी हुई कामधेनु को उबारना चाहते हो।"[39] वह आगे कहती है—"भट्ट वह अशोक वन की सीता है, तुम उसका उद्धार करके अपना जीवन सार्थक करो।"[40]

मौखरि-वंश के छोटे राजकुल में कैद भट्टिनी का उद्धार निपुणिका ने जिस साहस और चतुराई के साथ किया वह अद्भुत है। वह भट्टिनी और बाण के साथ चण्डीमण्डप में रात बिताती है और कुमार कृष्णवर्द्धन की मदद से दस विश्वस्त सैनिकों के संरक्षण में वह बाण और भट्टिनी के साथ गंगा नदी पार करती है। त्रिवेणी पार करके नौका जब चरणाद्रि-दुर्ग के पास पहुँचती है, तो उसी समय आभीर सामन्त ईश्वरसेन के सैनिकों का आक्रमण होता है। जिससे घबड़ाकर पहले भट्टिनी और बाद में निपुणिका गंगा नदी में कूद पड़ती हैं। निपुणिका के निर्देश से ही बाण पहले भट्टिनी को बचाता है और उसे महामाया के पास छोड़कर निपुणिका की खोज में निकल पड़ता है। निपुणिका को खोजते-खोजते बाण वज्रतीर्थ पहुँचता है, जहाँ

उसे बलिदान देने के लिए विवश किया जाता है, लेकिन निपुणिका अपने अपूर्व साहस का परिचय देते हुए बाण को बचाती है और उसके बाद वह भट्टिनी और बाण के साथ भद्रेश्वर दुर्ग चली जाती है।

कुमार कृष्णवर्द्धन के कहने पर बाण स्थाण्वीश्वर जाता है और वहाँ महाराज हर्षवर्द्धन का सभापण्डित नियुक्त होता है। बाण पुनः स्थाण्वीश्वर से भद्रेश्वर दुर्ग लौट आता है। निपुणिका बाण पर नाराज होती है, क्योंकि बाण भट्टिनी के लिए राज्यश्री के पत्र का वहन करता है। वह कहती है—"धिक्कार है भट्ट, तुम कैसे भट्टिनी का अपमान करने पर राजी हो गये। कान्यकुब्ज का लम्पट शरण्य राजा क्या भट्टिनी के सेवक को अपना सभासद बनाने की स्पर्द्धा रखता है? जिस बुद्धि ने तुम्हें मौखरियों की रानी का निमन्त्रण ढोने को उत्साहित किया।"[41] भट्टिनी के अनुरोध पर बाण निपुणिका को सौरभद्र के शिव सिद्धायतन ले जाता है। वहाँ जाकर निपुणिका की मानसिक दशा में सुधार होता है और वे सब पुनः भद्रेश्वर दुर्ग लौट आते हैं, वहाँ आकर बाण को कुमार का पत्र मिलता है, जिसमें भट्टिनी को स्थाण्वीश्वर लाने का आग्रह था। लोरिकदेव के सैनिकों की सहायता से भट्टिनी और निपुणिका स्थाण्वीश्वर पहुँचती हैं। वहाँ बाण महाराजाधिराज द्वारा लिखित नाटिका 'रत्नावली' के मंचन का आयोजन करता है। नाटिका में अभिनय करने के प्रसंग में जब बाण निपुणिका से पूछता है कि क्या तुम कुशलतापूर्वक अभिनय कर सकोगी तो निपुणिका कहती है—"अभिनय ही तो कर रही हूँ, जो वास्तव है, उसको दबाना और जो अवास्तव है, उसका आचरण करना—यही तो अभिनय है। सारा जीवन यही अभिनय किया है।"[42] निपुणिका शिक्षित तो नहीं थी, लेकिन दुनिया को समझने की शक्ति उसमें थी। अपने अभावग्रस्त जीवन से उसने अनुभव ग्रहण किये थे।

'रत्नावली' नाटिका में बाण ने राजा का, प्रसिद्ध नर्तकी चारुस्मिता ने रत्नावली का और स्वयं निपुणिका ने वासवदत्ता का जीवन्त अभिनय किया। निपुणिका के चरित्र का उत्कर्ष उपन्यास के अन्त में देखने को मिलता है। "नरलोक से किन्नर लोक तक एक ही रागात्मिक वृत्ति की चरम परिणति यहाँ होती है, जहाँ 'रत्नावली' नाटिका का अभिनय करते-करते निपुणिका अपने ही हाथ से अपने प्रेमी का हाथ रत्नावली के हाथ में थमाकर अपने पार्थिव शरीर को त्याग देती है।"[43] इस स्थल पर वह नारियों के लिए आदर्श स्थापित करती है। यही उसके व्यक्तित्व की सबसे बड़ी विशिष्टता है, अलौकिकता है। निपुणिका अपनी इच्छाओं, आकांक्षाओं का दमन कर दूसरों की खुशियों के लिए जीती रही। वह बाण से कहती है—"मैंने कुछ भी नहीं रखा, अपना सब-कुछ तुम्हें दे दिया और भट्टिनी को भी दे दिया।"[44]

निपुणिका एक आदर्श नारी थी। "भीतर-ही-भीतर घुटकर निपुणिका ने अपने

प्राण दे दिये, उसने अपनी व्यक्तिगत इच्छाओं को किसी दूसरे के मार्ग में बाधक नहीं होने दिया। यही भारतीय नारी के जीवन का पूज्य आदर्श है, जिसके कारण ही निपुणिका अपने को बाणभट्ट की प्रियतमा, भक्त, गुरु, हितैषिणी तथा रक्षिका सब-कुछ समझती रही और बाणभट्ट भी उसे वह स्थान देता रहा।"[45]

इस प्रकार निपुणिका "अन्त में वासवदत्ता का अभिनय करते-करते बाणभट्ट का मार्ग निष्कण्टक करती हुई, प्रेम की दो दिशाओं को एक करती हुई, त्याग की प्रतीक, वेदना और परिताप का पुंज, अपने नारीत्व को सार्थक कर गयी, बाणभट्ट को मुक्त कर गयी, अपने-आपको उत्सर्ग कर गयी।"[46] "बाण ने अभिनय करके जिसे पाया था, अभिनय करके ही उसे खो दिया।"[47]

निपुणिका प्रेम और साहस की प्रतिमूर्ति है। उसने स्वयं कहा है कि उसने अनेक घाटों का पानी पिया है, इसलिए कोई भी कार्य करने में उसे कोई घबराहट अथवा संकोच नहीं होता है। निपुणिका का साहस केवल अपने तक ही सीमित नहीं है, बल्कि वह दूसरों की मदद के लिए भी सदैव समर्पित भाव से तैयार रहती है—चाहे वह भट्टिनी का उद्धार हो या चण्डीमण्डप में अपने-आप को दाँव पर लगाकर भट्टिनी के रहने के लिए व्यवस्था करना हो, या वज्रतीर्थ में अघोर घण्ट तथा चण्डमण्डना के हाथों से बाण को बलि से बचाना या इन सबसे बढ़कर भट्टिनी की रक्षा के लिए गंगा नदी में कूद पड़ना तथा अपने प्राणों की परवाह न करते हुए बाण को भट्टिनी का बचाने की आदेश देना एक आदर्श नारी का ही कार्य है। उसका सम्पूर्ण जीवन संघर्षों की गाथा है। आत्मोत्सर्ग उसके जीवन का एकमात्र उद्देश्य है। वह साधनों की जगह साध्य को अधिक महत्त्व देती है। एक साधारण पान बेचनेवाली स्त्री अशोक वन की सीता भट्टिनी के उद्धार का दृढ़ संकल्प करती है और सफल भी होती है। उसके अदम्य साहस को देखकर माता भैरवी कहती है—"अद्भुत शक्ति है निपुणिका की नाड़ियों में एक बात बताऊँ, बेटी निपुणिका महामायास्वरूपा है, उसे सामान्य नारी न समझ।"[48]

"जहाँ कहीं अपने-आपको खपा देने, अपने-आपको उत्सर्ग करने की भावना प्रधान है, वही नारी है। जहाँ कहीं दुःख-सुख की लाख-लाख धाराओं में अपने को दलित द्राक्षा के समान निचोड़कर दूसरे को तृप्त करने की भावना प्रबल है, वही नारी तत्त्व है या शास्त्रीय भाषा में कहना हो तो 'शक्ति-तत्त्व' है।"[49] निपुणिका का निर्माण दूसरों के कल्याण के लिए हुआ है, दूसरों की सुख-सुविधा के लिए हुआ है उसकी अपनी न तो कोई इच्छा है और न आवश्यकता। उसने अपने जीवन में केवल देना सीखा है, प्रतिदान की इच्छा उसके मन में कभी उत्पन्न ही नहीं हुई।

अतः स्पष्ट है कि, "प्रेम के जिस उच्च आदर्श की कल्पना लेखक ने निपुणिका को माध्यम बनाकर की है, वह अन्यत्र दुर्लभ है।"[50] निपुणिका के सन्दर्भ में नर्तकी चारुस्मिता ने ठीक ही कहा है—"निपुणिका स्त्री जाति का शृंगार थी, सतीत्व की मर्यादा थी, हमारी जैसी उन्मार्गगामिनी नारियों की मार्गदर्शिका थी।"[51]

'महामाया' उपन्यास की गौण पात्र होते हुए भी महत्त्वपूर्ण भूमिका निभाती हैं। या यूं कह सकते हैं कि वह प्रासंगिक कथा की नायिका है। "आर्य वाभ्रव्य के साक्ष्य के आधार पर भैरवी महामाया एक अपहृता बालिका थी, जिन्हें बलपूर्वक धूर्तों ने छल से मौखरि वंश के राजा ग्रहवर्मा की रानी बना दिया था। राजा ग्रहवर्मा से विवाह होने के पूर्व ही महामाया का वाग्दान हो चुका था। जिनसे 'महामाया' का वाग्दान हुआ था, वे और कोई नहीं उपन्यास के अद्भुत व्यक्ति अथवा पात्र अघोर-भैरव ही है।"[52]

महामाया प्रेम और सतीत्व की प्रतिमूर्ति है। जिसको उसने अपने मन से वरण किया, उसी को वह अपना पति मानती है। "जाल में विद्ध कपोतिनी-सी भीत व्याकुल महामाया राजगृह को कारागृह मानती है तथा मुक्ति के लिए यत्नरत है।"[53] वह ग्रहवर्मा के राजगृह को त्यागकर अपने संन्यासी पति अघोरभैरव के पास जाना चाहती है। वह ग्रहवर्मा से स्पष्ट कहती है—"मैं तुम्हारी पत्नी नहीं हूँ। जिस पुरुष को मेरे पिता ने मेरा वाग्दान किया था, मैं उसी की पत्नी हूँ।"[54]

उधर, अपने प्रियतमा महामाया के अपहरण के बाद अघोरभैरव ने वियोग में आकर संन्यास ग्रहण कर लिया। महामाया भी अघोरभैरव की तरह संन्यासिनी बनना चाहती है। वह राजगुरु के कंचुकी वाभ्रव्य के सामने अपना दुःख व्यक्त करते हुए कहती है—"आर्य वाभ्रव्य ! मैंने संसार त्याग दिया है। मेरा मन अन्तःपुर के बाहर चला गया है, शरीर भीतर रही भी तो क्या, न रहा भी तो क्या।"[55] "इस प्रकार महामाया ने अपने सच्चे प्रेम के लिए दृढ़तापूर्वक राजा ग्रहवर्मा का तिरस्कार कर दिया, उन्होंने अपने को मिटाकर अपने वाग्दत्तापति को प्राप्त किया और नारी धर्म एवं सतीत्व-रक्षा के हेतु मायारूपी राजवैभव को तृणवत् फेंक दिया।"[56]

महामाया को राजगृह में अनेक यातनाएँ सहनी पड़ीं, जिसके कारण उसके मन में राज्यशक्ति और सामन्ती वैभव के प्रति आक्रोश का भाव था। अपने हृदय के इसी आक्रोश को वह अक्सर आने पर व्यक्त करती है। उसकी "वाणी साक्षात् भैरवी रूपा है। जब वह बोलती है तो ऐसा लगता है जैसे उसके जीवन का सारा संचित तप शब्दों में फूट-फूटकर निकल रहा हो। महामाया भैरवी की वाणी जब भी आर्यावर्त्त में गूँजी तभी उसने जन-सर्मद की विचारधारा को इसी प्रकार मोड़ दिया जैसे नदी बह जाने पर जल की धारा अपना मोड़ बदल लेती है, लेकिन उसकी वाणी

आर्यावर्त्त के लिए केवल मंगल के लिए ही गूँजी, अमंगल के लिए नहीं। उस समय कान्यकुब्ज शासन में धार्मिक विद्वेष और सम्पूर्ण आर्यावर्त्त में राजनैतिक व्यवस्था का बोलबाला था। ऐसे समय में महामाया ने अपनी अन्तर्मुखी साधना को लोकमंगल के लिए बहिर्मुख किया और भटके हुए जन-जीवन को सद्मार्ग दिखाया।"[57]

महामाया वादसभा को सम्बोधित करते हुए कहती है—"आर्य सभासदो, मेरी ओर देखो। मैं तुम्हारे देश की लाख-लाख अवमानित, लांछित और अकारण दण्डित बेटियों में से एक हूँ। कौन नहीं जानता कि इस घृणित व्यवसाय के प्रधान आश्रय सामन्तों और राजाओं के अन्तःपुर हैं?"[58] वह आगे कहती है—"अमृत के पुत्रो, धर्म की रक्षा अनुनय-विनय से नहीं होती, शास्त्रवाक्यों की संगति लगाने से नहीं होती, वह होती है अपने को मिटा देने से। न्याय के लिए प्राण देना सीखो, सत्य के लिए प्राण देना सीखो, धर्म के लिए प्राण देना सीखो। अमृत के पुत्रो, मृत्यु का भय माया है।"[59] इस प्रकार वह अत्याचारों के विरुद्ध जनमत को तैयार करने के लिए सदैव तत्पर रहती है।

महामाया त्याग, प्रेम और ममता की प्रतिमा है। उसके हृदय में माता की तरह ममता भरी हुई है। गंगा में डूबने के बाद किनारे पर पड़े भट्ट और भट्टिनी के प्रति उसका व्यवहार देखकर उसके ममतापूर्ण मातृ हृदय का परिचय मिलता है। एक स्थल पर वह वज्रतीर्थ के अघोरघण्ट के हाथों बलि होते हुए बाणभट्ट की रक्षा करती है और उसे सम्मोहन के भयंकर प्रभाव से मुक्त करती है। महामाया के इसी ममतामयी रूप को देखकर बाण उसे अपनी माता मानता है। बाण के शब्दों में—"आनन्द भैरव के इशारे पर उन्होंने मेरा मस्तक स्पर्श किया। मुझे ऐसा लगा कि मानो अमृत तूलिका से किसी ने मेरे सारे शरीर को विलिप्त कर दिया हो। आनन्द-भैरवी ने मेरा सिर धीरे-धीरे अपने उत्संग में लिया। मेरी सारी जड़िमा क्षण-भर में विलुप्त हो गयी। आनन्द भैरवी ने मन्द स्मितपूर्वक मेरे नयनों और कपोल प्रान्तों को अपने अमृत हाथों से पोंछ दिया। मेरी आँखें खुल गयीं तब भी मेरा मस्तक भैरवी की गोद में था।...उनकी आँखों में मातृ-स्नेह झलक रहा था।"[60]

महामाया ने योगमाया के सिद्धान्त और व्यवहार दोनों पक्षों पर गहन चिन्तन कर उस पर विमर्श कर उसका निष्कर्ष भी निकाला था। उनकी दृष्टि में स्त्री का सत्य और पुरुष का सत्य विरोधी नहीं है, बल्कि एक-दूसरे का पूरक है। उनका कहना है—"पुरुष वस्तु विच्छिन्न भावरूप सत्य में आनन्द का साक्षात्कार करता है, स्त्री वस्तु-परिगृहीत रूप में रस पाती है। पुरुष निसंग है, स्त्री आसक्त, पुरुष निर्द्वन्द्व है, स्त्री द्वन्द्वोमुखी, पुरुष मुक्त है, स्त्री बद्ध। पुरुष स्त्री को शक्ति समझकर ही पूर्ण हो सकता है, पर स्त्री स्त्री को शक्ति समझकर अधूरी रह जाती है।"[61] वह आगे कहती है—"स्त्री प्रकृति है। वत्स, उसकी सफलता पुरुष को बाँधने में है, किन्तु सार्थकता पुरुष की मुक्ति में है।"[62]

महामाया भट्टिनी को नारी-जीवन का महत्त्व समझाती है। उनकी दृष्टि में नारी-पिण्ड की अपेक्षा नारी-तत्त्व का अधिक महत्त्व है। वह बाण से कहती है—"जहाँ कहीं अपने-आपको खपा देने की भावना प्रधान है, वही नारी है। जहाँ कहीं दुःख-सुख की लाख-लाख धाराओं में अपने को दलित द्राक्षा के समान निचोड़कर दूसरे को तृप्त करने की भावना प्रबल है, वही नारी तत्त्व है या शास्त्रीय भाषा में कहना हो तो 'शक्ति तत्त्व' है। हाँ रे, नारी निषेधरूपा है। वह आनन्द को लुटाने आती, आनन्द-भोग के लिए नहीं आती।"[63]

अतः स्पष्ट है कि महामाया नारी सुलभ श्रेष्ठ गुणों का भण्डार है। उसमें परोपकार और राष्ट्रीयता की भावना भरी हुई है। वह एक ओर जहाँ भट्टिनी को नारी जीवन का सच बताती है, वज्रतीर्थ के अघोरघण्ट के हाथों बलि देते हुए बाणभट्ट को बचाती है, भट्ट और भट्टिनी दोनों को माता का प्यार देती है, वहीं दूसरी ओर अपनी राष्ट्रीयता का परिचय देते हुए दस्युओं से देश की रक्षा के लिए जनता में उत्साह जगाती है और उसमें सैन्य संगठन के लिए प्रेरणा प्रदान करती है। इस प्रकार वह अपने राष्ट्रीयता और परोपकारमय निःस्वार्थ जीवन का परिचय देती है।

इसके अलावा "महामाया के चरित्र निर्माण से उपन्यासकार को कथा-विस्तार के अनेक बिखरे सूत्रों को सम्बद्ध करने का उपयुक्त अवसर भी मिला है, जिसके द्वारा वह अपने वर्णन की स्वाभाविकता की रक्षा कर सका है।"[64]

'बाणभट्ट की आत्मकथा' में आचार्य हजारीप्रसाद द्विवेदी ने नारी-जीवन की अन्तर्व्यथा को बखूबी दर्शाया है। महामाया की तरह सुचरिता भी नारी आदर्श की प्रतिमा है। उसके जन्म और जननी का परिचय उपन्यासकार ने नहीं दिया है, किन्तु उसके विवाह की चर्चा उन्होंने की है। उसका विवाह बाल्यावस्था में ही कर दिया गया। ससुराल आने के पूर्व ही उसके श्वसुर का देहान्त हो गया। कुछ दिनों के बाद उसका पति भी विरक्त होकर घर छोड़कर संन्यासी बन गया। उस समय सुचरिता अत्यन्त अबोध थी। सास से उसे माँ से भी अधिक प्यार मिला।

सुचरिता अपने जीवन की व्यथा बाण को बताते हुए कहती है—"मेरा बालकपन मेरी बेसुधी में ही बीत गया। न तो मुझे अपनी माता का स्मरण है, न पिता का ही, अत्यन्त कच्ची उम्र में ही विवाह करके मेरे अभिभावकों ने यथाशीघ्र अपना कर्त्तव्य भार हल्का कर लिया था। श्वसुर-कुल में मैं केवल अपनी सास को ही जानती हूँ। श्वसुर मेरे आने के पहले परलोक सिधार चुके थे और मेरे आने के थोड़े ही दिन बाद पतिदेवता मोक्ष की चिन्ता में प्रव्रजित हो गये। मैं इतनी अबोध थी कि इन घटनाओं का कोई मतलब ही नहीं समझ सकी। सास ने अपने हृदय का समूचा स्नेह उँड़ेलकर मुझे पाला।"[65]

सुचरिता अपने पति के लौट आने की प्रतीक्षा में दिन काटती रहती है। पुत्र वियोग से व्याकुल होकर सुचरिता की सास एक दिन अपने एकलौते पुत्र को ढूँढ़ने के लिए देशाटन के लिए निकल पड़ती है। रास्ते में उसकी भेंट बाणभट्ट से होती है, जो सुचरिता को देखकर उसे अखण्ड सौभाग्यवती होने की बात कहता है। वह कहता है—"तू अखण्ड सौभाग्यवती है देवि!"[66] बाण की बातों को सुनकर सुचरिता और माँ दोनों के हृदय में आशा की किरण उत्पन्न होती है।

इसी प्रकार तीर्थयात्रा करते हुए वे दोनों एक बार चित्रकूट के एक सरोवर में स्नान करने के लिए गयीं, वहाँ पर संयोगवश उसकी भेंट विरतिवज्र से होती है। माँ अपने बेटे को नहीं पहचान पाती है, किन्तु सुचरिता ने जब विरतिवज्र को देखा तो उसे लगा कि आज उसकी प्रतीक्षा पूरी हो गयी। इस प्रकार माँ-बेटे और पति-पत्नी का मिलाप हुआ। लेकिन विरतिवज्र के हृदय में परिवार की अपेक्षा धर्म का आवरण अधिक गहरा था। इसलिए वह सुचरिता को इस शर्त पर स्वीकारता है कि वह उसी की धर्म-साधना बनकर नहीं बल्कि धर्म-साधक बनकर रहेगी। सुचरिता ने अपने वचन का पालन किया और वैष्णव तन्त्र की सच्ची साधिका बनकर जनकल्याण में लग गयी।

जिसका "परिणाम यह हुआ कि बौद्धधर्म से जनता की आस्था उठने लगी और उसका नया धर्म जनता के दिलों में बसने लगा। राजधर्म को ऐसी चोट लगते देख बौद्धधर्म के आचार्यों एवं राजकीय अधिकारियों ने एक झूठा षड्यन्त्र रचकर सुचरिता एवं विरतिवज्र को बन्दी बना लिया।"[67]

सुचरिता को नारायण पर अटूट विश्वास था। वह अपने जीवन के सभी सुख-दुःख नारायण के चरणों में समर्पित कर देती है। बन्दीगृह में जब बाण उससे मिलने आता है, तो वह कहती है—"मुझे तो जो भी दुःख या सुख मिलेगा, उसी से अपने नारायण की पूजा करूँगी। यह हथकड़ी भी उन्हीं को अर्घ्यरूप में उपहृत है, आर्य।"[68]

सुचरिता निपुणिका की प्रियसखी थी। सुचरिता और विरतिवज्र के बन्दी बन जाने के खबर से जनता में आक्रोश का भाव था। बाण ने उचित समय पर आकर उन दोनों को बन्दी गृह से मुक्त कर दिया नहीं तो धार्मिक अशान्ति उत्पन्न हो जाती। इस प्रकार बाण की मदद से अन्ततोगत्वा सुचरिता अपने पति के साथ गृहस्थाश्रम में पुनः प्रविष्ट हो जाती है।

"निपुणिका की प्रियसखी सुचरिता की भी स्थिति कुछ महामाया जैसी ही है। अन्तर केवल इतना ही है कि महामाया छल से किये हुए विवाहित पति का तिरस्कार कर अपने वास्तविक पति को संन्यासी के रूप में प्राप्त कर स्वयं संन्यासिनी हो जाती है और सुचरिता अपने खोये हुए वास्तविक पति को वियोगाग्नि में जल-भुनकर जो बाद में संन्यासी हो गया था, उसे पाकर पुनः गृहस्थी बसा लेती है। उसका निर्माण कर उपन्यासकार ने सच्चे प्रेम की शक्ति का परिचय पाठकों को कराया है।"[69]

सुचरिता स्त्री-जाति के लिए आदर्श है। वह स्त्री-जाति के सभी श्रेष्ठ गुणों का प्रतिनिधित्व करती है। उसके पातिव्रत्य, सतीत्व एवं कठोर तपस्या का ही शुभ फल था कि उसका पति उसे मिल गया और वह फिर से गृहस्थ जीवन व्यतीत करने लगी। यह सब उसके अटूट विश्वास और दृढ़ प्रतिज्ञा का ही परिणाम है। जिस प्रकार वह अपने पति की प्रतीक्षा अविचलित भाव से करती रही, वह किसी कठोर तपस्या से कम नहीं है और इस तपस्या में वह सफल भी रही। कुल मिलाकर यह कहा जा सकता है कि सुचरिता उत्तम प्रेम का आदर्श है।

बाणभट्ट के यह शब्द सुचरिता के चरित्र को बखूबी रेखांकित करते हैं—"तुम सार्थक हो, देवि! तुम्हारा शरीर और मन सार्थक है, तुम्हारा ज्ञान और वाणी सार्थक है, सबसे बढ़कर तुम्हारा प्रेम सार्थक है। तुमको प्रणाम करके भवसागर में निर्लक्ष्य बहनेवाले अकर्मा जीव भी सार्थक होंगे। तुम सतीत्व की मर्यादा हो, पातिव्रत्य की काष्ठा हो, स्त्री-धर्म का अलंकार हो।"[70]

'बाणभट्ट की आत्मकथा' में मुख्य नारी-पात्रों के अतिरिक्त अनेक प्रासंगिक नारी-पात्र भी हैं, जो चरित्र-चित्रण की दृष्टि से महत्त्वपूर्ण हैं। यद्यपि उपन्यास में उसके जीवन का चित्रण आंशिक रूप से हुआ है, किन्तु वह भी उपन्यास को गरिमा प्रदान करते हैं। इनमें मुख्य हैं—चारुस्मिता और मदनश्री।

चारुस्मिता के चरित्र का वर्णन उपन्यास में बहुत कम हुआ है, किन्तु उपन्यास में उसके चरित्र का एक विशेष महत्त्व है। वह स्थाण्वीश्वर की सबसे सुन्दर और कुशल राजनर्तकी है। शहर में उसका बड़ा सम्मान है। वह स्थाण्वीश्वर में होनेवाले सभी सामाजिक उत्सवों, महोत्सव में शामिल होती है। उसे मयूर नृत्य और पद्मनृत्य में महारत हासिल थी, जिसे देखने के लिए जनता उमड़ पड़ती थी।

चारुस्मिता नगर की लक्ष्मी, शोभा की खानि, कला की स्रोतस्विनी, परमशील गुणन्विता गणिका[71] थी। "नागरिकों के मन में गणिका के प्रति इस प्रकार का आदर युक्त भाव स्पष्टतः प्रमाण है कि तत्कालीन समाज अबला को अत्यन्त आदर की दृष्टि से देखता था। सामन्ती समाज की यह प्रमुख विशेषता रही है, जिसके प्रमाण हमें पूर्ववर्ती क्षत्रिय संस्कृति में भी प्राप्त हो जाते हैं। मौर्यकाल में भी नर्तकियों को विशेष आदर की दृष्टि से देखा जाता था। उसका रथ (प्रधान राजनर्तकी) जिन गलियों से होकर अभिवादन के लिए रुक जाया करते थे, नगर की जनता पुष्प-मालाओं से उसका स्वागत करती थी। कला के सम्मान की यह परम्परा चारुस्मिता के रूप में किसी-न-किसी प्रकार हर्षकालीन भारत तक भी सुरक्षित थी।"[72]

चारुस्मिता निपुणिका का बड़ा सम्मान करती थी। निपुणिका की मृत्यु पर कहे गये उसके ये शब्द अत्यन्त मार्मिक हैं—"चलो आर्य, इस नश्वर जगत् में यही

एक शाश्वत सत्य है। निपुणिका स्त्री-जाति का शृंगार थी, सतीत्व की मर्यादा थी, हमारी जैसी उन्मार्गगामिनी नारियों की मार्गदर्शिका थी।"[73] वह आगे कहती है—"दुनिया केवल प्रस्तर प्रतिमाओं पर जान देती है।"[74]

इस प्रकार चारुस्मिता के सुसंस्कृत भावों और नारी जनोचित कोमलता को उपन्यासकार ने अत्यन्त स्वाभाविक ढंग से प्रस्तुत किया है और इस कार्य में उन्हें पूर्ण सफलता भी मिली है।

चारुस्मिता की तरह **मदनश्री** भी इस उपन्यास की गौण किन्तु महत्त्वपूर्ण पात्र है। उज्जयिनी की नगरवधू मदनश्री रूप और गुण दोनों में निपुण थी। कुशल नर्तकी होने के साथ-साथ वह चित्रकला का भी ज्ञान रखती थी। "उसमें कुल-कन्या का-सा शील था और कवि की-सी प्रतिभा।"[75]

निपुणिका भट्ट की नाटक मण्डली को छोड़कर मदनश्री के महल में ही आश्रय पाती है। मदनश्री बाणभट्ट से अत्यन्त प्रभावित थी। उसे अपने सौन्दर्य पर गर्व था। एक बार वह बाण पर अपने सौन्दर्य का सम्मोहन-तीर चलाने जाती है, किन्तु वह असफल होती है। भट्ट के संयम और दृढ़ चरित्र को देखकर वह चकित रह जाती है। "उसने जीवन में पहली बार ऐसा पुरुष देखा था, जो स्त्री का सम्मान करता है, पर तलवा नहीं चाटता।"[76] यद्यपि मदनश्री का प्रसंग उपन्यास में बहुत कम आया है, पर जितना आया है वह अत्यन्त आकर्षक रूप में है।

चारु चन्द्रलेख

'चारु चन्द्रलेख' उपन्यास की नायिका है— **चन्द्रलेखा**। उच्च कुल में उत्पन्न चन्द्रलेखा का भरण-पोषण एक सामान्य कृषक परिवार में हुआ। वह उन्नीस वर्ष की हो गयी थी, किन्तु उसके कृषक माता-पिता को उसके विवाह की चिन्ता बिल्कुल नहीं थी, क्योंकि काशी के एक ज्योतिष की भविष्यवाणी पर उन्हें पूरा विश्वास था। जिन्होंने चन्द्रलेखा को देखकर कहा था— "देवि, इस कन्या के विवाह के बारे में कुछ चिन्ता मत करना, यह राजरानी होगी और इसका वर इसे स्वयं वरेगा।"[77]

चन्द्रलेखा प्रतिदिन गंगा नदी में स्नान करने जाया करती थी और वहाँ रोज दिन कृच्छ्राधारी तरुण तापस को देखती थी। एक दिन उसने उस तरुण से यह कठोर तपस्या त्यागने का आग्रह किया। तापस चन्द्रलेखा के सौन्दर्य को देखकर अभिभूत हो उठा और कहा—"देवि, अपूर्व देख रहा हूँ, तुम्हारी शोभा। मेरी नस-नस आज उल्लास से चंचल है, बहत्तर सहस्र नाड़ियों में अपूर्व शक्ति-धारा प्रवाहित हो गयी है, दसों प्राण आज उच्छ्वासित हो उठे हैं, रक्त में एक विचित्र आँधी बह रही है। देवि, आज मेरे ग्रह-गण प्रसन्न हैं, आज सविता का उदय सार्थक है, आज गंगा की

धारा सफल काम है, आज मेरी सिद्धि मिल गयी। गुरु ने मुझे बताया था कि तुम्हारी सिद्धि का प्रथम सोपान सुलक्षणा किशोरी का दर्शन होगा। आज मुझे सिद्धि पाना सुगम जान पड़ रहा है।"[78]

चन्द्रलेखा के कहने पर तपस्वी उसके हाथ का प्रसाद खाने के लिए उसके घर आता है, लेकिन गाँव के लोग उसे गलत समझकर, उसे मार-पीटकर गाँव से बाहर निकाल देते हैं। चन्द्रलेखा भोजन को थाल में सजाकर उस तपस्वी की खोज में जंगल में निकल पड़ती है, जहाँ उसकी मुलाकात राजा सातवाहन से होती है। राजा उसके अपूर्व सौन्दर्य को देखकर मुग्ध हो जाता है। "उस देवि का सौन्दर्य अपूर्व था, उसके उलझे हुए केश कस्तूरी के समान काले थे। विषधर भुजंग की जहरीली लहरों के समान उन केशों की जहरदार गति थी। उसकी श्वेत माँग स्पष्ट दिखायी दे रही थी। जैसे—काले-काले मेघों के बीच में चपला-चंचला की रेखा दिख गयी हो। ललाट द्वितीया के समान चमक रहा था। भौंहें काले धनुष के समान सुन्दर प्रतीत हो रही थीं। आँखों में एक अपूर्व आकर्षण था।...सातवाहन उस अपूर्व सुन्दरी को देखकर किंकर्त्तव्यविमूढ़-सा हो गया।"[79]

चन्द्रलेखा राजा से तपस्वी को खोजने के लिए आग्रह करती है और इसके लिए वह अत्यन्त सहज-भाव से सातवाहन की रानी बनने के लिए तैयार हो जाती है। इस प्रकार "चन्द्रलेखा निकली थी तपस्वी को खोजने और जन्म-जन्म के साथी अवन्तिका नरेश को पाकर उनकी राजमहिषी बनकर राजभवन पहुँचती है और राजा को सातवाहन नाम देती है।"[80] सभी लोग चन्द्रलेखा को सातवाहन की रानी के रूप में सहर्ष स्वीकार करते हैं। पुरोहित धीर शर्मा चन्द्रलेखा को देखकर विस्मित हो जाते हैं और सातवाहन से कहते हैं—"बेटा! अस्सी वर्ष के जीवन में प्रथम बार सौभाग्यवती पद्मिनी नारी को देख रहा हूँ।...तुम्हें साक्षात् पद्मिनी नारी को प्राप्त करने का सौभाग्य प्राप्त हुआ है।"[81]

चन्द्रलेखा के रूप और गुण दोनों में अद्भुत सम्मोहन शक्ति विद्यमान है। तभी तो धीर शर्मा उसे पद्मिनी नारी कहकर सम्बोधित करते हैं और नागनाथ उसे महिमामयी पराशक्ति मानते हैं। चन्द्रलेखा को पाकर सातवाहन अपने-आप को पूर्ण मानता है। वह कहता है— "देवि, मुझे अपना जन्म-जन्मान्तर कृतार्थ जान पड़ता है। तुम्हारे सान्निध्य से मुझे इतनी तृप्ति मिल रही है, जैसे कोई भीतर और बाहर सर्वत्र अमृत-रस का लेप कर रहा हो।"[82]

उधर दूसरी ओर "पूरा देश विदेशी आक्रमणकारियों से भयाक्रान्त और अशान्त था। आपसी स्वार्थों और परस्पर ईर्ष्या-द्वेष के कारण देश का नेतृत्व संकटापन्न हो गया था। ऐसी विकट स्थिति में सातवाहन के मन्त्री विद्याधर भट्ट उन्हें नये सिरे

से बिखरे हुए नेतृत्व को संगठित करने के लिए उत्प्रेरित करते हैं। चन्द्रलेखा के रानी बन जाने के साथ ही उज्जयिनी में राजनीतिक सक्रियता बढ़ जाती है। काशी में जयित्रचन्द्र के मन्त्री रह चुके विद्याधर भट्ट बत्तीस लक्षणों से युक्त चन्द्रलेखा की जन्म-कथा से परिचित हैं और राजनीतिक शक्ति संचय की दृष्टि से वे चन्द्रलेखा के प्रति काफी आशान्वित हैं। किन्तु अपने पूर्व अनुभवों के आधार पर यह सोचकर आशंकित भी हैं कि कहीं राजा सातवाहन चन्द्रलेखा के रूपजाल में आबद्ध होकर निष्क्रिय न हो जायें।"[83] रानी चन्द्रलेखा विद्याधर भट्ट को आश्वस्त करते हुए कहती है कि—"इस देश में मिथ्या खण्ड अभिमानों को चूर्ण करने के लिए चन्द्रलेखा वज्र के हथौड़े का काम करेगी और हतदीर्प, हीन-वीर्य पराजित प्रजा के चित्त में इतिहास की मंगलमयी प्रेरणा देने के लिए वह अमृत की तरह झरेगी।"[84]

चन्द्रलेखा अपने जन्म से सम्बन्धित सारी बातें, जिसे वह अपनी कृषक माता से सुनी थी, राजा को बताती है—वह "चन्देल राजा परमर्दिदेव की पुत्री चन्द्रकला और गढ़वाल नरेश जयित्रचन्द्र (जयचन्द्र) की औरस पुत्री थी, जिसे उज्जैन जनपद के कृषक दम्पति को वह त्याज्य शिशु के रूप में प्राप्त हुई थी। जयित्रचन्द्र के भूतपूर्व मन्त्री और अब राजा सातवाहन के मन्त्री विद्याधर भट्ट ने अपने ज्योतिष ज्ञान के बल पर उसे राजरानी होने का आशीर्वाद दिया था। उनका आशीष सार्थक हुआ"[85] और मैं रानी बन गयी।

उधर, नागनाथ को "पार्श्वनाथ के पादमूल में बैठने से कोटिबेधी रस सिद्ध होने की खबर मिली थी। वे इसमें रानी की सहायता चाहते थे। बत्तीस लक्षणों से सम्पन्न युवती के हाथों से मर्दित होकर यह रस सिद्ध हो सकता था।"[86] "रानी रसमर्दन के लिए तैयार हो गयी। रानी को सांसारिक बातों में रुचि नहीं रही। उनके शब्दों में 'मैं' शब्द विरल हो गया।"[87] अपनी योग-साधना के बल पर वह गुरु गोरखनाथ से मिलती है, जो उसे कुछ गूढ़ उपदेश देते हैं। इसके अलावा वह अनेक सन्तों से मिलती है और विभिन्न सम्प्रदायों की तान्त्रिक साधनाओं को सीखती है।

चन्द्रलेखा को सिद्ध योगिनी बनते देखकर राजा चिन्तित होते हैं और उससे मिलने के लिए व्याकुल हो उठते हैं। मैना मोहविष्ट रानी को समझाती है और उसे सिद्धियों के भ्रमजाल से निकालकर राजा से मिलने के लिए प्रेरित करती है। चन्द्रलेखा को अपनी गलती का एहसास होता है और वह पश्चात्ताप करते हुए कहती है कि—"मैंने हीरा पाया और उसे जलती रेत में फेंक दिया।"[88]

अगला पड़ाव चन्द्रलेखा का होता है—"नाटी माता का आश्रम। यहाँ नाटी माता की पालिता पुत्री, क्रिया-रूपा, सातवाहन की विश्वस्त सेविका मैना से रानी की भेंट होती है। मैना की सहायता से यहीं राजा चन्द्रलेखा से मिलने जाते हैं। मायाविष्ट

रानी को विश्राम के लिए माता विष्णुप्रिया के आश्रम पर पहुँचाया जाता है।"[89] इसी समय रात के अँधेरे में घुण्डकों का आक्रमण होता है। राजा की रक्षा के लिए रानी युद्ध मैदान में कूद पड़ती है। उस समय रानी महिषमर्दिनी का प्रतिरूप प्रतीत होती है। उसके शौर्य को देखकर सभी चकित रह जाते हैं। अन्त में घायल हो जाने पर वह अपनी योग-साधना के बल पर अदृश्य हो जाती है। "दस भुजाधारिणी आकाश-धारिणी"[90] बन जाती है। अमोघ वज्र से राजा को पता चलता है कि रानी जीवित है, लेकिन वह अभी मिल नहीं सकती। बाद में, पुण्डीर विद्याधर भट्ट का राजनीतिक पत्र लेकर राजा के पास पहुँचता है और एक सुखद समाचार देता है—"महारानी धर्मावतार से मिलने को व्याकुल है।"[91]

उपन्यास के अन्त में दिल्ली सुल्तान के एक सेनापति शाह के विद्रोही बनने का प्रसंग है। अक्षोभ्य भैरव (भैरवपाद) की आज्ञा से मैना शाह की हत्या कर डालती है और बाद में पश्चात्ताप से व्यथित होकर आत्मघात कर लेती है। मैना को घायल देखकर रानी चन्द्रलेखा भी बेहोश होकर गिर पड़ती है। "रानी को होश में लाने में थोड़ा समय लगा, बोधा ने मैना के शरीर को उठा लिया और यह कहते हुए कि राजन् जल्दी भागो। रानी व राजा को घसीटते हुए पर्वत वन स्थली में घुस गया। रानी थकी थी। सातवाहन ने उन्हें उठा लिया और भाग गये। सोचने का समय ही नहीं था।"[92] "यही है बत्तीस लक्षणों से युक्त पूर्ण नारी का अपूर्ण जीवन-वृत्त।"[93]

अतः स्पष्ट है कि, "चन्द्रलेखा सौन्दर्य एवं प्रेरणा की प्रतीक"[94] है। दृढ़ संकल्पशीलता उसके चरित्र की सबसे बड़ी विशेषता है। चाहे तरुण तपस्वी को ढूँढ़ना हो या कोटिबेधी रस-सिद्ध का कार्य हो, सभी जगह उसने अपने दृढ़ संकल्प का परिचय दिया है। वह कुलाभिमान को व्यर्थ मानती है। वह राजा से कहती है—"चन्द्रलेखा परिमर्दिदेव और जयित्रचन्द्र के रक्त की प्रतिनिधि होने से कुछ अधिक गौरव की अधिकारिणी हो गयी? यदि ऐसा सोचते हो तो ठीक नहीं सोचते। आर्यावर्त्त के विनाश का हेतु व्यर्थ का कुलाभिमान है।"[95] सिद्ध-विच्युत रानी का मन अनुपात की अग्नि से तपकर पावन हो जाता है। वह तपस्विनी नारी माता और विष्णुप्रिया के सम्पर्क में आकर पुनः पतिअनुरक्ता हो जाती है।[96]

निष्कर्षतः कहा जा सकता है कि चन्द्रलेखा समस्त श्रेष्ठ नारी-गुणों से युक्त है। उसके व्यक्तित्व में आकर्षण, दृढ़ता, साहस, उत्साह, दया, सेवा-भाव और सबसे बढ़कर समानता का भाव है। "वह वनदेवी, विजयमनोज्ञा राजमहिषी, विमला, सिद्धि-स्वरूपा और अन्त में साक्षात् महिषमर्दिनी दुर्गा के रूप में चित्रित हुई है। चन्द्रलेखा वास्तव में लेखक की अलौकिक सृष्टि है।"[97]

मैना इस उपन्यास की सभी काल्पनिक नारी पात्रों में तेजस्विनी और उदात्त वीरांगना के रूप में चित्रित की गयी है। उपन्यास के दसवें परिच्छेद में मैना का आगमन मैनसिंह के रूप में होता है। बोधा प्रधान की आज्ञा से वह मैनसिंह बनी थी। उसकी प्रशंसा करते हुए विद्याधर भट्ट कहते हैं—"मामूली नट का बालक है, किन्तु लगता है किसी अत्यन्त कुलीन का बालक है।"[98]

मैना के जन्म स्थान या उसके माता-पिता की चर्चा उपन्यास में नहीं की गयी है। "डेढ़ वर्ष की अवस्था में ही मैना देवदासी के रूप में मन्दिर को दी जा चुकी थी, जहाँ से लाकर नाटी माता ने अपने आश्रम में उसका पालन-पोषण किया। बोधा प्रधान की प्रेरणा से उसने पुरुष वेश में मैनसिंह बनकर देश के विभिन्न अंचलों में जाकर सेना संगठित करने का कार्य किया।[99] इस कारण मैना की माता नाटीमाता और संरक्षक बोधा प्रधान बन गये।

मैना वीरता और साहस की प्रतिमूर्ति है। उसका सम्पूर्ण जीवन खतरों से खेलने और कठिनाइयों से जूझने में बीता। वह चन्द्रलेखा जिसे वह दीदी कहकर सम्बोधित करती है के खोये धन राजा को उनसे मिलाती है। राजा के प्रति मैना के हृदय में भी आकर्षण का भाव है, किन्तु दीदी के धन को पाने का लोभ नहीं है। जब रानी मैना से चिल्लाकर कहती है—"मैना, तू चोर है। तू चन्द्रलेखा का धन चुराने गयी थी।"[100] तब मैना उत्तर देती है—"बिलकुल नहीं, मैं तो अपनी दीदी का धन उनके पास ले आयी हूँ।"[101]

मैना के व्यक्तित्व की सबसे बड़ी विशेषता सेवा-भाव है। चन्द्रलेखा उसकी सेवा-भावना से अत्यन्त प्रसन्न है। वह राजा से कहती है—"मैना आपकी जैसा सेवा कर रही है, वैसा मैं भी कर सकूँ तो अपने को कृतकृत्य मानूँगी। मैंने बहुत सोच-विचारकर देखा है। मैं मैना की तुलना में अत्यन्त नगण्य हूँ।"[102] उसकी सेवा-भाव में कोई लोभ नहीं है, केवल अपने-आप को निःशेष भाव से उँड़ेल देने की अद्भुत क्षमता है।

जब रानी सिद्ध योगिनी बन जाती है और राजा उससे मिलने के लिए व्याकुल हो उठते हैं, तब मैना ही मोहाविष्ट रानी को समझाती है और उसे सिद्धियों के भ्रमजाल से निकालकर राजा से मिलने के लिए प्रेरित करती है। इस प्रकार मैना की मदद से राजा और रानी का पुनःमिलन होता है। इसी बीच घुण्डकों का आक्रमण होता है। युद्ध के दौरान "मैनसिंह की फुर्ती और कौशल देखने ही लायक था। वाह कैसा अद्भुत साहस है, कैसी फुर्ती है।"[103] वह एक किशोर वेश में राजा की सहायता करती है। वीर वेष में मैनसिंह ऐसा लगता है जैसे घने मोहान्धकार को ध्वस्त करने के लिए अग्नि-शिखा ने वीर-वेष धारण किया हो, अचंचल विद्युत्-किरणों ने मेघमाला

का कंचुक धारण किया हो। आर्य भूमि की विजय-लालसा ने सैनिक-विग्रह ग्रहण किया हो।[104] घुण्डकेश्वर की तलवार से घायल मैना के सौन्दर्य का वर्णन द्रष्टव्य है–"वीर-वेष में बेहोश मैना और भी सुन्दर लग रही थी। बाहुयुगल शिथिल श्यामालता की भाँति झूल गये थे, मुँह उपरागग्रस्त चन्द्रमा की तरह धूमिल हो गया था, आँखें सन्ध्याकालीन कमल-पुष्प की भाँति मुँद गयी थीं।"[105]

ग्रन्थान्त में "राजा और देश के लिए उसने अक्षोभ्ध भैरव जैसे तान्त्रिक साधना के वचन का पालन किया। यही उसकी प्रथम और अन्तिम भूल थी। जिसकी इंगितों पर उसने अपनी कभी चिन्ता नहीं की उसी बोधा के कन्धे पर उसका आहत शरीर असहायवस्था में पड़ा था।"[106]

अतः स्पष्ट है कि, "मैना का समूचा जीवन त्याग, तपस्या, सेवा, शौर्य, साहस और सूझ-बूझ से भरा पड़ा है, जिससे राजा सातवाहन प्रभावित हुए बिना नहीं रहते। एक ओर जहाँ उसमें आत्मसमर्पण की भावना का प्राधान्य है, वहीं दूसरी ओर उसमें ऐसे प्रबल इच्छा शक्ति का विकास हुआ है कि कठिन परिस्थितियों में भी न तो वह विचलित होती है और न तो तान्त्रिक अतिचार आदि का उस पर प्रभाव पड़ता है। अपने को दलित द्राक्षा की तरह झरकर देनेवाली दुर्दभ जिजीविषा से पूर्ण मैना इस उपन्यास में इतनी महान् बन जाती है कि सहृदय पाठक उसे भूल नहीं पाता।[107]

नाटी माता सहज भाव से भक्ति करनेवाली एक अनुभवी नारी है जो जयित्रचन्द्र के यहाँ नर्तकी रह चुकी हैं और उनके राज्य के नष्ट होने के बाद जंगल में कुटी बनाकर भक्ति-भावना में लीन रहती हैं।[108] उनका जन्मस्थान, जननी-जनक सब अज्ञात है। उपन्यासकार ने उसके जन्म से सम्बन्धित किसी भी बात की चर्चा नहीं की है। "बाणभट्ट की आत्मकथा' की निपुणिका और सुचरिता का वह मिश्रित रूप है। पुरुष जघन्य-से-जघन्य अपराध करें तो भी वह भुला दिया जाता है। नारी से थोड़ी-सी भूल हो जाये तो वह तिरस्करणीय बन जाती है। नाटी माता ने कोई अपराध नहीं किया। सुन्दर होना ही उसके लिए अभिशाप था।"[109]

नाटी माता परम सुन्दरी थी। उसका सौन्दर्य ही उसकी व्यथा का कारण बनी। पृथ्वीराज के मन्त्री कदम्बबास उसके रूप लावण्य को देखकर मुग्ध हो गये और साँभर ले आये। उन्होंने उसे शिक्षा और नृत्य-कला दोनों का ज्ञान दिया। परन्तु पृथ्वीराज ने नाटीमाता के सौन्दर्य पर मोहित होकर मन्त्री कदम्बबास को मरवा दिया और उसे अपनी गणिका समझकर वासना का शिकार बनाना चाहा। किन्तु नाटी माता ने कदम्बबास के हत्यारे पृथ्वीराज को स्वीकार नहीं किया और वहाँ से भागकर काशी के महाराज जयित्रचन्द्र के आश्रम में आ गयी। जयित्रचन्द्र के राज्य में उसे बड़ा सम्मान मिला। किन्तु बाद में काशी नरेश की रानी के कारण उसे वहाँ से भी भागना

पड़ा। अपनी करुण व्यथा व्यक्त करते हुए वह विद्याधर भट्ट से कहती है—"आप ही मेरे पिता हैं, आप ही मुझे शरण दें। मैं ऊब गयी हूँ। पृथ्वीराज के दरबार से भागकर मैं यहाँ आयी, यहाँ और भी कुचक्र है। पिता! मेरी रक्षा करो। मेरे रूप को नष्ट कर दो। मेरे तथाकथित गुणों को नष्ट कर दो। मिट्टी के ग्राहक हीरे की उपेक्षा करते हैं। पिता मुझे मिट्टी के ग्राहकों के हाथ से बचाओ।"[110]

इस प्रकार "जयचन्द्र के पतन के बाद उसका जीवन पुनः अभिशप्त बन गया। उसने भगवान् श्रीकृष्ण की भक्ति में अपना जीवन बिताने का निश्चय किया। उसकी नृत्यकला, संगीत, स्वर और भावों की तन्मयता ने भक्ति को सार्थक बना दिया।"[111] नाटी माता को ईश्वर पर पूरी आस्था थी। उनका मानना था कि ईश्वर की इच्छा के बिना कोई कार्य नहीं होता है। परन्तु उनकी भक्ति एकान्तिक नहीं है। वह समाज-कल्याण के लिए सदैव तत्पर रहती थी। उन्होंने न केवल नट-जाति का संगठन किया बल्कि उसमें अनेक सामाजिक सुधार भी किये। नाटी माता ने अपनी जाति में प्रचलित बलि-प्रथा को भी बन्द करवा दिया।"

अतः भक्ति के बल पर नाटी माता साधारण नृत्य साधिका से समाज की श्रद्धास्पद नारी बन गयी। उन्होंने अपने "आश्रम के आध्यात्मिक वातावरण में मैना का पालन-पोषण कर उसे एक ऐसा व्यक्तित्व प्रदान किया, जो यथावसर अपने सबल व्यक्तित्व के साथ राष्ट्रहित में समर्पित हो जाता है।"[112]

नाटी माता नारी-जाति की आदर्श है। सुन्दर शरीर और मधुर कण्ठ तो उसे प्राकृतिक रूप से ही प्राप्त थे, किन्तु नृत्य-कौशल को उन्होंने अपनी कठोर साधना से अर्जित किया। नृत्यकला के साथ-साथ वह चित्रकला और काव्यकला में भी निपुण थी। "उनका शरीर छन्दों से बना प्रतीत होता है। मानो शिक्षा ने ही रूप धारण किया है, वाग्देवी ने ही प्रत्यक्ष विग्रह धारण किया है, व्याकरण विद्या ही अवतरित हुई है।"[113] उनका मानना था कि भला-बुरा, सुख-दुःख मानवीय सोच पर निर्भर करती है। कुण्ठा नारी-जाति का सहज धर्म है। यह एक ओर जहाँ नारी को दुर्बल बनाती है, वहीं दूसरी और नारी को शक्ति भी प्रदान करती है। नाटी माता की दृष्टि में अहंकार नारी का सबसे बड़ा शत्रु है। वह चन्द्रलेखा से कहती है—"जहाँ तक तुमने अशेष मानव जाति को रोग-जरा मृत्यु से मुक्त कराने का संकल्प किया था, वहाँ तक तुमने ठीक ही किया था। परन्तु बाद में तुमने अपनी सिद्धि को व्यक्तिगत अहंकार का विषय बना लिया, वहीं तुम तपोभ्रष्ट हो गयीं। अपने को सारे जगत्प्रवाह से पृथक् समझ लेना ही अहंकार है। इस पृथकूत्व बुद्धि पर विषय पा लेना ही तपस्या है।"[114] इस प्रकार नाटी माता ने संयम और साधना के बल पर अपना जीवन सँवारा है।

निष्कर्षतः कहा जा सकता है कि, "नाटी माता भक्ति की एक प्रतिमूर्ति हैं, जो मैना के माध्यम से सामाजिक गतिविधियों में सक्रिय योगदान करती हैं।"[115]

मैना और नाटी माता की तरह **विष्णुप्रिया** के जन्म-स्थान, माता-पिता का परिचय उपन्यासकार ने नहीं दिया है। उसकी अवस्था अस्सी वर्ष से ऊपर है किन्तु उनके पोपले मुख पर अद्भुत कान्तिमय शोभा दिखायी पड़ती है। राजा सातवाहन चन्द्रलेखा को देखने के लिए विष्णुप्रिया के आश्रम में जाते हैं और वहाँ भगवती के दिव्य रूप का दर्शन करके भाव-विभोर हो उठते हैं। वह वैराग्य-धारिणी सरस्वती की तरह लगती है। उसकी वाणी से अमृत-सुधा बरसती है।

भगवती विष्णुप्रिया योग साधना में निपुण है। वह चन्द्रलेखा की नाड़ी को देखते हुए कहती है—"उसकी मनोगमा नाड़ियों में कठिन गाँठें पड़ गयी थीं।"[116] उन्होंने नारी की कल्पिका नाड़ी को दबाकर स्वप्नरूप में उसके आभ्यन्तर यथार्थ को दिखा दिया। विष्णुप्रिया नाटी माता से कहती है—"देखो, नाटी स्त्री शरीर के बत्तीस लक्षण सहनीय है, पर उसके चित्त का तैंतीसवाँ लक्षण उसको अभिभूत कर देता है। यह तैंतीसवाँ लक्षण है—पूर्ण शरणागति, अकुण्ठ आत्मनिवेदन, अविचल प्रपत्ति निष्ठा। ...पतिव्रत धर्म और कुछ नहीं बेटी, पूर्ण शरणागति का दृढ़ सोपान मात्र है।"[117]

विष्णुप्रिया का मानना था कि मनुष्य समझता कुछ है और चाहता कुछ और है। यदि मनुष्य का जानना और चाहना एक हो जाये तो टण्टा समाप्त हो।[118] गृहस्थ धर्म को वह महत्त्वपूर्ण मानती थी। उन्होंने ताम्बूल के माध्यम से गृहस्थ धर्म के महत्त्व को बताया है। उनकी दृष्टि में धर्म को समाज सापेक्ष्य होना चाहिए। समाज-कल्याण ही धर्म पालन का मुख्य उद्देश्य है। विष्णुप्रिया शान्ति की प्रतिमूर्ति है। इसका प्रमाण हमें युद्ध के दौरान मिलता है। जब भीषण युद्ध को देखते हुए भी वह शान्त और स्थिर बनी रही।

निष्कर्षतः कहा जा सकता है कि, "भगवती विष्णुप्रिया भक्ति और पतिव्रत की साक्षात् मूर्ति हैं, सतीत्व का प्रतीक हैं और आनन्द का उत्सव है। वे नारी के दलित द्राक्षा के समान निष्पस्ट करके परम प्रेयान् को समर्पित हो जाने के पक्ष में है। वे तत्त्वज्ञा हैं।"[119]

पुनर्नवा

'पुनर्नवा' उपन्यास में यूँ तो अनेक स्त्री-पात्र हैं, परन्तु उनमें से तीन अतिमहत्त्वपूर्ण हैं—**मंजुला, मृणालमंजरी** और **चन्द्रा**। तीनों स्त्री-पात्र अपनी-अपनी विशिष्ट चारित्रिक विशेषताओं के कारण उपन्यास में विशेष स्थान रखती हैं। मंजुला

प्रेम की मौन साधिका है तो मृणालमंजरी सती सावित्री एवं पति परायण स्त्री है और चन्द्रा उद्दान प्रेम की एकनिष्ठ प्रेमिका है।

मंजुला इस उपन्यास की सबसे महत्त्वपूर्ण स्त्री-पात्र है। वह एक ऐसी स्त्री है, "जो समाज में दोहरे जीवन जीने के लिए विवश है। नारीविषयक सामाजिक दृष्टि की निस्सारता प्रकट करने के लिए ही द्विवेदी जी ने इस पात्र की सृष्टि की है।"[120]

मंजुला हलद्वीप के छोटे नगर की गणिका है, जो अपने रूप, गुण और कला-निपुणता के लिए पूरे नगर में विख्यात है। यही रूप-शील-यौवन की गुणत्रयी ने उसे अभिमानी बना दिया है। वह केवल विशेष राज्योत्सवों में ही अपना नृत्य-कौशल दिखालाती है।

"मंजुला के रूप-सौन्दर्य को देखकर ऐसा लगता है मानों वह छन्दों से बनी, रागों से पल्लवित हुई और तानों से सँवारी गयी है। उसे अपने रूप-चातुर्य पर गर्व है। वह नृत्यकला में किसी की विदग्धता स्वीकार नहीं करती। देवरात के भावानुप्रवेश के सुझाव से मंजुला के अहम् को चोट लगती है और वह उन्हें अपना प्रतिद्वन्द्वी मानने लगती है। परन्तु देवरात की कथित पराजय से वह दुःखी है। प्रतिद्वन्दी देवरात को हराकर वह हार जाती है।"[121] उधर देवरात भी मंजुला की कविता सुनकर भावविभोर हो उठता है। मंजुला के नृत्य को देखकर देवरात को अपनी स्वर्गवासिनी पत्नी शर्मिष्ठा याद आ जाती है। "देवरात कलामर्मज्ञ एवं काव्य के क्षेत्र में गहरी पैठ रखनेवाले साधु पुरुष हैं। देवोपम देहयष्टि तथा विविध कलाओं के मर्मज्ञ देवरात सहज भाव से मंजुला के हृदय-प्रदेश का स्वामी बन जाता है। मंजुला का यह स्वयं मनोवृत्त प्रेम मंजुला की जीवन-दशा ही परिवर्तित कर देता है।"[122]

देवरात के सम्पर्क में आने के बाद मंजुला का जीवन भक्तिमय हो उठता है। उसका व्यक्तित्व सद्गुणों से दमक उठता है। अब वह नृत्य को केवल मनोरंजन का साधन नहीं मानती है बल्कि उसे महाभाव का साधन मानती है। इसी महाभाव के कारण उसे राजकोप का भाजन भी बनना पड़ता है, जिससे बचने के लिए वह देवरात के आश्रम में जाती है। 'देवरात की सहायता से मंजुला का राजकोप शमित हुआ और आश्रम पर वह पहुँची तो उसे अपना सोया देवता भी दिखायी पड़ गया। देवरात मंजुला को चारुशीले कहकर सम्बोधित करते हैं और उसे अपने अन्दर के सुप्त देवता को जगाने की सलाह देते हैं।"[123] मंजुला द्रवित होकर कहती है—अपराधिनी हूँ, आर्य! आपको सदा गलत समझा है। मैं बिलकुल नहीं जानती थी कि कोई मेरे भीतर देवता का भी सन्धान पा सकता है।...हाय आर्य, मेरे अन्तरतर का देवता सुप्त रहकर भी तुम्हें जितना प्रभावित कर सका, उसका शतांश भी तुम्हारे जाग्रत देवता से यह

पापिनी प्रभावित हो पाती।"[124] मंजुला अपने अन्दर के सुप्त देवता को जाग्रत करने में लीन हो गयी। वह पूजा-पाठ, व्रत-उपवास में विशेष आस्था रखने लगी।

कुछ समय बाद नगर में महामारी का प्रकोप हुआ। मंजुला भी इस रोग का शिकार हो गयी। सभी दास-दासियाँ उसे अकेला छोड़कर भाग गये। देवरात जब उसके महल में आये, उस समय मंजुला जीवन की अन्तिम साँसें ले रही थी, वह देवरात से बोली—"देव! यदि इस अधमा के ऊपर दया है तो अपना हाथ हटा लो और उस बच्ची को देखो।" इतना कहकर मंजुला एकदम मौन हो गयी, मानों यही अन्तिम बात कहने के लिए अब तक उसके प्राण बचे थे। देवरात ने आश्चर्य और कौतूहल के साथ पूछा—"कौन-सी बच्ची, देवि? कहाँ है वह?" क्षीण कण्ठ से उत्तर मिला—"मृणालमंजरी।" जरा रुककर उसने आयासपूर्वक कहा—"इस नरककुण्ड से उसे ले जाओ। और फिर सब-कुछ शान्त हो गया।"[125]

मंजुला ने उस बच्ची मृणालमंजरी के वस्त्रों में एक प्रतोलिका बाँध रखा था और उसमें देवरात को सम्बोधित करके एक पत्र भी लिखा था। प्रतोलिका में उस बच्ची मृणाल के विवाह के लिए आभूषण, सौभाग्य सामग्री एवं स्वर्ण मुद्राएँ थीं और पत्र में लिखा था कि—"मैंने जीवन में दो काम किये हैं—पाप और कला साधना। दोनों से अर्थोपार्जन किया है। परन्तु आर्य, नृत्य और गीत को मैं पूजा मानकर ही चली हूँ। इसके लिए मैंने अहंकार का कवच धारण किया था। लोग मुझे महाभिमानिनी ही मानते हैं। इससे अनायास और अयाचित जो कुछ मिल गया है, उसे मैं बहुत पवित्र समझकर अलग रखती आयी हूँ। उस धन से जो कुछ हो सका है, वही इस कन्या को दे सकती हूँ।...उचित समझना तो बेटी के ब्याह के अवसर पर उसकी माता के आशीर्वाद के रूप में पहना देना।"[126]

मंजुला अपनी दुधमुँही बच्ची को देवरात के हाथों में सौंपकर अनन्त पथ की यात्रा पर निकल पड़ी। मंजुलोपा...मंजुला का अपार्थिव दिव्य रूप है मंजुलोमा का रूप है। वह दिव्य ज्योति के रूप में कभी आर्यक, कभी वसन्तसेना, कभी धूता, तो कभी मृणाल अथवा देवरात के समक्ष हठात् प्रकट हो उन्हें भावी की सूचना देती है। मंजुला की इच्छाएँ अपूर्ण ही रहती हैं। जीवन-काल में प्रेम पाने और बाँटने की साधा पूरी न कर पाने के कारण ही सम्भवतः वह अपार्थिव लोक की भटकती आत्मा के रूप में अपने प्रियजनों के आसपास मँडराती रहती है।"[127] वह एक ओर सुमेर काका को सही राह बताती है—"आर्य देवरात तुम मुझे भी भूल गये? मेरी बिटिया को भी भूल गये हो?...भूलो मत आर्य, मुझे शान्ति नहीं मिलेगी। मुझे शान्ति मिले, तभी तुम्हें शान्ति मिलेगी।"[128]

दूसरी ओर वह उज्जयिनी के महाकालेश्वर मन्दिर में एक संन्यासिनी के रूप में दिखायी पड़ती है जो अपने-आप को मंजुलोमा के नृत्य की जानकार बताती है।

वह धूतादेवी को दर्शन देकर उसके हाथों आर्यक को सन्देश भेजवाती है। जब देवरात अग्नि के भीषण ज्वाला में घिर जाता है, तब मंजुला ही उसे बचाती है। देवरात उज्जयिनी में एक बार फिर मंजुला को देखता है। वह आकाशचारिणी ज्योतिरेखा, दिव्य नारी के रूप में नजर आती है। देवरात उसे देखकर कहते हैं—"तुम हो देवि, तुम हो छन्दों की रानी, तालों की नर्म सखी, बासी को ताजा करनेवाली पुनर्नवा।"[129]

"छन्दों की रानी, लय की नर्मसंगिनी, माधुर्य की उत्सभूमि"[130] मंजुला देवरात के समक्ष स्वीकार करती है—"जीते जी तुम्हारी भाव-साधना की संगिनी नहीं बन सकी! महाभाव-साधना की संगिनी तो बना लो आर्य! इस लालसा ने मुझे बहुत भरमाया है, प्रभो! तुम्हारी अभिलाषा के बन्धन में बँधी हुई हूँ। बार-बार लौटकर आती हूँ। मुक्ति नहीं पा रही हूँ। जिन पर तुम्हारा ध्यान केन्द्रित होता है, उनकी कल्याण-कामना के लिए भरमाती फिरती हूँ। महाभाव अपने सामने आ-आकर खिसक जाता है। संसार जोर से खींचता है। बुरी तरह खींचता है। पुनर्नवा बनना पड़ता है। पर आर्य, यह तो मेरा सहज धर्म नहीं है।"[131]

वस्तुतः मंजुला अपनी अतृप्त वासनाओं से मुक्त नहीं हो पाती। उसकी इसी अतृप्त वासना का संकेत हमें चारुदत्त की पत्नी धूतादेवी के सामने प्रकट उच्छ्वास में मिलता है। मंजुलोमा का भावमूर्ति सघन उच्छ्वास भरकर आर्यक की प्रेमिका चन्द्रा की अभ्यर्थना करती हुई कहती है—"आर्यक से कह दें कि चन्द्रा ने उसके प्रेम के लिए जो त्याग किया है, वह संसार की शायद ही कोई कुलांगना कर सकी हो। वह अश्रद्धेय नहीं नमस्य है।...गणिका होकर भी जो साहस मंजुला नहीं कर सकती वह साहस कुलांगना होकर चन्द्रा कर बैठी। इस उद्दाम प्रेम का निदर्शन खोजना कठिन है। उसके प्रेम में पाने का नहीं लुटाने का वेग है।"[132]

इस प्रकार मंजुला "सभी प्रकार के सामाजिक बन्धनों से मुक्त होकर भी वह निर्द्वन्द्व भाव से आर्य देवरात के समक्ष अपना सम्पूर्ण समर्पण प्रकट नहीं कर सकी। इसी हीन भाव को लेकर मंजुला (मंजुलोमा) की पीड़ा की थाह नहीं है। उसकी हृदय की पीर उसे इस लोक से उस लोक तक भटकाती रहती है।"[133]

'बाणभट्ट की आत्मकथा' की भट्टिनी की भाँति मृणालमंजरी का चरित्र इस उपन्यास में अत्यन्त गौरवशाली है। देवरात के आश्रम में पत्नी मृणालमंजरी अपने सौन्दर्य एवं शील के कारण कालिदास की शकुन्तला की याद दिलाती है। मेनका पुत्री शकुन्तला की भाँति ही गणिका पुत्री मृणालमंजरी कण्व ऋषि रूपी देवरात द्वारा पालित एक आदर्श भारतीय नारी का चरित्र प्रस्तुत करती है। उसमें नारी सद्गुणों का पूर्ण विकास देखने को मिलता है।"[134]

"मंजुला की कोख से अयाचित, अनाहूत, अवांछित जन्मी मृणालमंजरी ने जननी का मुख नहीं देखा था। उसकी जननी मंजुला भी नहीं जानती थी कि मृणाल की मृण्मयी

काया का जनक कौन है। परन्तु उसके चिन्मय रूप के पिता आर्य देवरात हैं।"[135] मंजुला ने पत्र में स्पष्ट लिखा था—"यह पाप-वृत्ति की पुण्य-परिणति है। इसकी जो मृण्मयी काया है, वह परवशा माता का दान है और इसकी जो चिन्मयी ज्योति होगी वह तुम्हारे जैसे मनस्वी पिता की देन होगी। सो आर्य यह तुम्हारी ही कन्या है। तुम्हीं इसके पिता हो, माता हो, गुरु हो। तुम्हारा धन तुम्हें ही समर्पित है।"[136]

देवरात ने मृणालमंजरी को सभी उत्तम संकल्पों से पूरित किया। उन्होंने मृणाल को नारी-सुलभ कलाओं का ज्ञान दिया, स्त्री धर्म की शिक्षा दी, व्रत और उपवास का महत्त्व समझाया, वीणा और वंशी का धुन सिखाया और इसके अलावा उन्होंने उसे नृत्य संगीत आदि कलाओं से भी परिचित करवाया।

देवरात के आश्रम में ही च्यवनभूमि के चौधरी वृद्धगोप के पुत्र आर्यक और पालित पुत्र श्यामरूप शिक्षा ग्रहण कर रहे थे। आर्यक और मृणाल हमउम्र होने के कारण शीघ्र ही बाल-सखा बन गये। बचपन क़ी यही दोस्ती युवावस्था तक पहुँचते-पहुँचते प्रेम में परिवर्तित हो गया। मृणाल अपनी सम्पूर्ण आत्मा से आर्यक के प्रति समर्पित हो चुकी थी।

मृणालमंजरी एक आदर्श भारतीय नारी है। उसके व्यक्तित्व में एक ओर जहाँ शालीनता और कोमलता के दर्शन होते हैं वहीं दूसरी ओर वह अपने स्वाभिमान की रक्षा के लिए सिंहवाहिनी महिषमर्दिनी दुर्गा भी बन जाती है। वह नारी को अबला या पुरुष पर निर्भर नहीं मानती है। उसका मानना है कि नारी अपनी शील की रक्षा स्वयं कर सकती है। उसके लिए उसे किसी पुरुष पर निर्भर नहीं मानती है। उसका कहना है—"केवल पुरुष शक्ति की पूजा ही क्या स्त्री धर्म है? सिंहवाहिनी की उपासना का मतलब क्या इतना ही है कि महिषमर्दन का काम पुरुषों पर छोड़कर स्त्रियाँ उनकी आरती उतारा करें? स्त्रियों का धर्म क्या आगे बढ़कर अधर्माचार का विध्वंस करना नहीं है ? स्त्री को पुरुष की सहधर्मिणी बनना पड़ता है। यह कैसा सहधर्म है कि पुरुष युद्ध करें और स्त्रियाँ उनकी आरती उतारती रहें?"[137]

मृणाल अपने तन-मन से आर्यक को अपना मान चुकी थी। वह अपने शील-सतीत्व की रक्षा का भार आर्यक को सौंपती है, जिसे आर्यक स्वीकार करता है और जीवन-भर उसका साथ निभाने का वचन देता है। "आर्यक जैसे वीर-पुरुष के जीवन-संगी के रुप में पाकर वह स्वयं को धन्य मानती है।"[138] किन्तु मृणाल की खुशी ज्यादा दिनों तक उसका साथ नहीं देती है। आगे उपन्यास में इस तरह की घटना घटती है कि मृणाल का रक्षक आर्यक उसे असुरक्षित छोड़कर चन्द्रा नामक युवती के साथ उज्जयिनी चला जाता है। जिस आर्यक की उसने पूजा की, अपना देवता माना वही आर्यक एक दिन उसे छोड़कर किसी और स्त्री के साथ चला गया।

मृणाल के लिए यह बहुत बड़ा आघात था, किन्तु उसके मन में न तो चन्द्रा के प्रति वैर का भाव था और न आर्यक के लिए घृणा।

मृणाल की अद्भुत क्षमाशीलता और उदारता के सम्मुख आर्यक नतशिर हो जाता है। आर्यक की अवमानना को भुलाकर मृणाल सदैव अपने पति की यशवृद्धि में अनुगता बनती है। आर्यक जब लोकनिन्दा के भय से चन्द्रा और मृणाल को छोड़कर एकान्त में चला जाता है, तब मृणाल ही अपने दिग्भ्रमित पति को कर्त्तव्य का बोध कराती है। वह आर्यक को समझाते हुए कहती है—"लोक का भय मिथ्या है। कर्त्तव्य का निर्णय बाहर देखकर नहीं किया जाता। तुम्हारा निर्णायक तुम्हारे भीतर है। जो भी तुम्हारे पास है, उसी से उसकी पूजा करो। कमजोरियाँ जब उसे समर्पित कर दी जाती हैं, तो शक्ति बन जाती हैं। सदा बाहर ही न देखो, कुछ भीतर भी देखो। लोकभय झूठी प्रवंचना है, आत्मा-भय दुर्भेद्य कवच है। ... कौन क्या कहता है, कहने दो। तुम्हारा अन्तर्यामी क्या कहता है, वही मुख्य वस्तु है।"[139]

"मृणाल सेवा, सतीत्व, मर्यादा और तपस्या की स्रोतस्विनी और साहस की मूर्ति है। आस्था, भक्ति और दृढ़ता उसके जीवन के अंग हैं।"[140] मृणाल सामान्य स्त्री नहीं है। जिस चन्द्रा के कारण उसे पति-वियोग सहना पड़ा, उसे वह बड़ी बहन मानकर अपने घर में स्थान देती है। उसके स्थान पर यदि कोई और स्त्री होती तो उसकी खाल खिंचवा लेती, पर मृणालमंजरी है कि उसे बड़ी बहन का सम्मान देती है।"[141] इतना ही नहीं जब सारी प्रजा और चन्द्रा के प्रति चन्द्रा पर कुत्सित आरोप लगाते हैं, तो मृणाल उनका दृढ़ शब्दों में विरोध करती है। वह स्पष्ट कहती है—"धर्मतः यह मामला मेरे, चन्द्रा के और आर्यक के बीच का है, कोई चौथा इसमें हस्तक्षेप नहीं कर सकता—राज्य भी नहीं।"[142]

मृणाल त्याग की प्रतिमा है, ईर्ष्या-द्वेष से मुक्त है। आर्यक एक स्थल पर मृणाल के सम्बन्ध में कहता है—"और मृणाल? उस भोली ने तो जाना ही नहीं कि मान क्या होता है, ईर्ष्या किसे कहते हैं, अनसूया किस खेत में पैदा होती है। उसे अपना सुख क्या है इसका पता नहीं-ही-नहीं, वह तो एक बात जानती है, सुख वह है जिसमें आर्यक सुखी रहे।"[143]

मृणाल का त्याग अद्भुत है। वह इस दृष्टि से और अधिक गौरवपूर्ण हो जाता है कि वह अपने पति एवं पुत्र दोनों पर केवल अपना अधिकार नहीं मानती है, बल्कि चन्द्रा को भी उन पर समान अधिकार देती है। प्रेम और त्याग का ऐसा अद्भुत संगम मृणाल जैसी आदर्श नारियों में ही देखा जा सकता है। मृणाल के इस रूप को देखकर चन्द्रा अभिभूत होकर कह उठती है—"और तूने फिर भी इस हतभागिनी को घर में घुसने दिया? झोंटा पकड़कर निकाल नहीं दिया? लात-घूँसे से इसका भुली नहीं बना

दिया? मैना, ऐसी बातों से जिसके हृदय में ईर्ष्या नहीं उत्पन्न होती, मन में क्रोध नहीं उत्पन्न होता, हाँथों में झोंटा पकड़कर घसीटने की कसमसाहट नहीं होती, उसे स्त्री कैसे कहूँ रे। हाँ तू नारी नहीं है। शायद देवी है। दे जरा चरणों की धूल दे दे। इन चरणों की धूल ही उन्मार्गगामिनियों को रास्ता दिखा सकती है। मैना, तू सचमुच सती है।"[144] इतना कहकर चन्द्रा मैना के पैरों पर गिर पड़ी।

मृणाल के सतीत्व और तपनिष्ठ का ही परिणाम है कि वह भविष्य का संकेत समझ जाती है। उसे ज्ञान-चक्षुओं द्वारा आर्यक के प्रत्यागमन की सूचना पहले ही मिल जाती है। आर्यक लौट रहा है। इसकी सूचना सबसे पहले मृणाल ही चन्द्रा और सुमेर काका को देती है।

सतीत्व की महिमा से मण्डित दिव्य गुणों से सम्पन्न नारी है—मृणालमंजरी। उसका पातिव्रत्य स्तुति के योग्य है। ग्रामीण स्त्रियाँ मृणाल को 'मैना मांजर देई' कहकर देवी के रूप में पूजती हैं और उसे अपना रानी मानती हैं।

निष्कर्षतः कहा जा सकता है कि, "मृणालमंजरी को विधाता ने भक्ति को गलाकर, सतीत्व का मिश्रण करके, गंगा की धारा से तरल करके, ललिता देवी के साँचे में ही सिरजा है।"[145] "वह शील, शोभा और पवित्रता की मोहन त्रिवेणी है।"[146]

मंजुला और मृणालमंजरी की तरह चन्द्रा भी इस उपन्यास की एक महत्त्वपूर्ण नारी पात्र है, जिसके माध्यम से द्विवेदी जी ने नवीन नारी-मूल्यों की स्थापना की है। वह एक क्रान्तिकारी नारी है, 'जो जीवन की वास्तविकता को स्वीकार का सामाजिक, सांस्कृतिक एवं राजनैतिक बिपरीत परिस्थितियों में भी सत्य के लिए विद्रोह करती है। उसे न तो लोकापवाद का भय है, उसे न तो परिवार का डर है और न तो वह आड़े आनेवाली राज्य व्यवस्था से भयभीत है।"[147] उसने अपने जीवन में अनेक उतार-चढ़ाव देखे हैं, अनेक कठिनाइयों का सामना किया, किन्तु उसने परिस्थितियों के सामने कभी हार नहीं माना बल्कि जीवन की चुनौतियों को सहर्ष स्वीकार किया। जैसे अग्नि में तपकर स्वर्ण निखर उठता है, उसी प्रकार दुःख और विरह की ज्वाला में जलकर चन्द्रा का व्यक्तित्व और भी अधिक निर्मल कान्तिमय हो गया है।

चन्द्रा की कहानी दुर्भाग्य की कहानी है। महज चार वर्ष की आयु में महामारी के कारण माता का छीना जाना और विमाता का विपथगामिनी होना ही चन्द्रा के दुर्भाग्य का आरम्भिक कारण था। "चन्द्रा यौवनागम पूर्व से ही आर्यक के रूप-बल-पौरुष पर आकर्षित थी तथा उसे पतिरूप में पाने की चाह लिये हुए थी। परन्तु उसके पिता ने सम्भवतः लोभवश, उसका विवाह, उसकी इच्छा के विपरीत श्रीचन्द्र के साथ कर दिया था। नपुंसक श्रीचन्द्र न पति होने की पात्रता रखता था, न चन्द्रा ने उसे कभी

पति माना।"[148] श्रीचन्द्र को त्यागकर चन्द्रा अपूर्व साहस का परिचय देती है।"[149] उधर आर्यक का विवाह मृणालमंजरी के साथ हो गया। लेकिन चन्द्रा आर्यक को ही अपना पति मानती है। चन्द्रा का प्रेम उद्वेल प्रेम है, जो सीमा नहीं जानता उचित-अनुचित का विवेक नहीं रखता। वह सारे समाज की लोकनिन्दा को तलवों से रौंदकर अपने प्यार को येन-केन-प्रकारेण प्राप्त कर लेना चाहती है।

चन्द्रा प्रेम की सच्ची पुजारी है। किन्तु "उसे न समझने के कारण लोग उसे कुलटा कहते हैं। मृणाल और आर्यक के जीवन में कष्ट लानेवाली पुंश्चली नारी कहते हैं और पति के रहते हुए भी गोपाल आर्यक के पीछे हाथ धोकर पीछा करनेवाली व्यभिचारिणी कहते हैं।"[150] "पर चन्द्रा जानती है कि वह पापिनी नहीं है। आर्यक मेरा जनम-जनम का साथी है। अगर ऐसा न होता तो क्यों पागल की तरह उसके पीछे-पीछे भागती फिरती। चुम्बक के पीछे भागनेवाला लोहा क्या पापी है रे? वह विवश है, लाचार है, उसमें इच्छा शक्ति कहाँ होती है, पर वही लोहा कहीं और लगा दो तो वज्र बन जाता है। चन्द्रा की भी वही दशा है। आर्यक के पीछे भागने को विवश है, अन्यत्र वह वज्र-जैसी दुर्भेद्य है।"[151]

"प्रेम की एकनिष्ठ पुजारी चन्द्रा सेवा की एक ऐसी मूर्ति है जिसने अपने प्रिय के लिए सब-कुछ निछावर कर दिया।"[152] वह जीवन की हर विषम परिस्थितियों में आर्यक का साथ देती है। जितनी तीव्रता उसकी उद्दाम काम-पिपासा में दिखायी देती है, उतनी ही सघनता उसके उन्मुख प्रेम में भी परिलक्षित होती है। यही कारण था कि पत्नी से उसके प्रेम-पत्रों की चर्चा करते समय आर्यक की पत्नी मृणालमंजरी के मुख से आर्यक का स्वयं के प्रति सुप्त राग जब चन्द्रा को ज्ञात होता है। वह धन्य-धन्य हो उठती है।"[153] वह भावविभोर होकर मृणाल को गले से लगाती हुई कहती है—"मेरी प्यारी मैना? सचमुच आर्यक का कण्ठ गद्गद हो गया था? सचमुच चन्द्रा का नाम लेते समय उसकी वाणी स्खलित हो गयी थी?...सचमुच तुझे लगा था कि आर्यक के हृदय में मेरे लिये थोड़ा-सा स्थान था?...आज चन्द्रा का जीवन कृतार्थ है। वह आज तक नहीं समझ पायी थी कि आर्यक के हृदय में भी वह कहीं स्थान पा सकी है या नहीं ? अब तक वह अपने को गले पड़े मानती रही है। आज उसे लगा रहा है—यह लीला भी एक तरफ नहीं है। अनुभयनिष्ठा नहीं है।"[154]

चन्द्रा एक साहसी एवं निर्भीक नारी है। यह चन्द्रा का अपूर्व साहस ही था कि वह सारे समाज की परवाह न करते हुए आर्यक को पाना चाहती है और इस कार्य में उसे सफलता भी मिलती है। "चन्द्रा के रूप में द्विवेदी जी ने एक ऐसे नारी-चरित्र का निर्माण किया है, जो सामाजिक कुरीतियों को लात मार सकती है, जो सत्य का गला घोट देनेवाली धार्मिक रूढ़ियों को नकार सकती है, जो अपने प्रेमी

को प्राप्त करने के लिए सारी सामाजिक व्यवस्था और यहाँ तक कि सम्राट् से भी टकरा सकती है।"[155] इसी साहस के बल पर चन्द्रा आर्यक को भीषण आग से बचाती है। जब आर्यक भीषण आग के लपटों से घिर जाता है, तब चन्द्रा उसे एक बच्चे की तरह अपने कन्धों पर उठा लेती है और अपना साड़ी फाड़कर उसके घावों पर पट्टी बाँधती है।

चन्द्रा साहसी होने के साथ-साथ निर्भीक नारी भी थी। उसने अद्भुत निर्भीकता का परिचय देते हुए सम्राट् समुद्रगुप्त के समक्ष स्वीकार करती है कि उसके कारण ही मृणाल को पति-वियोग सहना पड़ा और किसी की परवाह किये बिना वह आर्यक के घर चली जाती है, जहाँ उस पर अनेक लांछन लगाया जाता है। उसे अभागिन, कुलटा और चरित्रहीन की संज्ञा दी जाती है। सुमेर काका कहते हैं—"जा यहाँ से, यह कुलवधू का घर है। तू यहाँ कैसे आयी? जा, अपने घर जा। भाग जा, जल्दी भाग जा! तूने अपना भी मुँह काला किया और हलद्वीप का भी काला किया। जा, जा, यहाँ से, हट।"[156] चन्द्रा ने दृढ़ शब्दों में कहा—"कुलवधू नहीं तो क्या हूँ तात! अपने घर ही तो आयी हूँ।"[157] चन्द्रा की आँखें आँसुओं से भर गयीं। वह रोते हुए बोली—'पाप नहीं किया काका! ...मेरा विवाह मेरी इच्छा के विरुद्ध मेरे पिता ने एक ऐसे मनुष्य रूपधारी पशु से कर दिया जो पुरुष है ही नहीं। मैं उसे पति नहीं मान सकती। हलद्वीप के मुँह में कालिख लगती है तो सौ बार लगा करे। जो समाज इस प्रकार के विवाह की स्वीकृति देता है वह अपने मुँह में कालिख पहले ही पोत लेता है। मैंने आर्यक को ही अपना पति माना था। वह मेरा था और रहेगा।...मैं आर्यक की पत्नी हूँ और बनी रहूँगी। मैं अपने घर आयी हूँ, मैं अगर कुलवधू नहीं हूँ तो संसार में कोई कुलवधू आज तक पैदा ही नहीं हुई।"[158]

प्रायः स्त्रियाँ छिपाने की कला में निपुण होती हैं, किन्तु चन्द्रा स्पष्ट वक्ता थी। वह छिपाने की कला नहीं जानती थी, इसलिए लोग उसे कुलटा समझते थे। वह अपने पति की नपुंसकता के विषय में सुमेर काका को बताती है और सम्राट् से निर्लज्ज होकर कहती है कि आर्यक को ही वह अपना पति मानती है। वह सम्राट् को स्पष्ट कहती है—"मैं पतिव्रता हूँ, तुम्हारे जैसे सम्राट् भी मुझे उस व्रत से हटा नहीं सकते। मैं कुंचित भृकुटियों की उपेक्षा करना जानती हूँ।"[159]

चन्द्रा के दृढ़ प्रेम के समक्ष आर्यक के साथ-साथ मृणाल को भी झुकना पड़ा। "अब वह मृणाल की 'दीदी' और शोभन की 'बड़ी आया' है। उसका मातृत्व तृप्त होता है। आर्यक भी धूतादेवी के घर पर सोचता है कि उसने चन्द्रा के रूप में सहज मातृत्व की उपेक्षा की है।"[160] धूतादेवी द्वारा मृणाल आर्यक को सन्देश भेजती है—"चन्द्रा की जिस उद्दाम यौवन-लालसा से आर्यक घबरा गया है, वह उसका आरम्भिक रूप है। वह उतने ही प्रबल वात्सल्य-भाव का केवल पूर्णरूप था। चन्द्रा

को उस वात्सल्य का आश्रय मृणाल के रूप में मिल गया है। वह सिर से पैर तक मातृत्व के उज्ज्वल आलोक से दीप्त शिखा की तरह ऊर्ध्वमुखी हो गयी है। चन्द्रा का प्रेम अप्रतिम है। अग्नि-शिखा की तीव्र आँच को देखकर उसकी पवित्रता पर शंका नहीं करनी चाहिए।"[161]

चन्द्रा का सम्पूर्ण जीवन त्याग की कहानी है। उसने अपने आर्यक के लिए जितना त्याग किया उतना और कोई नारी नहीं कर सकती है। उसका त्याग पूजनीय है। "गणिका होकर भी जो साहस मंजुला नहीं कर सकी, वह साहस कुलांगना होकर चन्द्रा कर बैठी।"[162] चन्द्रा प्रेम में केवल पाना नहीं चाहती है बल्कि लुटाना भी जानती है। वह आर्यक की खुशी के लिए जितना त्याग करती है, उससे भी अधिक वह मृणाल के लिए करती है। वह विषम परिस्थिति में भी खुश रहना जानती है। "अनुकूल हो या प्रतिकूल" चन्द्रा सब जगह से आनन्द-रस खींच लेती है।"[163]

"चन्द्रा का चरित्र एक श्रेष्ठ संघर्षशीलता मानवी का चरित्र है।"[164] वह जहाँ उद्दाम प्रेम की मूर्ति है, वहीं और उससे भी अधिक अकुण्ठ सेवा का सजीव विग्रह है।[165] उसके अद्भुत व्यक्तित्व से सभी प्रभावित हो जाते हैं। चाहे वह आर्यक हो या सम्राट् या फिर मृणाल। सभी उसके व्यक्तित्व से प्रभावित हैं।

निष्कर्षतः कहा जा सकता है कि, "चन्द्रा के माध्यम से इस उपन्यास को एक ऐसी नारी चरित्र मिला है, जो आज भी सर्वाधिक प्रासंगिक है। उपन्यास की शिल्प की दृष्टि से तो यह चरित्र इतना महत्त्वपूर्ण है कि यदि इसे निकाल दिया जाये तो न तो उपन्यास की कथा का विस्तार हो सकता है और न तो उपन्यासकार जो कुछ कहना चाहता है, उपन्यास में कह पाने में उसे सफलता ही मिल सकती है। वह मेहराब की एक ऐसी ईंट है कि जिसे निकाल लेने पर उपन्यास का सारा महल ही ढह जायेगा।[166]

इस उपन्यास में मुख्य नारी पात्रों के अलावा कुछ गौण नारी पात्र भी हैं, जो कथा को गति प्रदान करने में सहायता प्रदान करते हैं। इन पात्रों में मुख्य हैं—माँदी (मदनिका), वसन्तसेना, धूतादेवी और संन्यासिनी माता।

माँदी श्रावस्ती नगर की एक अनाथ बालिका है। उसने अपने माता-पिता को बचपन में ही खो दिया और परिस्थितिवश एक नट-मण्डली में काम करने लगी। वहीं उसकी भेंट श्यामरूप से होती है। माँदी और श्यामरूप दोनों एक-दूसरे को पसन्द करते हैं और विवाह भी करना चाहते हैं। किन्तु इसी बीच चौधरानी उसे मथुरा के दलालों के हाथ बेच देती है। स्त्रियों का व्यापार करनेवाले दलाल उसे बन्दी बनाकर मथुरा से उज्जयिनी ले जाते हैं और वहाँ उसे पाँच सौ मुहरों में प्रसिद्ध गणिका वसन्तसेना के हाथों बेच देते हैं। माँदी वसन्तसेना की दासी बनकर उसका कार्य करती है। विपत्ति में फँसी हुई माँदी को बचाने के लिए श्यामरूप सहसा प्रकट होती

है और उसके प्राणों की रक्षा करती है। माँदी श्यामरूप से प्रार्थना करते हुए कहती है—"आप मुझे केवल इसी समय निरापद स्थान में नहीं पहुँचा देंगे, अपितु भविष्य में भी सदा-सर्वदा मेरी रक्षा करते रहेंगे।...अब मुझे छोड़ो मत, मेरा उद्धार करो।"[167] इस प्रकार माँदी अनेक विपत्तियों से निकलकर अपने प्रेमी श्यामरूप को पति रूप में पा लेती है। नारी पवित्र होती है, उसमें देवता का वास होता है। "परिस्थितिजन्य पड़ी गर्द उसकी कान्ति को अधिक समय तक ढँक नहीं सकती। द्विवेदी जी की इस मान्यता को माँदी के चरित्र ने प्रमाणित कर दिया है।"[168]

धूता और **वसन्तसेना** का चरित्र मृणालमंजरी एवं चन्द्रा का ही प्रतिरूप है। इन चरित्रों के माध्यम से उपन्यासकार ने गुप्तकालीन भारतीय संस्कृति को प्रस्तुत किया है। **वसन्तसेना** के चरित्र के द्वारा द्विवेदी जी यह दिखाना चाहते हैं कि समाज में गणिका को घृणा की दृष्टि से देखा जाता है, किन्तु उसके भीतर भी देवता का निवास होता है। घृणा उसके व्यक्तित्व से नहीं करनी चाहिए बल्कि उन विषम परिस्थितियों से करनी चाहिए, जिससे विवश होकर वसन्तसेना जैसी साध्वी नारी को गणिका बनना पड़ा।

"धूता एक ऐसी प्रेरणामयी नारी है, जो न केवल अपने गणिकागामी पति चारुदत्त की पूर्ण समर्पित पत्नी ही नहीं है बल्कि वह अपने अनुभव के आधार पर श्यामरूप तथा गोपाल आर्यक के अन्तर्द्वन्द्वों को मिटाकर सत्य को स्वीकार करने के लिए उद्‌बोधन देनेवाली स्पृहणीय नारी है।"[169]

संन्यासिनी माता बारह वर्षों से अपने पागल पति के साथ पुत्र-वियोग से दुःखी होकर शिव-मन्दिर में अराधना करती आ रही है। श्यामरूप को वह अपना खोया हुआ बेटा मानती है और उस पर अपना समस्त ममत्व लुटा देती है। किन्तु श्यामरूप (शार्विलक) के चले जाने के बाद वह फिर से दुःख के सागर में डूब जाती है। "वह एक ऐसी जलराशि है, जो ऊपर से शान्त-सौम्य है, किन्तु जिसकी अतल गहराई में नाना प्रकार का प्रकम्पन, झंझावात विद्यमान है।"[170]

निष्कर्षतः कहा जा सकता है कि, "द्विवेदी जी के इस उपन्यास में चित्रित नारियों की जाति, समाज एवं धर्म के संकीर्ण दायरे से बहुत ऊपर उठकर मानवता का सन्देश देनेवाली हैं, जिनके चारित्रिक औदात्य से उपन्यास मूल्यवान् हुआ है।"[171]

अनामदास का पोथा

'अनामदास का पोथा' औपनिषदिक युग का चित्रण करनेवाला उपन्यास है।[172] जिसके अधिकांश पात्र छान्दोग्य और वृहदारण्यक उपनिषद् से लिये गये हैं। छान्दोग्य उपनिषद् में शूद्रकन्या **जाबाला** का उल्लेख मिलता है। 'अनामदास का पोथा' में द्विवेदी जी ने जाबाला को एक राजकन्या के रूप में प्रस्तुत किया है।

"जबाला राजा जानश्रुति की मोहनी कन्या है। उसकी माता की मृत्यु उसके जन्म के बाद ही हो गयी थी। उसका कोई भाई-बहन नहीं था। परिवार में उसके स्नेहशील, तत्त्वान्वेषी पिता हैं और हैं माता-पिता-गुरु की भाँति श्रद्धेय आचार्य औदुम्बरायण।"[173]

जाबाला और रैक्व की मुलाकात संयोगवश होती है। जाबाला अपनी मौसी से मिलने जा रही थी कि मार्ग में उसका रथ भयंकर तूफान में फँस गया। "साम्ने एक बैलगाड़ी जिसे उन दिनों 'रथ' कहा करते थे, बुरी तरह कीचड़ में धँसी पड़ी है। बैल उसमें अवश्य जुते हुए थे, लेकिन जान पड़ता है कि आँधी के भयंकर वेग से भाग खड़े हुए थे और गाड़ी धँसी पड़ी हुई थी। गाड़ीवान पास ही में मरा पड़ा था। रैक्व के मन में करुणा का उदय हुआ। हाय! बेचारा आँधी-तूफान में मर ही गया, लेकिन गाड़ी से कोई दस-पन्द्रह हाथ पर एक और जीव उसी तरह आँधी-पानी से जूझता हुआ शिथिल-मूर्च्छित पड़ा हुआ था। रैक्व ने पहले तो उसे भी मरा समझा, परन्तु एकाएक अपने चिन्तन से प्राप्त उपलब्धि की याद आ गयी—वायु के बिना कोई जीवित नहीं रहता, देखना चाहिए कि यह जीवित है कि मर गया है। अगर जीवित होगा तो नाक से साँस निकल रही होगी।"[174] वह गाड़ीवान की नाक के पास हाथ रखकर देखा लेकिन उसकी साँसें नहीं चल रही थीं। वहीं दूसरे प्राणी की नाक पर हाथ रखकर देखा तो उसकी साँसें चल रही थीं यानी वह जीवित था।

जाबाला रूप और गुण दोनों की धनी है। उसका सौन्दर्य दिव्य है। एक स्थल पर रैक्व जाबाला के सौन्दर्य का वर्णन करते हुए कहता है—"क्या बताऊँ कि उनका रूप कैसा सुन्दर है! उनके मुख पर हमारे जैसे रूखे बाल नहीं हैं, एकदम चिकना, फूल के समान खिला हुआ। आँखें एकदम मृग की आँखों जैसी हैं—बड़ी-बड़ी, काली-काली अत्यन्त मोहक। केश हमारे-तुम्हारे जैसे नहीं हैं, एकदम मुलायम, काले, लहरदार।"[175]

"जाबाला का व्यक्तित्व, शिक्षित, सुसंस्कृत, विदुषी का व्यक्तित्व है, उसे वेद-शास्त्र के ज्ञान के साथ-साथ लोक व्यवहार का भी ज्ञान है।"[176] जीवन के वास्तविक अर्थों से अपरिचित रैक्व को वह जीवन-जगत् की शिक्षा देती है। वह रैक्व के हृदय में न केवल नारी के प्रति आकर्षण पैदा करती है बल्कि उसे लोक-व्यवहार का भी ज्ञान देती है—"देखो ऋषिकुमार! मैं महाराज जानश्रुति की कन्या हूँ, तुम्हें इतनी तो जानकारी होनी ही चाहिए कि इस तरह से स्त्रियों का स्पर्श करना अनुचित है, पाप है, परन्तु मैं तुम्हारी सरलता पर मुग्ध हूँ।"[177] स्त्री-पुरुष के भेद को समझाते हुए वह कहती है—"ऋषिकुमार, तुमने व्याकरण पढ़ा है?...तो फिर जानते हो, व्याकरण में पुल्लिंग और स्त्रीलिंग होता है?...तुम पुल्लिंग हो मैं स्त्रीलिंग हूँ। आगे

मुझे सम्बोधित करना तो यह व्याकरणसम्मत स्त्रीलिंग के अनुसार होना चाहिए। ...तुम मुझे 'शुभे' कहकर पुकारा करो। मैं देवलोक से नहीं आयी हूँ, इसी पृथ्वीलोक पर महाराज जानश्रुति की कन्या हूँ।"[178]

इस प्रकार जाबाला रैक्व को लोक-ज्ञान का वास्तविक स्वरूप दिखलाती है। उसके ज्ञान से प्रभावित होकर रैक्व उसे अपना गुरु मानते हैं। वह महाराज जानश्रुति के समक्ष स्पष्ट कहते हैं–"मैं इन्हें ही महामाया शुभा कहता हूँ। इन्होंने ही मुझे ज्ञान का मार्ग दिखाया है। मैं इस शोभनमुख की उपेक्षा नहीं कर सकता। मैं तो इसके उपोदग्रहण-मात्र से कृतार्थ हूँ। ज्ञान का अंशमात्र भी मैं नहीं जानता। जानता हूँ केवल इस मुख की अपूर्व उद्ग्राहिका शक्ति। इस मोहन मुख की सभी आज्ञा मेरे लिये श्रुति-वाक्य के समान है।"[179] एक स्थल पर माता ऋतम्भरा कहती हैं–"वास्तव में गुरु वह है जिसके सामने जाने पर तेरे व्यक्तित्व का सर्वोतम पक्ष उजागर हो, जो मेरे भीतर सोये देवता को जगा दे। शुभा ऐसी ही गुरु है।"[180]

जाबाला में अक्षय ज्ञान-भण्डार और असीम तर्क-शक्ति है। उसकी तर्क-शक्ति के समक्ष विद्वान् ऋषि ओथीस्त भी "कन्यादान और वाग्दान के प्रसंग"[181] में निरुत्तर हो जाते हैं। जाबाला एक ऐसी मेधावी नारी है, जो किसी भी देश-काल के लिए सदैव प्रासंगिक बनी रहेगी।

डॉ. त्रिभुवन सिंह जाबाला की तुलना जयशंकर प्रसाद कृत 'कामायनी' की श्रद्धा से करते हैं। वह श्रद्धा की भाँति ही प्रेरणादायिनी शक्तिस्वरूपा है, जो वीतरागी मनु की भाँति तपश्चर्या में लीन रैक्व को जीवन-क्षेत्र में उतरने के लिए विवश कर देती है। लेकिन जाबाला का कार्य कामायनी की श्रद्धा की अपेक्षा कठिन है। 'रूपवती श्रद्धा के व्यक्तित्व का जो जादू 'मनु' पर चला, उसके लिए उर्वर भूमि 'मनु' के हृदय में पहले से ही तैयार थी, जिससे 'श्रद्धा' को सफलता के शिखर तक पहुँचने में विशेष कठिनाई नहीं हुई। जाबाला की स्थिति विकट है, उसे 'रैक्व' रूपी ऐसे 'मनु' से पाला पड़ा है कि जो जीवन में 'हवा' को छोड़कर और कुछ जानता ही नहीं। स्त्री कौन-सी बला है इसका भी तो उसे ज्ञान नहीं है। ज्ञान को छोड़कर जीवन के सभी स्वादों से वह अपरिचित है और जाबाला की ऐसे ही ज्ञानप्रौढ़ अबोध युवक को जीवन-जगत् की शिक्षा देनी है।'[182] और इस प्रकार वह रैक्व जैसे जड़ पुरुष में चेतना का संचार करती है।

अतः स्पष्ट है कि, "जाबाला द्युलोक की दिव्य किरण के समान पवित्र है, उषा के समान कान्तिमयी और साक्षात् वाग्देवता के समान बुद्धिमती है।"[183]

जाबाला की भाँति ही ऋतम्भरा का चरित्र इस उपन्यास में अत्यन्त महत्त्वपूर्ण है। "जैमिनीय गोत्रोद्भवा ऋतम्भरा ऋषि औषस्ति की परम विदुषी पत्नी हैं। उनके

जीवन का सम्पूर्ण समय पति के साथ रहकर शास्त्राध्ययन में बीता है। ज्ञानाराधना एवं तपश्चर्या उनके जीवन के अंग हैं।"[184]

माता ऋतम्भरा दया, परोपकार, क्षमा, प्रेम और ममता की साक्षात् मूर्ति हैं। उनकी दृष्टि में सेवा ही सबसे बड़ा धर्म है और दीन-दुखियों के दुःख को दूर करना ही सबसे बड़ी तपस्या। लोगों में जिजीविषा का संचार करना वह अपना कर्त्तव्य समझती हैं। उनका धर्म समाज-सापेक्ष्य है। वह धर्म को कर्त्तव्य और आचरण में ढालने पर विशेष बल देती हैं। इस सम्बन्ध में वह रैक्व को समझाते हुए कहती हैं—"जो अपने-आपको सुख-सुविधा का ध्यान न रखकर दूसरों के दुःख को दूर करने का प्रयत्न करता है, सत्य से च्युत नहीं होता, दूसरों का कष्ट दूर करने के लिए अपना प्राण तक त्याग सकता है, वही धार्मिक है। वह परम और चरम तत्त्व के बारे में क्या मानता है, यह बड़ी बात नहीं। बड़ी बात है कि कैसा आचरण करता है, औरों के साथ कैसा व्यवहार करता है, उनके लिए कितना त्याग कर सकता है, यही तय करेगा कि वह धर्म-परायण है या नहीं।"[185]

ऋतम्भरा का व्यक्तित्व अद्‌भुत है। परहित की भावना उनमें कूट-कूटकर भरी हुई है यही कारण है कि समाज में उनकी बड़ी प्रतिष्ठा है, लोग उन्हें सम्मान की दृष्टि से देखते हैं। राजा जानश्रुति भी "विद्या और तपस्या की साक्षात् मूर्ति ब्रह्मवादिनी भगवती ऋतम्भरा के आगमन को परम मंगलमय मानते हैं।"[186] और उसके प्रति कृतार्थ का अनुभव करते हैं। माता ऋतम्भरा ने अपना सम्पूर्ण जीवन आत्मतत्त्व के चिन्तन में व्यतीत कर दिया। ज्ञान को ही वह अपना इष्ट, अपना आराध्य मानती हैं और ज्ञान के प्रचार-प्रसार को अपने जीवन का एकमात्र परम उद्‌देश्य।

माता ऋतम्भरा ममत्व की देवी हैं। उसका हृदय वात्सल्य रूपी अमृत से भरा हुआ है। वह स्वयं तो निःसन्तान हैं किन्तु समस्त दीन-दुखियों को वह अपना सन्तान मानती हैं। जाबाला, ऋजुका और रैक्व को वह अपना पुत्री-पुत्र की तरह स्नेह करती हैं। उसकी दृष्टि में माता का स्थान सबसे ऊँचा होता है। वह रैक्व से कहती हैं—"माँ से बड़ा कोई नहीं होता। आचार्य से सौ गुणा गौरव पिता का और पिता से हजार गुणा गौरव माता का होता है।"[187] माता ऋतम्भरा को जब जाबाला 'माँ' कहकर सम्बोधित करती है तो वह भाव-विभोर हो उठती हैं।

इस प्रकार स्पष्ट हैं कि, "भगवती ऋतम्भरा ऋषि पत्नी की अपेक्षा ममतामयी एक सहृदय नारी हैं, जो उपन्यास में यथास्थान सामाजिक जीवन की सहज व्याख्या प्रस्तुत करती हैं।"[188]

उपन्यास में मुख्य स्त्री-पात्रों के अलावा कुछ गौण स्त्री-पात्र भी हैं, जो, "अपनी भावनाओं के कारण उपन्यास में सरसता एवं स्वाभाविकता का संचार करती हैं।"[189]

ये सभी पात्र न केवल पाठकों के हृदय को छूते हैं बल्कि उसे प्रभावित भी करते हैं। **ऋजुका** और **अरुधन्ती** ऐसी ही नारी-पात्र हैं।

ऋजुका एक कृषक बालिका है, जिसका पति राजा जानश्रुति के यहाँ गाड़ी हाँकता था। बड़ी मनौतियों के बाद उसे एक पुत्र प्राप्त हुआ था। किन्तु विधाता को कुछ और मंजूर था। जीवन के सुख भोगने से पहले ही उसे घोर विपत्ति का सामना करना पड़ा। उसका पति जाबाला की गाड़ी हाँकता हुआ उसकी मौसी के घर जा रहा था कि रास्ते में भयंकर तूफान आ गया और गाड़ीवान वहीं मर गया। पति के मर जाने के बाद ऋजुका निस्सहाय हो गयी। न तो उसके पास रहने का ठिकाना था और न ही खाने-पीने की व्यवस्था थी। चिन्ता, शोक और गरीबी के कारण उसकी स्थिति अत्यन्त दयनीय हो गयी थी। "उसके शरीर को ढँकनेवाला गन्दा वस्त्र तार-तार हो गया था। आँखें गड्ढों जैसे हो गयी थीं, बाल बुरी तरह उलझे हुए थे।"[190] उसे अपनी नहीं बल्कि अपने बच्चे की चिन्ता थी। इस विपत्ति के समय में भाई रैक्व और माता ऋतम्भरा ने उसका साथ दिया।

ऋजुका एक पतिपरायण स्त्री थी। पुत्र का पालन-पोषण कर वह पति ऋण से मुक्त होना चाहती थी, इसलिए वह राजा के यहाँ मजदूरी का काम करने लगती है। दूसरी ओर वह गरीबों की मदद भी करती है। औषधि बनाकर बाँटती है और अन्नादि पहुँचाने में रैक्व की मदद भी करती है।

उपन्यास में **अरुन्धती** की भी एक विशेष भूमिका है, जो जाबाला की मौसेरी बहन और अन्तरंग सखी भी है। जाबाला की उदासी को दूर करने के लिए राजा जानश्रुति अरुन्धती को बुलाते हैं। अपनी प्रिय सखी अरुन्धती को देखकर जाबाला का दुःख अपने-आप कम हो जाता है। अरुन्धती अत्यन्त बुद्धिमान् कन्या है, वह जाबाला और रैक्व के प्रेम सम्बन्ध के बारे में बड़ी चतुराई से पता लगाती है और स्पष्टवादिनी होने का कारण वह जाबाला के विवाह का स्पष्ट विरोध करती है, क्योंकि वह जानती है कि जाबाला सिर्फ ऋषिकुमार रैक्व से प्रेम करती है।

अतः द्विवेदी जी के इन चारों उपन्यासों के स्त्री चरित्र-शिल्प के आधार पर निष्कर्षतः यह कहा जा सकता है कि, "द्विवेदी जी ने इन नारी-पात्रों को अपनी प्रतिभा के बल पर ऐसी मौलिकता प्रदान की है कि वह वर्तमान सामाजिक चुनौतियों का समाधान प्रस्तुत करने में पूर्ण सक्षम है।"[191]

सन्दर्भ-सूची

1. भारतीय साहित्य के निर्माता—हजारीप्रसाद द्विवेदी, विश्वनाथ प्रसाद तिवारी, पृ. 52.
2. हजारीप्रसाद द्विवेदी के उपन्यासों में नारी, डॉ. हरिशंकर शर्मा, पृ. 214.
3. साप्ताहिक हिन्दुस्तान, 17 जून, 1979.

4. हिन्दी उपन्यासों में नारी, डॉ. शैल रस्तोगी, पृ. 189-90.
5. युगवाणी, सुमित्रानन्दन पन्त
6. हजारीप्रसाद द्विवेदी के उपन्यासों में नारी, डॉ. हरिशंकर शर्मा पृ. 222.
7. उपन्यासकार आचार्य हजारीप्रसाद द्विवेदी, डॉ. त्रिभुवन सिंह, पृ. 92.
8. उपर्युक्त, पृ. 93-94.
9. हजारीप्रसाद द्विवेदी के उपन्यासों में नारी, डॉ. हरिशंकर शर्मा, पृ. 50.
10. बाणभट्ट की आत्मकथा, हजारीप्रसाद द्विवेदी, पृ. 88-89.
11. उपर्युक्त, पृ. 38.
12. उपर्युक्त, पृ. 29.
13. हजारीप्रसाद द्विवेदी के उपन्यासों में नारी, डॉ. हरिशंकर शर्मा, पृ. 53.
14. बाणभट्ट की आत्मकथा, हजारीप्रसाद द्विवेदी, पृ. 29.
15. हिन्दी उपन्यास और यथार्थवाद, डॉ. त्रिभुवन सिंह, पृ. 290.
16. बाणभट्ट की आत्मकथा, हजारीप्रसाद द्विवेदी, पृ. 111.
17. उपर्युक्त, पृ. 90.
18. उपन्यासकार आचार्य हजारीप्रसाद द्विवेदी, डॉ. त्रिभुवन सिंह, पृ. 94.
19. बाणभट्ट की आत्मकथा, हजारीप्रसाद द्विवेदी, पृ. 125.
20. हजारीप्रसाद द्विवेदी के उपन्यासों में नारी, डॉ. हरिशंकर शर्मा, पृ. 55.
21. उपर्युक्त
22. उपर्युक्त, पृ. 201.
23. उपर्युक्त, पृ. 232.
24. उपर्युक्त, पृ. 232.
25. हजारीप्रसाद द्विवेदी के उपन्यासों में नारी, डॉ. हरिशंकर शर्मा, पृ. 36.
26. बाणभट्ट की आत्मकथा : विमर्श और व्याख्या, प्रो. लक्ष्मण दत्त गौतम, पृ. 125.
27. उपन्यासकार आचार्य हजारीप्रसाद द्विवेदी, डॉ. त्रिभुवन सिंह, पृ. 94.
28. उपर्युक्त, पृ. 94.
29. उपर्युक्त, पृ. 94.
30. बाणभट्ट की आत्मकथा, हजारीप्रसाद द्विवेदी, पृ. 15-16.
31. उपर्युक्त, पृ. 16.
32. उपन्यासकार आचार्य हजारीप्रसाद द्विवेदी, डॉ. त्रिभुवन सिंह, पृ. 95.
33. बाणभट्ट की आत्मकथा, हजारीप्रसाद द्विवेदी, पृ. 19.
34. डॉ. हजारीप्रसाद द्विवेदी का उपन्यास साहित्य एक अनुशीलन, डॉ. उमा मिश्रा, पृ. 178.
35. बाणभट्ट की आत्मकथा, हजारीप्रसाद द्विवेदी, पृ. 98-99.
36. उपर्युक्त, पृ. 19.
37. उपर्युक्त, पृ. 19.
38. उपर्युक्त, पृ. 19-20.
39. उपर्युक्त, पृ. 22.
40. उपर्युक्त, पृ. 24.
41. उपर्युक्त, पृ. 175.
42. उपर्युक्त, पृ. 215.

43. बाणभट्ट की आत्मकथा : विमर्श और व्याख्या, प्रो. लक्ष्मण दत्त गौतम, पृ. 135.
44. बाणभट्ट की आत्मकथा, हजारीप्रसाद द्विवेदी, पृ. 229.
45. उपन्यासकार आचार्य हजारीप्रसाद द्विवेदी, डॉ. त्रिभुवन सिंह, पृ. 97.
46. बाणभट्ट की आत्मकथा : एक अध्ययन, सुरेशचन्द्र त्रिवेदी एवं विष्णु प्रसाद जानी, पृ. 56.
47. बाणभट्ट की आत्मकथा, हजारीप्रसाद द्विवेदी, पृ. 228.
48. उपर्युक्त, पृ. 118.
49. उपर्युक्त, पृ. 120.
50. हिन्दी उपन्यास और यथार्थवाद, डॉ. त्रिभुवन सिंह, पृ. 293.
51. बाणभट्ट की आत्मकथा, हजारीप्रसाद द्विवेदी, पृ. 228.
52. उपन्यासकार आचार्य हजारीप्रसाद द्विवेदी, डॉ. त्रिभुवन सिंह, पृ. 97.
53. हजारीप्रसाद द्विवेदी के उपन्यासों में नारी, डॉ. हरिशंकर शर्मा, पृ. 56.
54. बाणभट्ट की आत्मकथा, हजारीप्रसाद द्विवेदी, पृ. 220.
55. उपर्युक्त, पृ. 219.
56. उपन्यासकार आचार्य हजारीप्रसाद द्विवेदी, डॉ. त्रिभुवन सिंह, पृ. 98.
57. बाणभट्ट की आत्मकथा : विमर्श और व्याख्या, प्रो. लक्ष्मण दत्त गौतम, पृ. 138.
58. बाणभट्ट की आत्मकथा, हजारीप्रसाद द्विवेदी, पृ. 155.
59. उपर्युक्त, पृ. 156.
60. उपर्युक्त, पृ. 69-70.
61. उपर्युक्त, पृ. 71.
62. उपर्युक्त, पृ. 71.
63. उपर्युक्त, पृ. 120.
64. उपन्यासकार आचार्य हजारीप्रसाद द्विवेदी, डॉ. त्रिभुवन सिंह, पृ. 98.
65. बाणभट्ट की आत्मकथा, हजारीप्रसाद द्विवेदी, पृ. 161-162.
66. उपर्युक्त, पृ. 162.
67. बाणभट्ट की आत्मकथा : विमर्श और व्याख्या, प्रो. लक्ष्मण दत्त गौतम, पृ. 145.
68. बाणभट्ट की आत्मकथा, हजारीप्रसाद द्विवेदी, पृ. 170.
69. उपन्यासकार आचार्य हजारीप्रसाद द्विवेदी, डॉ. त्रिभुवन सिंह, पृ. 98.
70. बाणभट्ट की आत्मकथा, हजारीप्रसाद द्विवेदी, पृ 172.
71. उपर्युक्त, पृ. 84.
72. उपन्यासकार आचार्य हजारीप्रसाद द्विवेदी, डॉ. त्रिभुवन सिंह, पृ. 99.
73. बाणभट्ट की आत्मकथा, हजारीप्रसाद द्विवेदी, पृ. 228.
74. उपर्युक्त, पृ. 228.
75. उपर्युक्त, पृ. 96.
76. उपर्युक्त, पृ. 97.
77. चारु चन्द्रलेख, हजारीप्रसाद द्विवेदी, पृ. 33.
78. वही, पृ. 20.
79. डॉ. हजारीप्रसाद द्विवेदी का उपन्यास साहित्य : एक अनुशीलन, डॉ. (श्रीमती) उमा मिश्र, पृ. 49-50.
80. हजारीप्रसाद द्विवेदी के उपन्यासों में नारी, डॉ. हरिशंकर शर्मा, पृ. 63.
81. चारु चन्द्रलेख, हजारीप्रसाद द्विवेदी, पृ. 25.

82. उपर्युक्त वही, पृ. 27.
83. आचार्य हजारीप्रसाद द्विवेदी का साहित्य, डॉ. चौथीराम यादव, पृ. 40-41.
84. चारु चन्द्रलेख, हजारीप्रसाद द्विवेदी, पृ. 69.
85. आचार्य हजारीप्रसाद द्विवेदी का समग्र साहित्य—एक अनुशीलन, डॉ. यदुनाथ चौबे, पृ. 72.
86. चारु चन्द्रलेख, हजारीप्रसाद द्विवेदी, पृ. 87.
87. हिन्दी उपन्यासों का शास्त्रीय विवेचन, डॉ. महावीर लोढ़ी, पृ. 137.
88. चारु चन्द्रलेख, हजारीप्रसाद द्विवेदी, पृ. 146.
89. हजारीप्रसाद द्विवेदी के उपन्यासों में नारी, डॉ. हरिशंकर शर्मा, पृ. 64.
90. उपर्युक्त, पृ. 64.
91. चारु चन्द्रलेख, हजारीप्रसाद द्विवेदी, पृ. 323.
92. डॉ. हजारीप्रसाद द्विवेदी का उपन्यास साहित्य : एक अनुशीलन डॉ. (श्रीमती) उमा मिश्र, पृ. 70.
93. हजारीप्रसाद द्विवेदी के उपन्यासों में नारी, डॉ हरिशंकर शर्मा, पृ. 64.
94. उपन्यासकार आचार्य हजारीप्रसाद द्विवेदी, डॉ. त्रिभुवन सिंह, पृ. 120.
95. चारु चन्द्रलेख, हजारीप्रसाद द्विवेदी।
96. हजारीप्रसाद द्विवेदी के उपन्यासों में नारी, डॉ. हरिशंकर शर्मा, पृ. 67.
97. उपर्युक्त, पृ. 67.
98. चारु चन्द्रलेख, हजारीप्रसाद द्विवेदी, पृ. 103.
99. उपन्यासकार आचार्य हजारीप्रसाद द्विवेदी, डॉ. त्रिभुवन सिंह, पृ. 120.
100. चारु चन्द्रलेख, हजारीप्रसाद द्विवेदी, पृ. 148.
101. उपर्युक्त, पृ. 148.
102. उपर्युक्त, पृ. 172.
103. उपर्युक्त, पृ. 165.
104. उपर्युक्त, पृ. 189.
105. उपर्युक्त, पृ. 221.
106. आचार्य हजारीप्रसाद द्विवेदी का समग्र साहित्य—एक अनुशीलन, डॉ. यदुनाथ चौबे, पृ. 87.
107. उपन्यासकार आचार्य हजारीप्रसाद द्विवेदी, डॉ. त्रिभुवन सिंह, पृ. 120-121.
108. उपन्यासकार आचार्य हजारीप्रसाद द्विवेदी, पृ. 121.
109. आचार्य हजारीप्रसाद द्विवेदी का समग्र साहित्य—एक अनुशीलन, डॉ. यदुनाथ चौबे, पृ. 87.
110. चारु चन्द्रलेख, हजारीप्रसाद द्विवेदी, पृ. 211.
111. आचार्य हजारीप्रसाद द्विवेदी का समग्र साहित्य—एक अनुशीलन, डॉ. यदुनाथ चौबे, पृ. 87.
112. उपन्यासकार आचार्य हजारीप्रसाद द्विवेदी, पृ. 121.
113. चारु चन्द्रलेख, हजारीप्रसाद द्विवेदी, पृ. 138.
114. उपर्युक्त, पृ. 172.
115. उपन्यासकार आचार्य हजारीप्रसाद द्विवेदी, डॉ. त्रिभुवन सिंह, पृ. 121.
116. चारु चन्द्रलेख, हजारीप्रसाद द्विवेदी, पृ. 144.
117. उपर्युक्त, पृ. 146.
118. उपर्युक्त, पृ. 215.
119. हजारीप्रसाद द्विवेदी के उपन्यासों में नारी, डॉ. हरिशंकर शर्मा, पृ. 73.
120. उपन्यासकार आचार्य हजारीप्रसाद द्विवेदी, डॉ. त्रिभुवन सिंह, पृ. 142.

121. हजारीप्रसाद द्विवेदी के उपन्यासों में नारी, डॉ. हरिशंकर शर्मा, पृ. 142.
122. साठोत्तर हिन्दी उपन्यासों में नारी के विविध रूप, डॉ. विमल शर्मा, पृ. 121.
123. हजारीप्रसाद द्विवेदी के उपन्यासों में नारी, डॉ. हरिशंकर शर्मा, पृ. 88.
124. पुनर्नवा, हजारीप्रसाद द्विवेदी, पृ. 19.
125. उपर्युक्त, पृ. 22.
126. उपर्युक्त, पृ. 48.
127. साठोत्तर हिन्दी उपन्यासों में नारी के विविध रूप, डॉ. विमल शर्मा, पृ. 122-123.
128. पुनर्नवा, हजारीप्रसाद द्विवेदी, पृ. 104.
129. उपर्युक्त, पृ. 212.
130. उपर्युक्त, पृ. 53.
131. उपर्युक्त, पृ. 212.
132. उपर्युक्त, पृ. 236.
133. साठोत्तर हिन्दी उपन्यासों में नारी के विविध रूप, डॉ. विमल शर्मा, पृ. 123.
134. उपन्यासकार आचार्य हजारीप्रसाद द्विवेदी, डॉ. त्रिभुवन सिंह, पृ. 143.
135. हजारीप्रसाद द्विवेदी के उपन्यासों में नारी, डॉ. हरिशंकर शर्मा, पृ. 78.
136. पुनर्नवा, हजारीप्रसाद द्विवेदी, पृ. 48.
137. उपर्युक्त, पृ. 34.
138. हजारीप्रसाद द्विवेदी के उपन्यासों में नारी, डॉ. हरिशंकर शर्मा, पृ. 78.
139. पुनर्नवा, हजारीप्रसाद द्विवेदी, पृ. 95.
140. हजारीप्रसाद द्विवेदी के उपन्यासों में नारी, डॉ. हरिशंकर शर्मा, पृ. 82.
141. पुनर्नवा, हजारीप्रसाद द्विवेदी, पृ. 144.
142. उपर्युक्त, पृ. 144.
143. उपर्युक्त, पृ. 257.
144. उपर्युक्त, पृ. 159.
145. साठोत्तर हिन्दी उपन्यासों में नारी के विविध रूप, डॉ. विमल शर्मा, पृ. 119.
146. पुनर्नवा, हजारीप्रसाद द्विवेदी, पृ. 246.
147. उपन्यासकार आचार्य हजारीप्रसाद द्विवेदी, डॉ. त्रिभुवन सिंह, पृ. 145.
148. हजारीप्रसाद द्विवेदी के उपन्यासों में नारी, डॉ. हरिशंकर शर्मा, पृ. 83.
149. साठोत्तर हिन्दी उपन्यासों में नारी के विविध रूप, डॉ. विमल शर्मा, पृ. 112.
150. उपन्यासकार आचार्य हजारीप्रसाद द्विवेदी, डॉ. त्रिभुवन सिंह, पृ. 145.
151. पुनर्नवा, हजारीप्रसाद द्विवेदी, पृ. 153.
152. उपन्यासकार आचार्य हजारीप्रसाद द्विवेदी, डॉ. त्रिभुवन सिंह, पृ. 145.
153. साठोत्तर हिन्दी उपन्यासों में नारी के विविध रूप, डॉ. विमल शर्मा, पृ. 114.
154. पुनर्नवा, हजारीप्रसाद द्विवेदी, पृ. 160.
155. उपन्यासकार आचार्य हजारीप्रसाद द्विवेदी, डॉ. त्रिभुवन सिंह, पृ. 147.
156. पुनर्नवा, हजारीप्रसाद द्विवेदी, पृ. 106.
157. उपर्युक्त, पृ. 106.
158. उपर्युक्त, पृ. 107.
159. उपर्युक्त, पृ. 242.

160. उपन्यासकार आचार्य हजारीप्रसाद द्विवेदी, डॉ. त्रिभुवन सिंह, पृ. 87.
161. पुनर्नवा, हजारीप्रसाद द्विवेदी, पृ. 236.
162. उपर्युक्त, पृ. 236.
163. उपर्युक्त, पृ. 153.
164. हजारीप्रसाद द्विवेदी के उपन्यासों में नारी, डॉ. हरिशंकर शर्मा, पृ. 87.
165. पुनर्नवा, हजारीप्रसाद द्विवेदी, पृ. 256.
166. उपन्यासकार आचार्य हजारीप्रसाद द्विवेदी, डॉ. त्रिभुवन सिंह, पृ. 148.
167. पुनर्नवा, हजारीप्रसाद द्विवेदी, पृ. 133.
168. उपन्यासकार आचार्य हजारीप्रसाद द्विवेदी, डॉ. त्रिभुवन सिंह, पृ. 148.
169. उपर्युक्त, पृ. 148.
170. साठोत्तर हिन्दी उपन्यासों में नारी के विविध रूप, डॉ. विमल शर्मा, पृ. 124.
171. उपन्यासकार आचार्य हजारीप्रसाद द्विवेदी, डॉ. त्रिभुवन सिंह, पृ. 48.
172. भारतीय साहित्य के निर्माता हजारीप्रसाद द्विबेदी, विश्वनाथ प्रसाद तिवारी, पृ. 52.
173. हजारीप्रसाद द्विवेदी के उपन्यासों में नारी, डॉ. हरिशंकर शर्मा, पृ. 97.
174. 'अनामदास का पोथा' हजारीप्रसाद द्विवेदी, पृ. 26.
175. 'अनामदास का पोथा' हजारीप्रसाद द्विवेदी, पृ. 44.
176. हजारीप्रसाद द्विवेदी के उपन्यासों में नारी का स्थान, डॉ. हरिशंकर शर्मा, पृ. 100.
177. 'अनामदास का पोथा' हजारीप्रसाद द्विवेदी, पृ. 28.
178. उपर्युक्त, पृ. 29.
179. उपर्युक्त, पृ. 200.
180. उपर्युक्त, पृ. 94.
181. उपर्युक्त, पृ. 172.
182. उपन्यासकार आचार्य हजारीप्रसाद द्विवेदी, डॉ. त्रिभुवन सिंह, पृ. 161.
183. 'अनामदास का पोथा' हजारीप्रसाद द्विवेदी।
184. हजारीप्रसाद द्विवेदी के उपन्यासों में नारी, डॉ. हरिशंकर शर्मा, पृ. 100.
185. 'अनामदास का पोथा' हजारीप्रसाद द्विवेदी, पृ. 66.
186. उपर्युक्त, पृ. 97.
187. उपर्युक्त, पृ. 50.
188. उपन्यासकार आचार्य हजारीप्रसाद द्विवेदी, डॉ. त्रिभुवन सिंह, पृ. 164.
189. उपर्युक्त, पृ. 164.
190. 'अनामदास का पोथा' हजारीप्रसाद द्विवेदी, पृ. 62.
191. उपन्यासकार आचार्य हजारीप्रसाद द्विवेदी, डॉ. त्रिभुवन सिंह, पृ. 160.

आचार्य हजारीप्रसाद द्विवेदी का पुरुष चरित्र-शिल्प

आचार्य हजारीप्रसाद द्विवेदी के उपन्यासों में स्त्री चरित्र-शिल्प की भाँति पुरुष चरित्र-शिल्प का अंकन भी देश-काल के अनुरूप एवं लेखक की मौलिक अवधारणाओं से युक्त हैं। द्विवेदी जी ने अपने उपन्यासों में उदात्त पुरुष-चरित्रों के माध्यम से उत्तम आदर्शों एवं नवीन मानव-मूल्यों की स्थापना की है।

"उदात्त और महान् चरित्रों का सृजन करने में द्विवेदी जी विशेष रुचि दिखाते हैं। उनके उपन्यासों के अधिकांश पात्र, विद्वान्, योद्धा, कला-मर्मज्ञ और परदुःख कातर होते हैं। उनमें त्याग, बलिदान और प्रेम की एक अन्तर्धारा प्रवाहित होती है।"[1] बाणभट्ट, हर्षवर्द्धन, कुमार कृष्णवर्द्धन, देवरात, गोपाल आर्यक, रैक्व आदि इसी कोटि के पात्र हैं। "बीच-बीच में देवदर्शन, स्वप्नदर्शन तथा सिद्धियों आदि के चमत्कार भी आते हैं, पर द्विवेदी जी उनका मनोवैज्ञानिक विश्लेषण करके उन्हें विश्वसनीय बनाने की चेष्टा करते हैं, उनकी दृष्टि पात्रों की मानसिक हलचलों के गहन विश्लेषण-उद्‌घाटन की ओर होती है।"[2]

अतः स्पष्ट है कि, "पात्रों के बाह्य एवं आन्तरिक रूप चित्रण करने में द्विवेदी जी सिद्धहस्त हैं।"[3] पात्र वर्तमान के हों या अतीत के, देवलोक के हों या कल्पना लोक के अथवा पृथ्वीलोक के हों द्विवेदी जी ने उनके चरित्र-शिल्प का निर्माण अत्यन्त स्वाभाविक एवं सजीव ढंग से किया है। इस दृष्टि से उनके सभी उपन्यास सफल रहे हैं।

द्विवेदी जी ने पुरुष चरित्र के निर्माण में इतिहास के साथ-साथ कल्पना का सहारा भी बड़े कौशल के साथ लिया है। 'बाणभट्ट की आत्मकथा' में बाणभट्ट, हर्षवर्द्धन, कुमार कृष्णवर्द्धन ऐतिहाँसिक पात्र हैं, वहीं तुवरमिलिन्द और लोरिकदेव द्विवेदी जी की कल्पना की उपज हैं। 'चारु चन्द्रलेख' में सीदी मौला, गोरखनाथ ऐतिहासिक हैं तो राजा सातवाहन, विद्याधर भट्ट, बोधा आदि काल्पनिक पात्र हैं। 'पुनर्नवा' में समुद्रगुप्त ऐतिहासिक चरित्र हैं, वहीं दूसरी ओर देवरात, गोपाल आर्यक, श्यामरूप, सुमेर काका आदि लेखक की अद्‌भुत कल्पना की सृष्टि है। 'अनामदास

का पोथा' में रैक्व, जानश्रुति, औषस्ति छान्दोग्य उपनिषद से लिये गये हैं, जबकि जटिल मुनि काल्पनिक पात्र हैं।

आगे द्विवेदी जी के चारों उपन्यासों के पुरुष चरित्र-शिल्प का मुख्य एवं गौण पात्रों के आधार पर क्रमबद्ध वर्णन द्रष्टव्य है–

बाणभट्ट की आत्मकथा

"उपन्यास का कथानक 'बाणभट्ट' ऐतिहासिक पात्र है, जिसमें उपन्यासकार के विचारों को सबसे अधिक वहन करने की शक्ति है और लेखक ने अपनी सबसे अधिक सहानुभूति प्रदान कर अपने अनुभवों एवं पुरुषोचित आदर्शों को मूर्त रूप देने के लिए अपने गम्भीर सरस व्यक्तित्व के रस से सिक्त कर इस अमर चरित्र का निर्माण किया है। एक ओर तो लेखक ने बाणभट्ट में अपने व्यक्तित्व को समाहित कर दिया है, दूसरी ओर उसने उसे स्वतन्त्र व्यक्तित्व प्रदान करने की सफल चेष्टा भी की है।...उन्होंने जयशंकर प्रसाद के नाटकीय ऐतिहासिक पात्रों की भाँति बाणभट्ट को स्वतन्त्र अस्तित्व प्रदान किया है जो स्वयं एक महान् व्यक्ति हैं और अपने सद्गुणों के कारण पाठकों की स्मृति में दीर्घकाल तक वर्तमान रहता है।"[4]

बाणभट्ट के चरित्र-शिल्प पर विचार करने से पूर्व उसके जीवन-वृत्त पर एक नजर डालना अपेक्षित है। बाणभट्ट का जन्म एक वात्स्यायन वंश में हुआ था। उनके पिता चित्रभानु वेदादि के प्रकाण्ड विद्वान् थे। उनके घर में सदैव पठन-पाठन का वातावरण रहता था, वहाँ की शुक-सारिकाएँ भी मन्त्रों का उच्चारण किया करती हैं। "उनकी माता का देहान्त उनकी बाल्यावस्था में ही हो गया। इसके बाद उनके पिता ने उनका पालन किया। श्रुति-स्मृति-विहित ब्राह्मणोचित कर्मो का सम्पादन करके उनके पिता भी मर गये। उस समय बाण चौदह वर्ष के थे। पिता की मृत्यु से बाण का हृदय रात-दिन जलने लगा। शोक के कम हो जाने से बाल्यावस्था के कारण बाण अधिक चपल हो गये। वे देशों को देखने के कुतूहल से पितृपितामहादि द्वारा उपार्जित विभव के रहने पर भी मित्रों के साथ घर से निकल पड़े। परिभ्रमण के पश्चात् वे अपनी जन्मभूमि को लौट आये।"[5]

बाणभट्ट के बाह्य जीवन के आधार पर लोग उन्हें 'बण्ड' और 'आवारा'[6] समझते हैं, किन्तु वे अत्यन्त सहृदय, साहसी, मेधावी तथा संयमी पुरुष हैं। नारी शरीर को वह देव-मन्दिर की तरह पवित्र मानते हैं। उनका चरित्र कमल के समान पवित्र है, पावन है। वंशगत संस्कारों और ईश्वरीय प्रेरणा के कारण वे सदैव सत्यमार्ग पर चलते रहे। उनका जीवन संघर्षपूर्ण रहा, किन्तु उन्होंने कभी भी विपरीत परिस्थितियों के सामने हार नहीं मानी। बाण जीवन के प्रति एक नवीन दृष्टिकोण रखते हैं, जो अनुकरणीय है।

बाणभट्ट अनेक विधाओं के ज्ञाता हैं। ज्योतिष-विद्या का ज्ञान उन्होंने अपने पूर्वजों से प्राप्त की है। 'सुचरिता का फलादेश'[7] उन्होंने अपनी ज्योतिष-विद्या के आधार पर ही किया था। इसके अलावा उन्हें नृत्यकला, शिल्पकला, वस्तुकला, चित्रकला, मूर्तिकला आदि कलाओं की भी जानकारी है। नृत्यकला में तो वे पारंगत हैं। उनका अपूर्व अभिनय देखकर सभी लोग विस्मय-विमुग्ध हो उठते हैं। उन्हें पक्षियों की भाषा आती है। आकाश में स्थित सौरमण्डल की भी उन्हें पूरी जानकारी है। वे जानते हैं कि अगर वृश्चिक की पीठ पर मंगलग्रह का योग हो तो धरती पर खून की होली खेली जायेगी। विनाश-ही-विनाश होगा।

बाणभट्ट स्वाभिमानी पुरुष हैं। जीवन की कठिनाइयों से वे कभी हार नहीं मानते हैं, बल्कि एक सच्चे वीर की तरह दुश्मन के हर वार को अपनी छाती पर सहने का साहस है उनमें। लेकिन अपने स्वाभिमान से वह कभी भी समझौता नहीं करते हैं। एक जगह जब भट्टिनी की व्यवस्था को लेकर सुगतभद्र के विहार में कुमार कृष्णवर्द्धन से बाणभट्ट मिलने जाते हैं, उस समय बाणभट्ट का स्वाभिमान अत्यन्त जीवन्त हो उठता है। उस दृश्य का कुछ अंश यहाँ द्रष्टव्य है–

"क्या कहते हो भट्ट, सोच समझकर बोलो।"

"सोच लिया है, कुमार।"

"तुम्हें मालूम है, तुम किससे यह बात कह रहे हो।"

"मैं कान्यकुब्ज साम्राज्य के महासान्धिविग्रहिक कुमार कृष्णवर्द्धन से बातें कर रहा हूँ।"

"दुर्विनीत हो, भट्ट।"

"कुमार से ऐसी बात सुनने की मुझे आशा नहीं थी।"

"तुम्हें ऐसी बातें करते लज्जा मालूम होनी चाहिए।"

"लज्जा मुझे क्यों होगी, कुमार?"

"तो किसे होगी?"

"उस शक्तिशाली शासन वंश को जिसने छोटे राजकुल जैसे अत्याचारियों को प्रश्रय दिया है और अपने को कलंकित कर लिया है।"[8]

बाणभट्ट का व्यक्तित्व दर्पण की भाँति पारदर्शी है। वे अन्दर से जैसे निष्कपट, सच्चे और भोले हैं, वैसे ही बाहर से भी उनका व्यक्तित्व अत्यन्त निश्छल है। यही कारण है कि जो भी उनके सम्पर्क में आता है, उनका अपना बन जाता है। निपुणिका के शब्दों में–"मेरी जैसी स्त्री से तुम उचित कार्य में सहायक बनाने की आशा रखते हो? तुम बहुत भोले हो।"[9] आगे कहती है–"भट्ट तुम भोले हो। तुम इस पृथ्वी पर शरीरधारी देवता हो।"[10]

बाण निष्कपट है। उसे छिपाने की कला नहीं आती है। वे कोई बात गोपनीय रखना भी चाहें तो उनकी वाणी उसे प्रकट कर देती है। एक स्थल पर जब भट्टिनी बाण से भट्टशर्मा के पत्र के सम्बन्ध में पूछती है, तो वे पत्रवाली बात छुपाना चाहते हैं, किन्तु उनके छुपाने का ढंग ऐसा है निष्कपट है कि स्वतः ही सभी बातें स्पष्ट हो जाती हैं। वे कहते हैं–"पत्र का विषय कुछ चिन्तित करनेवाला ही है, देवि! पर सेवक का अपराध मार्जित हो, मैं इस एक विषय को आपसे छिपा रखने की अनुमति चाहता हूँ।"[11]

कहा जाता है कि सच्चा इन्सान वही होता है, जो दूसरों के दुःख में दुःखी और दूसरों के सुख में सुखी हो। बाणभट्ट ऐसा ही सच्चा इन्सान है, जिसने परहित में अपना सारा जीवन समर्पित कर दिया। वे इतने सहृदय एवं भावुक हैं कि अपनी झोंपड़ी में आग लगाकर दूसरों के घरों में उजाला कर दें। उन्होंने अपनी नाटक-मण्डली सिर्फ निपुणिका को खोजने के लिए भंग कर दी, क्योंकि उन्हें डर था कि कहीं देव-मन्दिर अपवित्र न हो जाये। इतना ही नहीं वे निःस्वार्थ भाव से सुचरिता की भी मदद करते हैं। भट्टिनी को वे जानते नहीं केवल निपुणिका के कहने पर वे अपना स्वार्थ, अपने आत्मोद्धार को भूलकर अशोक वन की सीता को बचाने के लिए सहर्ष तैयार हो जाते हैं। बाण के शब्दों में–"पिता आज आत्मोद्धार-कर्म से विरत रहना पड़ा। समय और सुयोग मिला तो फिर कभी होता रहेगा। न जाने किस दुःखिनी के दुःखमोचन यज्ञ में अपने-आपको होम देने की पुकार आयी है। आज इसी का ऋत्विज् बनने दो।"[12] भट्टिनी को मुक्त करने के बाद उन्हें सौम्य मूर्ति आर्य वाभ्रव्य की याद आती है। उन्हें लगता है कि छोटे राजकुल ने उसका वध कर दिया होगा और यह सोचकर बाणभट्ट भीतर-ही-भीतर चीख उठते हैं–"हाँ, निर्दोष वाभ्रव्य, तुम्हारा प्राणान्त हो गया और दोषी बाण अभी जीता है।"[13]

बाणभट्ट कवि भी हैं। उनका सम्पूर्ण व्यक्तित्व कविमय है। उनके लिए जड़-चेतन, नर-नारी, सुख-दुःख सभी-कुछ कवितामय है, आनन्दमय है, ब्रह्ममय है। भट्टिनी उनके कवि हृदय के सम्बन्ध में कहती है–"कौन कहता है भट्ट, कि तुम कवि नहीं हो? श्लोक बनाना ही तो कविता नहीं है। निरन्तर पवित्र चिन्तन के कारण चित्त विगत-कल्मष हो गया है। तुम्हारे चारित्र्यपूत हृदय में सरस्वती का निवास है। तुम्हारे अधरों से विमलधारा की भाँति वाणी का स्रोत झरता रहता है। कौन कहता है कि तुम कवि नहीं हो? जिस दिन तुम्हारी शक्तिशालिनी वाक्-स्रोतस्विनी से इस धारा का कल्मष धुल जायेगा, उस दिन लोगों को सचमुच शान्ति मिलेगी। भट्ट, कविता श्लोक को नहीं कहते। हमारे च्यवन साहित्य में गद्य को काव्य की

'निकष' कहा है। छन्द, तुक और अलंकार तो कविता के प्राण नहीं हैं। प्राण हैं रस विशुद्ध सात्त्विक रस। तुम सच्चे कवि हो। मेरी बात गाँठ बाँध लो, तुम इस आर्यावर्त्त के द्वितीय कालिदास हो।"[14]

"मनुष्य की सबसे बड़ी दुर्बलता नारी आकर्षण बाणभट्ट के चरित्र की सबसे बड़ी सबलता बन गयी है। वह नारी को सर्वसाधारण लोगों की दृष्टि से नितान्त भिन्न रूप में देखता था।"[15] बाणभट्ट के शब्दों में—"राज्य-गठन, सैन्य संगठन, मठ स्थापना और निर्जन वास की समताहीन मर्यादाहीन, शृंखलाहीन महत्त्वाकांक्षा के परिणाम हैं। इनको नियन्त्रित कर सकने की एकमात्र शक्ति नारी है।...इतिहास साक्षी है कि इस महिमामयी शक्ति की उपेक्षा करनेवाले साम्राज्य नष्ट हो गये हैं। मठ विध्वस्त हो गये हैं। ज्ञान और वैराग्य के जंजाल फेन-बुद्बुद की भाँति क्षण-भर में विलुप्त हो गये हैं।"[16] बाणभट्ट के इस कथन से नारी के प्रति उनका दृष्टिकोण स्पष्ट हो जाता है। इन बातों को ध्यान में रखकर वे बचपन से ही नारी का सम्मान करते हैं। उनका मानना है, "साधारणतः जिन स्त्रियों को चंचल और कुलभ्रष्टा माना जाता है, उनमें एक दैवी शक्ति भी होती है। यह बात लोग भूल जाते हैं।"[17] लेकिन बाण इस बात को सदैव याद रखते हैं। वे "स्त्री-शरीर को देव-मन्दिर के समान पवित्र"[18] मानते हैं और उसकी पवित्रता की रक्षा करना वह अपना धर्म समझते हैं।

बाण ने नारी को सदा अपने से बड़ा और मूल्यवान् समझा है। लोगों की आलोचनाओं से डरकर वे उस देव-मन्दिर को कीचड़ में धँसा हुआ नहीं छोड़ सकते हैं।[19] बाण नारी के सम्मान के साथ-साथ उसकी रक्षा का भी दृढ़ संकल्प करते हैं। जिसका प्रमाण वे भट्टिनी की रक्षा करके देते हैं। भट्टिनी को संकट में देखकर वे अपना स्वार्थ भूल जाते हैं। उनकी दृष्टि में नारो परम पावन, भक्तिमयी, सर्वप्रिय और मार्गदर्शिका होती है। उसके सम्मान की रक्षा करने में यदि प्राण भी निकल जायें तो कोई परवाह नहीं करनी चाहिए। एक स्थल पर वे भट्टिनी से कहते हैं—"देवि, महावराह सहायक है, आप अपने सेवक पर भरोसा रखें। जिन लोगों ने सिंह के सटाभार को पैरों से कुचलने की चेष्टा की थी, वे फल पायेंगे। अकिंचन बाणभट्ट को आप उपेक्षा योग्य न समझें। ...देवि, बाणभट्ट कर्त्तव्य से कभी नहीं चूकेगा, आप आश्वस्त हों।"[20] एक अन्य स्थल पर बाण कहते हैं—"मैं ऐसा काव्य लिखता कि युग-युग तक इस पवित्र आर्यभूमि में नारी-सौन्दर्य की पूजा होती रहती और इस पवित्र देव-प्रतिमा को अपमानित करने का साहस किसी को न होता। पर देवि, मैं कवि नहीं हूँ।"[21]

बाण नारी को "वासना विलास की वस्तु नहीं बल्कि आराधना एवं पूजा की वस्तु समझते हैं।"[22] उनका मानना है कि नारी महिमा शक्तिशालिनी होती है। वह

सभी रूपों में पूजने योग्य है, चाहे वह माँ हो, बहन हो या पत्नी हो। इनके सम्मान पर आँच आने दें तो हमें धिक्कार है।"[23] बाण का व्यक्तित्व इतना दृढ़ है कि नर्तकी मदनश्री से लेकर निपुणिका और भट्टिनी तक सभी उसके प्रति आकर्षित होती हैं, किन्तु बाणभट्ट का संयम कभी डिगा नहीं। "नारी अपने रूप और यौवन का दान देने और उसका प्रतिदान पाने के लिए जब पुरुष के द्वार पर स्वयं हाथ पसारे खड़ी हो तो उसकी उपेक्षा पुरुष के लिए न तो सम्भव है और न तो उचित ही, पर बाणभट्ट ऐसा करता है।"[24] अपने-आपको सँभाले रखने की उनमें पूर्ण सामर्थ्य है। निपुणिका ने सबसे पहले बाण को अपना समर्पण दिया था किन्तु बाण ने हँसकर उसकी उपेक्षा की, जिसका परिणाम यह हुआ कि निपुणिका का बाण के प्रति वासना भक्ति में बदल गयी और बाण को वह देवता मानने लगी। दूसरा प्रसंग प्रसिद्ध नर्तकी मदनश्री का है, जो अपने सौन्दर्य के जाल में बाण को फँसाने के लिए गयी थी, लेकिन उसने जीवन में पहली बार ऐसा पुरुष देखा था, "जो स्त्री का सम्मान तो करता है, पर तलवे नहीं चाटता।"[25]

बाण नारी का शुद्ध व सात्त्विक प्रेमी है। वे निपुणिका और भट्टिनी दोनों से प्रेम करते हैं, किन्तु दोनों के प्रति उनका दृष्टिकोण भिन्न है। निपुणिका के प्रति उनका प्रेम करुणाजन्य है, जबकि भट्टिनी के प्रति श्रद्धाजन्य। दोनों के प्रति उनका प्रेम आदर्श एवं कर्त्तव्य की परिधि में बँधा हुआ है। बाण का प्रेम वासना की कीचड़ में नहीं बल्कि पवित्रता की धरातल पर खड़ा है। यही कारण है कि निपुणिका और भट्टिनी उन्हें अपना आदर्श मानती हैं और उन्हें धरती का 'पुरुषरत्न' व देवता कहकर सम्बोधित करती हैं।

स्पष्ट है कि बाणभट्ट का चरित्र विशिष्ट आदर्श का प्रतीक है। वही मनुष्य महान् कहलाता है, जो संघर्षों से लड़ता रहे, कभी हार न माने, विषम परिस्थितियों को भी अपने अनुकूल बना ले या स्वयं उसके अनुकूल बन जाये। सिर्फ अपने स्वार्थ के बारे में न सोचे बल्कि जनकल्याण की भी चिन्ता करे। नारी का आदर करे, लेकिन उसके तलवे न चाटे, कृतज्ञ हो, कृतघ्न न हो। प्रेम में वासना की जगह पवित्रता को महत्त्व दे, क्योंकि वासना से पशुता की भावना पैदा होती है, जो नाश का कारण बनती है। लोभ, मोह, अहंकार आदि दुगुर्णों से सदैव दूर रहकर अपने कर्त्तव्यों का पालन करें। बाण के व्यक्तित्व में ये सभी विशेषताएँ मौजूद हैं।

द्विवेदी जी ने बाणभट्ट के रूप में एक ऐसे चरित्र का निर्माण किया है, "जो अति-सामान्य सामाजिक स्तर से उठकर सम्राट् हर्षवर्द्धन के सभा पण्डित के गौरवान्वित पद तक पहुँच जाता है, जो पतित बना देनेवाली सुविधाओं से घिरा रहकर भी कमलपत्रवत् पवित्र बना रह जाता है, जो अपने कार्यों एवं व्यवहारों से एक ऐसे

आदर्श की सृष्टि करता जान पड़ता है, जहाँ कल्मष एवं पंकिलता की गर्द भी पहुँचती नहीं जान पड़ती है और जो केवल लेखक की कल्पना की ही सृष्टि मात्र नहीं, बल्कि उसकी अनुभूतियों एवं वैयक्तिक निष्ठा के रक्त से स्थित होकर स्वतन्त्र दृढ़ रीढ़ के आधार पर खड़ा हो प्रेरणा प्रदान करने में समर्थ है।"[26]

"बाणभट्ट के अतिरिक्त अन्य पुरुष पात्रों में **कुमार कृष्णवर्द्धन** बड़े ही तेजस्वी, जागरूक बुद्धिवाले, कूटनीतिज्ञ किन्तु सहृदय और उदार राजपुरुष के रूप में चित्रित किये गये हैं।"[27]

"कान्यकुब्ज सम्राट् के राज्य-शासन के गौरव कुमार कृष्णवर्द्धन महाराज हर्षवर्द्धन के अनुज एवं महासान्धिविग्रहिक हैं।"[28] आचार्य सुगतभद्र के शिष्य सामनेर ने उनका परिचय देते हुए कहा—"कुमार बड़े उदार हैं। विद्वानों और गुणियों का सम्मान जानते हैं। यद्यपि तरुण हैं, चरित्र के उज्ज्वल और बुद्धि के परिपक्व हैं। आचार्यपाद के भक्त हैं और महाराज परमभट्टारक श्रीहर्षदेव के अन्तरंग हैं। कितने विद्वानों का उन्होंने राजकोप से उद्धार किया है, कितने गुणियों को विपज्जाल से बचाया है, इसकी इयत्ता नहीं है।"[29] महाराज हर्ष तो मात्र राज्य-शासन के आदर्शों पर अपना हस्ताक्षर करते हैं अर्थात् अपनी स्वीकृति देते हैं। राज्य-शासन का पूरा भार मूल रूप से कुमार के कन्धों पर ही है, वही सब-कुछ नियन्त्रिक करते हैं।

सामान्यतः पद-प्रतिष्ठा पाने के बाद लोग घमण्डी हो जाते हैं, उनका व्यवहार अशिष्ट हो जाता है, किन्तु कुमार को अपने पद-वैभव का तनिक भी अभिमान नहीं है। वे सबके प्रति उचित व्यवहार करते हैं। अनेक स्थानों पर उनकी इस शिष्ट प्रवृत्ति को देखा जा सकता है। एक स्थल पर जब पहली बार कुमार बाण से मिलते हैं, तब वे खड़े होकर बाण का सम्मान करते हैं और उन्हें अपने साथ बैठाते हैं। दूसरे स्थल पर जब वे राजमहल में पहली बार बाण को बुलाते हैं, तो बैठने के लिए श्रेष्ठ आसन देते हैं और स्वयं तक नहीं बैठते हैं, जब तक बाण नहीं बैठ जाते हैं।"[30] उनके शिष्टाचार का सबसे अच्छा उदाहरण वहाँ देखने को मिलता है, जब वे भट्टिनी से प्रथम मुलाकात में ही उसके मन की सारी कलुषता को मिटाकर उसके मन पर उज्ज्वल शिष्टता का प्रभाव छोड़ते हैं।

"कुमार कृष्णवर्द्धन कान्यकुब्जों में रत्न हैं। वे खरा और खोटा पहचानते हैं।"[31] भट्टिनी की व्यवस्था को लेकर कुमार और बाण में काफी वाद-विवाद होता है। बाण कुमार को काफी उचित-अनुचित बातें कहते हैं, किन्तु जब बाद में कुमार को सारी सच्चाई का पता चलता है, तो वह बाण के साहस की प्रशंसा करते हैं और कहते हैं—"मैं तुम्हारे साहस का प्रशंसक हूँ, भट्ट मैंने आज से पहले तुम्हारे जैसे ब्राह्मण को क्यों नहीं देखा, यही सोच रहा हूँ।"[32]

कुमार कृष्णवर्द्धन "गुणियों के आश्रय, गुणों की जन्मभूमि, विद्वानों के रक्षक और विद्या के भण्डार थे। उनकी आँखें प्रेमरस से परिपूर्ण थीं, पर उनकी भृकुटि से

आतंक झर रहा था। यद्यपि वे इस समय विहारोचित वेश में थे, परन्तु राजकीय गरिमा सहज ही उनके मुखमण्डल से प्रकट हो रही थी, जैसे अन्तर्मदावस्थ कोई तरुण गजराज हो। यद्यपि उनके हाथ में उस समय कोई शस्त्र नहीं था, पर एक सहज तेज से वे वलयित थे और विषधर वेष्टित बाल-चन्दन तरु के समान भीषण-मनोरम दिखायी दे रहे थे। अवस्था बहुत कम थी, पर मुखमण्डल पर अनाविल बुद्धि और द्रुत विवेचना-शक्ति स्पष्ट दिखायी दे रही थी।"[33]

कुमार कृष्णवर्द्धन देवपुत्र तुवरमिलिन्द की नयनतारा को वे अपनी बहन मानते हैं। जब उन्हें पता चला कि छोटे राजकुल में भट्टिनी का अपमान हुआ, तो उन्हें ऐसा लगा मानों किसी ने उनकी अपनी बहन का सतीत्व भंग करने का दुस्साहस किया है। वह कहते हैं—"देवपुत्र-नन्दिनी का जिन लोगों ने अपमान किया है, उन्होंने समस्त स्थाण्वीश्वर की राजलक्ष्मी को पैरों से ठुकराया है। उसका हिसाब उन्हें देना होगा, ...कुमार कृष्णवर्द्धन प्रतिज्ञा करता है कि अनीति का उच्छेद करके ही वह दम लेगा। देवपुत्र-नन्दिनी के अपमान को वह अपनी बहन का ही अपमान समझता है।"[34]

कुमार कृष्णवर्द्धन एक कुशल राजनीतिज्ञ व कूटनीतिज्ञ भी हैं। जब उन्हें सुगतभद्र से यह पता चलता है कि बाण भट्टिनी का अभिभावक है तो वे बाण और भट्टिनी के पिता देवपुत्र तुवरमिलिन्द कान्यकुब्जों का राज्य-शासन छिन्न-भिन्न या तहस-नहस कर सकते हैं। आर्यावर्त्त की दयनीय स्थिति देखकर वे अपने शत्रु आभीर सामन्त लोरिकदेव से भी मित्रता करते हैं। कुमार बाण को एक पत्र भेजते हैं। उस पत्र को पढ़कर कुमार की कूटनीतिज्ञता का पूर्ण परिचय मिलता है—"बड़े संक्षेप में उन्होंने अपनी बहन कुमारी चन्द्रदीधिति को स्नेह सम्भाषण कहा है और महाराजाधिराज का यह सन्देशा लिख भेजा है कि वे अपनी अपरिचिता भगिनी का स्वागत करके धन्य होंगे। उन्होंने मुझे लिखा है कि जिस शर्त पर भी भट्टिनी आना चाहें, उसी शर्त पर उन्हें ले आओ। यह पढ़कर मुझे आश्चर्य हुआ कि कुमार ने आभीरराज को भी हर प्रकार से प्रसन्न करके अनुकूल करने का आदेश दिया है और साथ ही यह भी लिख दिया है कि गिरिसंकट के उस पार जो म्लेच्छवाहिनी जमी हुई है, वह वर्षा-काल बीतते ही टिड्डियों के दल की भाँति उतरने लगेगी, उसकी गति केवल आभीर सेना ही रोक सकती है। अपनी प्यारी बहन कुमारी चन्द्रदीधिति से उन्होंने अनुरोध किया है कि वे आभीरराज से उनकी सेना को इस पवित्र कार्य में नियोग करने को कहें। मुझे तो स्पष्ट लिखा है कि यदि आभीरराज सामन्त बनने को प्रस्तुत न हों तो उन्हें मित्र राजा के रूप में भी निमन्त्रित किया जा सकता है। सबके अन्त में उन्होंने अत्यन्त आवश्यक कहकर यह भी लिख दिया है कि मैं अपने बड़े भाई

उडुपति भट्ट को जो इन दिनों काशी के मीमांसकों में श्रेष्ठ माने जाते हैं, अवश्य साथ लेता जाऊँ। अन्त में, लिखना वे नहीं भूले हैं कि कुमारी के मिलने का समाचार देवपुत्र के पास पहुँचा दिया गया है। स्वयं आचार्य भर्वुपाद ही कुमारी को देखने के लिए दो-चार दिनों के भीतर ही उपस्थित हो सकते हैं, इसलिए भद्रेश्वर से प्रस्थान करने में विलम्ब नहीं होना चाहिए।"[35]

इस प्रकार पूरा पत्र कूटनीतिज्ञ से भरा पड़ा है। उनका कहना है कि जनता की आवाज को ही जनार्दन की आवाज माननी चाहिए, तभी राज्य-शासन का संचालन सुचारु रूप से चल सकता है। जनता की माँग को ध्यान में रखकर ही कुमार कृष्णवर्द्धन एक ओर जहाँ वैष्णव तन्त्र के साधक विरतिवज्र व सुचरिता को कारागार से मुक्त कर देते हैं, वहीं दूसरी ओर अघोरभैरव एवं वेंकटेश को जनता के सम्मुख पुनः उपस्थित कर देते हैं। जनता के विश्वास भाजक बनने के लिए वह अपना धर्म भी बदल लेते हैं और बौद्धधर्म की जगह वैष्णवधर्म की नींव डालते हैं।

अतः स्पष्ट है कि कुमार एक ओर जहाँ कुशल कूटनीतिज्ञ हैं, वहीं वे एक आदर्श प्रशासक भी हैं। उनके व्यक्तित्व में चाणक्य की झलक देखने को मिलती है, जो अपने हर कार्य को बखूबी निभाता था। गुणियों का सम्मान करना, जनता की आवाज को भगवान् की आज्ञा मानना एवं धर्म-निरपेक्ष होना ये सभी एक आदर्श शासक की पहचान हैं और ये सभी विशेषताएँ कुमार में विद्यमान हैं।

उपन्यास में **अघोरभैरव** की भी विशेष भूमिका रही है। वे महामाया भैरवी के वाग्दान पति हैं। "उन्नीसवें उच्छ्‌वास में अघोरभैरव का परिचय मिलता है। वे निराश प्रेमी थे। अपनी प्रियतमा के अनुराग को उन्होंने त्रिपुरसुन्दरी का अनुराग बना डाला। वे शास्त्र से परे, साधना मार्ग में भक्ति का मनोहर रूप प्रदान करनेवाले एक साधक बन गये।"[36] महामाया के पिता ने महामाया का विवाह मौखरि नरेश ग्रहवर्मा के साथ कर दी। जिससे दुःखी होकर अघोरभैरव ने भक्ति का मार्ग अपनाया।

अघोरभैरव "विन्ध्य-मेखला के धूम्रगिरि में गुरु से दीक्षा लेकर दशभुजा त्रिपुरसुन्दरी भैरवी की आराधना की एवं आगे चलकर योगमार्ग पर चलनेवाले साधकों की अग्रणी बना। अपने तपोबल से अपनी वाग्दत्ता महामाया को योग-साधना में दीक्षित किया और स्त्री-पुरुष का भेद हटाकर त्रिपुरसुन्दरी के रूप में उसकी साधना की, उसे अपनी सिद्धि माना, विरतिवज्र जैसे अनेक भटके हुए प्राणियों को सन्मार्ग दिखाया।"[37]

बाणभट्ट अघोरभैरव के व्यक्तित्व का वर्णन करते हुए कहता है—"एक महात्मा उनमें विशेष थे। वे व्याघ्र चर्म पर अर्द्धशायित अवस्था में लेटे हुए थे। उनके शरीर से एक प्रकार का तेज निकल रहा था। सिर पर केश नहीं के समान थे, पर कान की शष्कुलियाँ श्वेत केशों से आच्छादित थीं। ललाट मण्डल की सहज वलियाँ

कूर्चप्रदेश तक व्याप्त हो गयी थीं। आँखों के ऊपर की दोनों भ्रूलताएँ मिल गयी थीं और सारा मुख-मण्डल छोटे-छोटे श्मश्रु-लोमों से परिव्याप्त था। उनकी आँखें बहुत-ही आकर्षक थीं। उन्हें देखकर बड़ी-बड़ी समुद्री कौड़ियों का भ्रम होता था। ऐसा जान पड़ता था कि वे आँखें पूरी-पूरी कभी खुली ही नहीं थी। सदा आधी ही खुलती रहने के कारण उनके नीचे मांस खण्ड फूल उठे थे और कोनों में एक प्रकार की स्थायी सिकुड़न आ गयी थी। उनके वेश में कोई विशेष साम्प्रदायिक चिह्न नहीं था, केवल दाहिनी ओर रखा हुआ, पान-पात्र देखकर अनुमान था कि वे कोई वाममार्गी अवधूत होंगे। उनके पहनावे में एक छोटा-सा वस्त्र-खण्ड था जो लाल नहीं था और तन ढकने के लिए पर्याप्त तो किसी प्रकार नहीं था। उनकी तोंद कुछ ज्यादा निकली दिखती थी। यद्यपि वह उतनी अधिक निकली हुई नहीं थी।"[38]

अघोरभैरव का साधना मार्ग वाममार्गी है। वे त्रिपुरसुन्दरी के आराधक हैं। उनका मानना है कि, "इस ब्रह्माण्ड का प्रत्येक अणु देवता है। देवता ने जिस रूप में तुझे सबसे अधिक मोहित किया है, उसी की पूजा कर।"[39] अघोरभैरव ने इसी सिद्धान्त को आधार बनाकर साधना की और महामाया को अपना देवता अर्थात् त्रिपुरसुन्दरी मानकर उसकी पूजा की।

अघोरभैरव शास्त्र एवं रूढ़ि सिद्धान्तों के विरोधी थे। उनका मानना था कि ये सभी साधना के मार्ग में बाधक हैं। साधना किसी भी बन्धन में या दबाव में नहीं करनी चाहिए। बाण को भट्टिनी के प्रति आकर्षित देखकर वे बाण को समझाते हुए कहते हैं—"त्रिपुरसुन्दरी ने जिस रूप में तेरे मन को लुभाया है उसे साहसपूर्वक स्वीकार क्यों नहीं करता? तू अभागा ही बना रहेगा, भोले। तेरे मन में महावराह से अधिक पूज्य भावना उस लड़की के प्रति है।"[40]

अघोरभैरव का विचार है कि साधक को भय से सदैव दूर रहना चाहिए। भय साधक को उसके लक्ष्य से दूर कर देता है और वह कभी भी सिद्धि प्राप्त नहीं कर पाता है। उनका कहना है—"डरना नहीं चाहिए। जिस पर विश्वास करना चाहिए, उस पर पूरा विश्वास करना चाहिए, चाहे परिणाम जो हो। जिसे मानना चाहिए उसे अन्त तक मानना चाहिए।"[41] वे आगे कहते हैं—"किसी से न डरना, गुरु से भी नहीं, मन्त्र से भी नहीं, लोक से भी नहीं, वेद से भी नहीं।"[42]

अघोरभैरव का मानना है कि स्त्री-पुरुष का भेद मिटाकर ही कोई भी साधक शीघ्र सिद्धि प्राप्त कर सकता है। साधक को 'मैं' और 'तुम' का भेद भुला देना चाहिए। उनके शब्दों में—"जब तक तुम पुरुष और स्त्री का भेद नहीं भूल जाते, तब तक तुम अधूरे हो, अपूर्ण हो, आसक्त हो। 'तुम' और 'मैं' का भेद तब तक तुमसे

निरन्तर चिपटा रहेगा। अगर तुममें नैरात्म्य-भावना की प्रवृत्ति होती, तो शक्ति के लिए भी साधना चल सकती। तुममें वह प्रवृत्ति नहीं है। पर मैं अपनी ओर से यह साधना तुम्हारे सिर लादना नहीं चाहता। तुम्हारी रुचि हो तो स्वीकार करो। देखो, न तो प्रवृत्तियों को छिपाना उचित है, न उनसे डरना कर्त्तव्य है और न लज्जित होना युक्तियुक्त है। इतनी बात गाँठ बाँध लो, फिर गुरु के उपदेश पर चलते रहो। आज तुम चक्र में एकत्र बैठ सकते हो।"[43]

साधना की पूर्ण सिद्धि तभी सम्भव है, जब वह साधक वैयक्तिक पक्ष से ऊपर उठकर समष्टिगत हो जाये, आत्महित से ऊँचा उठकर लोकहित के सोपान पर पहुँच जाये और अन्नपूर्णा बनकर सर्वजगत् की मानसिक क्षुधा की पूर्ति करे। अघोरभैरव के इस शान्ति पाठ से उनकी लोक-कल्याण की भावना व्यक्त होती है—

"शिवमस्तु सर्वजगतः परहितनिरता भवन्तु भूतगणाः ॥
दोषाः प्रयान्तु शान्ति सर्वो लोकः सुखी भवतु॥
सर्वो लोकःसुखी भवतु।"[44]

अघोरभैरव ने महामाया को त्रिपुरसुन्दरी मानकर उसकी साधना की। किन्तु उनकी साधना तभी पूरी हो सकती है, जब महामाया त्रिपुरसुन्दरी बनकर लोक-कल्याण करे। वह महामाया को डाटते हए कहते हैं—"मिथ्या है, पाखण्ड है यह। तुम्हारे आशीर्वाद के लिए सारा जगत् व्याकुल है। तुम महाशक्ति का प्रतीक हो, मैं तुम्हें त्रिपुरभैरवी के रूप में देखकर कृतार्थ हूँगा। मैं सारे जीवन नारी की उपासना करता रहा हूँ। मेरी साधना अपूर्ण रह गयी है। तुम विशुद्ध नारी बनकर मेरा उद्धार करो, विशुद्ध नारी—त्रिपुरभैरवी।"[45]

अघोरभैरव की वाणी में अद्भुत सम्मोहन एवं आत्मीयता है। अपनी बात को तर्कपूर्ण ढंग से व्यक्त करने और दूसरे के मन की बात को जानने की उनमें अलौकिक शक्ति है।

निष्कर्षतः कहा जा सकता है कि अघोरभैरव न केवल एक सिद्ध साधक हैं, बल्कि वाममार्गी साधना-पद्धति के आदर्श भी हैं। धार्मिक जगत् में उनकी विशेष प्रतिष्ठा है। उनकी साधना-पद्धति अनुकरण करने योग्य है। "द्विवेदी जी ने अघोरभैरव की साधना के प्रति अपनी विशेष श्रद्धा व्यक्त की है।"[46]

विग्रहवर्मा का चरित्र भी उल्लेखनीय है। विग्रहवर्मा एक बहादुर व वफादार सैनिक है। वह पहले मौखरि वंश के महान् राजा यशोवर्मा का विशेष अंगरक्षक था, किन्तु बाद में महारानी राज्यश्री के आदेश पर वह महाराजा हर्षवर्द्धन का सेवक बन गया। वह शरीर से जरूर बूढ़ा हो गया था, किन्तु उसके नसों में जवानों से भी अधिक

आत्मविश्वास एवं जोश था। अपना परिचय देते हुए वह स्वयं कहता है, "आर्य, इन नाड़ियों में मौखरियों का उष्ण रक्त प्रवाहित हो रहा है। मैं प्रतापी यशोवर्मा का सेवक हूँ। मदमत्त हाथियों के धाराजल की वर्षा में मेरी आयु कटी है, शास्त्रों के झणत्कार में ही मैंने जीवन का संगीत सुना है, अश्व की पीठ पर ही मेरा विश्राम हुआ है। आज मौखरियों का प्रतापानल निर्वापित हो गया है, किन्तु उस जाति में अब भी प्राण है।"[47]

विग्रहवर्मा मौखरि-वंश का सच्चा सेवक है और उनके लिए कुछ भी कर सकता है। महारानी राज्यश्री को वह मौखरियों की नेत्री व राज्यलक्ष्मी मानता है और उनके एक आदेश पर, अपने प्राण तक न्योछावर करने को तैयार रहता है। महारानी राज्यश्री के प्रति विग्रहवर्मा के हृदय में कितनी आस्था है, वह इन पंक्तियों से स्पष्ट होती है, "पट्टदेवी हर-जटा-प्रवाहिता जाह्नवी की भाँति पवित्र हैं, अद्वितीय पतिधर्मचारिणी अरुन्धति की पार्थिव विग्रह है, इस धरित्री पर भूल से चली आयी हुई कल्प-लतिका है, पार्वती के तरल हास की मूर्तिमती प्रतिमा हैं, सरस्वती की कर्पूर-गौर कान्ति का संसार रूप हैं। वे ही मौखरियों की नेत्री हैं, वे ही उनका सर्वस्व हैं। आज उस देवी के रूप में ही मौखरि-राजलक्ष्मी जीवित हैं। आज भी उनके इंगित-मात्र से मौखरि-वीर धरित्री को आन्दोलित कर सकते हैं। हम उनकी इच्छा से ही इस समय महाराजाधिराज के विश्वस्त अनुचर हैं। इनकी दयालुता के कारण ही छोटा महाराज अभी जीवित हैं, नहीं तो मौखरियों के कुल का कलंक यह राजा नामधारी अत्याचारी भेड़िया कब का नरक जा चुका होगा।"[48]

विग्रहवर्मा के हृदय में मौखरियों के प्रति विशेष सम्मान था। मौखरि-वंश के सम्बन्ध में यदि कोई अनुचित कहता, तो वह सह नहीं पाता और तुरन्त उसका विरोध करता। एक स्थल पर जब लोरिकदेव महाराजाधिराज के खिलाफ कुछ अपशब्द कहता है, तो विग्रहवर्मा आक्रोशित हो उठता है और बाण को चेतावनी देते हुए कहता है—"आर्य, आभीर-सेना के दस सहस्र मल्लों की ओर देखकर मौखरियों के सैनिकों की उपेक्षा नहीं होनी चाहिए। हम महारानी राज्यश्री के किंचन सेवक हैं, पर यदि किसी ने आँख दिखायी तो हम उसका उपचार जानते हैं। बड़ी कठिनता से हमारे सैनिक आपके निर्देश की प्रतीक्षा में अपने को रोके हुए हैं, नहीं तो जिस समय हमें यह समाचार मिला कि आभीरराज ने कान्यकुब्जेश्वर को अपशब्द कहे हैं, इसी समय यहाँ रक्त की नदी बह जाती।"[49]

विग्रहवर्मा ब्राह्मण जाति की रक्षा करना अपना धर्म समझता है। उसका मानना है कि यदि क्षत्रिय के रहते हुए किसी ब्राह्मण को कोई कष्ट हो, तो वह

क्षत्रिय-जाति के लिए बड़े शर्म की बात होगी। वह कहता है–"आप बड़े पुण्य से इस पवित्र जाह्नवी की जलधारा पर ब्राह्मण-दम्पति की सम्मान-रक्षा का भार इन भुजाओं पर हैं। आप निरुद्विग्न हों, आर्य! आज तक विग्रहवर्मा ने पराजय नहीं देखी है। मृत्यु की देहली पर खड़ा होकर कभी भी वह अपने समस्त जीवन के यश को काला नहीं होने देगा।"[50] ब्राह्मण-रक्षा सम्बन्धी ये बातें सुनकर आभीर सामन्त ईश्वरसेन के सैनिकों को कुछ शंका हुआ और उसने नाव को रोकना चाहा। ऐसी परिस्थिति में युद्ध का होना स्वाभाविक था। विग्रहवर्मा ने अपने सैनिकों को ब्रह्म-रक्षा का आदेश देते हुए ललकारा–"वीरो, मरण का ऐसा त्योहार नहीं मिल सकता। सावधान शत्रु ब्राह्मण-दम्पति की छाया न छू सकें।"[51]

स्पष्ट है कि विग्रहवर्मा एक आदर्श पुरुष ही नहीं है बल्कि वह सच्चा सेवक भी है, जो अपने स्वामी कें लिए अपने प्राण तक न्योछावर कर सकता है। उसके जैसा कर्मठ और साहसी सैनिक पाकर कोई भी शासक शक्तिशाली बन सकता है। यद्यपि उपन्यास में विग्रहवर्मा का उल्लेख बहुत कम मात्रा में हुआ है, किन्तु उसका प्रभाव पाठकों पर सदैव बना रहता है।

उपन्यास में सुगतभद्र की भी विशेष भूमिका है। बौद्ध धर्म के आचार्य सुगतभद्र "नालन्दा के भुवन-विश्रुत आचार्य शीलभद्र के सहाध्यायी[52] है और बाण के पितामह" जयन्त के गुरुभाई[53] भी हैं। महाराजाधिराज श्री हर्षवर्द्धन उन्हें अपना गुरु मानते थे और उनके लिए एक विशाल बौद्ध-विहार भी बनवाया था। जहाँ हर वर्ष आचार्य सुगतभद्र बुद्ध-जयन्ती के अवसर पर धर्म-उपदेश देते थे और लोगों की धर्म-सम्बन्धी शंकाओं का निवारण भी करते थे। बौद्धधर्म उन दिनों काफी लोकप्रिय था, उसे राजधर्म माना जाता था।

आचार्य सुगतभद्र का व्यक्तित्व अत्यन्त प्रभावशाली था। वे बहुत वृद्ध थे। उनका मस्तक मुण्डित था, परन्तु कानों के गह्वर में दो-चार शुक्ल केश फिर भी दिखायी देते थे। उनकी आँखें बहुत स्निग्ध और करुणार्द्र थीं। उनकी वाणी दृढ़ और मधुर थी। उनकी स्थापना-शैली युक्तिपूर्ण और प्रत्ययोत्पादिनी थी। मैं उन्हें थोड़ी देर तक एकटक देखता रहा। तपस्या भी कैसी महिमाशालिनी होती है, क्योंकि इसी तपस्या ने उसकी आकृति को तप्त कंचन के समान निर्मल बनाया है। उस कान्ति से एक अद्‌भुत शान्ति टपक रही थी।[54]

आचार्यपाद शास्त्र के आधार पर लोगों के शंकाओं का समाधान करते थे किन्तु लोगों को समझाने के लिए मनोविज्ञान एवं व्यवहारिक ज्ञान का सहारा लेते थे। जिससे वे लोगों को आसानी से अपनी बातें समझा पाते थे। एक स्थल पर वे एक शिल्प के शंका का निवारण करते हुए कहते हैं–

"हाँ आयुष्मान, तू पूछ रहा था कि आर्य असंग ने 'शून्यता' शब्द को ही इतना महत्त्व क्यों दिया? जो वस्तु है भी नहीं, नहीं भी नहीं है, दोनों भी नहीं और इन दोनों का अभाव भी नहीं, उसे शून्यता क्यों कहा? यही तेरा प्रश्न है न?"

"हाँ आर्य"

"तो आयुष्मान, तू कोई उचित शब्द चुन सकता है? शंका की कोई बात नहीं, बोल कोई शब्द।"

"हाँ आर्य, 'निरालब' या 'परम तत्त्व' जैसे शब्दों के कहने में क्या दोष होता है?"

"साधु आयुष्मान, आज सौगत पण्डितों का एक सम्प्रदाय 'निरालम्ब' शब्द को बहुत महत्त्व देने लगा है, पर इस निषेधात्मक शब्द से तू उस वस्तु का बोध करा सकता है, जो 'नहीं' भी नहीं।"

"नहीं, आर्य।"

"और 'परमतत्त्व' कहने से 'तत्' वस्तु की सत्ता तो माननी पड़ेगी। फिर उसे 'है भी नहीं' कह सकता है।"

"नहीं, आर्य।"

"साधु आयुष्मान। तो तेरे दोनों शब्द निरर्थक हए न।"

"ऐसा ही दिखता है, आर्य।"[55]

एक अन्य स्थल पर "महाराजाधिराज ने विनीत भाव से प्रश्न किया—"तो आचार्यपाद, अनुग्रहपूर्वक बतावें कि बुद्ध निर्वाण प्राप्त होने के बाद भी पूजा कैसे ग्रहण करते हैं। ...आचार्य बोले— 'साधु महाराज।...मैं यथामति इस प्रश्न का समाधान करूँगा। परन्तु मैं तुमसे एक प्रश्न करना चाहता हूँ। बिना संकोच के अपना उत्तर दो।"

"पूछिये।"

"अच्छा महाराज, अति महान् कोई अग्नि-राशि जब प्रज्चलित होकर निर्वाण प्राप्त होती है – बुझ जाती है, तो तृण-काष्ठ आदि ईंधन समूह को ग्रहण करती है?"

"न, भदन्त।"

"महाराज, वह अग्नि जब उपरत-उपशान्त हो जाती है, तो क्या संसार में अग्नि का होना एकदम उठ जाता है?"

"न भदन्त ईंधन-रूप काष्ठ अग्नि का आश्रय-स्थान है, अतएव अग्नि की कामना करनेवाले मनुष्य अपने-अपने उद्यम से अग्नि उत्पन्न कर लेते हैं। वे काष्ठ का मन्थन करके या अन्य स्थान से अग्नि संग्रह करके फिर से महान् अग्नि-राशि उत्पन्न कर लेते हैं और अपना काम चलाते हैं।"

"इसी प्रकार भगवान् की बात समझो। महाराज, जिस प्रकार महान् अग्नि-राशि प्रज्वलित हुई थी, भगवान् भी उसी प्रकार दस सहस्र संसार के ऊपर बुद्ध-लक्ष्मी द्वारा प्रज्वलित हुए थे। जिस प्रकार वह महान् अग्नि-राशि प्रज्वलित होकर निर्वाण प्राप्त हुई थी, उसी प्रकार महाराज, भगवान् भी दस सहस्र लोक के ऊपर बुद्ध-लक्ष्मी द्वारा प्रज्वलित होने के पश्चात् निरवशेष निर्वाण द्वारा परिनिर्वाण प्राप्त हुए थे। महाराज, जिस प्रकार निर्वाण-प्राप्त अग्नि तृण, काष्ठ आदि ईंधनों को नहीं ग्रहण करती, उसी प्रकार लोक हितकारी भगवान् भी कुछ परिग्रहण नहीं करते। परन्तु जिस प्रकार महाराज, ईंधनहीन अग्नि के निर्वाण प्राप्त होने पर मनुष्यगण अपने-अपने उद्यम से अग्नि उत्पन्न करके अपना-अपना कार्य सिद्ध करते हैं, उसी प्रकार देव और मनुष्यगण परिनिर्वाण प्राप्त तथागत के द्वारा धातु रत्नों से स्तूपादि निर्माण करके शीलादि का अनुष्ठान करते हैं और सम्पत्तित्रय प्राप्त करते हैं। इस प्रकार महाराज यद्यपि तथागत कुछ भी ग्रहण नहीं करते, तथापि उनके उद्देश्य से निवेदित पूज्य सफल होती है, अबन्ध्य होती है।"[56]

इस प्रकार स्पष्ट है कि सुगतभद्र एक महान् ज्ञानी होने के साथ-साथ दया परोपकार, सहानुभूति और करुणा के प्रतिमूर्ति हैं। वे निःस्वार्थ भाव से सदैव दूसरों की मदद के लिए तत्पर रहते हैं। उनका हृदय ममत्व से भरा हुआ है। यही कारण है कि वह सभी के लिए आदरणीय हैं, पूजनीय हैं।

'बाणभट्ट की आत्मकथा' उपन्यास में मुख्य पात्रों के अतिरिक्त कुछ ऐसे गौण पात्र भी हैं, जो कथा-विकास में सहायक सिद्ध हुए हैं। इनमें मुख्य है—**लोरिकदेव और धावक।**

"भद्रेश्वर दुर्ग के स्वामी **लोरिकदेव** एक स्वाभिमानी, सहृदय, उदार, वीर, दृढ़प्रतिज्ञ, अतिथिसेवक तथा स्वामिभक्त के रूप में चित्रित किये गये हैं। सम्पूर्ण उपन्यास में लोरिकदेव का चरित्र अपने ढंग का एक अनोखा चरित्र है, जिसमें इतनी स्वाभाविकता, सजीवता एवं उदात्तता है कि पाठक उसे कभी भूल नहीं सकते। अज्ञातरूप में भट्टिनी की सुरक्षा तथा ज्ञात रूप में उनके प्रति राजभक्ति एवं सम्मान प्रदर्शित करने में उन्होंने जिस उत्साह का परिचय दिया है, उससे उपर्युक्त कथन की सम्पुष्टि हो जाती है।"[57]

धावक उपन्यास का गौण किन्तु जीवन्त पात्र है। वह एक ऐसा विदूषक पात्र है, जिसके बिना उपन्यास का आनन्द अधूरा है। "उसकी अवतारणा कर द्विवेदी जी ने उपन्यास के वातावरण को गम्भीरता से जरा मुक्त कर देने की चेष्टा की है, परन्तु वातावरण को प्रभावित कर पलटने के स्थान पर वही वातावरण से प्रभावित हो मुखर से मूक हो जाता है।"[58]

धावक ऐतिहासिक पात्र नहीं है बल्कि उपन्यासकार के कल्पना की उपज है। वह बाणभट्ट का अन्तरंग सखा है। बाणभट्ट से धावक की पहली मुलाकात महाराज हर्षवर्द्धन के सभा-भवन में हुई थी। प्रथम मुलाकात में ही धावक के विनोदी और हँसमुख स्वभाव से बाणभट्ट अत्यन्त प्रभावित हुआ और उसका सखा बन गया। बाणभट्ट जब दूसरी बार धावक से मिला तो "उस समय वह चटुल जीवन्त परिहास का रूप बना हुआ था। चन्दन के अंगराग से उपलिप्त उसके वक्षःस्थल पर मालतीदाम सुशोभित हो रहा था और सँवारे हुए धूपित केशों के पिछले भाग से दुर्लभ जाती कुसुमों का गुच्छा बड़ा ही अभिराम दिखायी दे रहा था।"[59] अतः स्पष्ट है कि उसका वेश-भूषा, रहन-सहन जीवन के प्रति दृष्टिकोण सभी कुछ हर्षकालीन कवियों की तरह है।

धावक न केवल स्वयं प्रसन्न रहता है बल्कि दूसरों में भी सदैव आनन्द का संचार करता है। "पर ऐसा नहीं कि उसमें परदुःखानुभूति के भाव हैं ही नहीं। निपुणिका की मृत्यु ने धावक के कवि को विह्वल कर दिया, वह स्तब्ध रह गया क्योंकि उसने उसकी मृत्यु के कारण को उसी क्षण समझ लिया जिसे बाणभट्ट ने जीवन-भर नहीं समझा। दुःख की गहरी अनुभूति के कारण प्रथम बार उस पर विषाद का धूम छा गया और जिस जिह्वा से श्रावण के मेघ के समान निरन्तर वाग्धारा झड़ती रहती थी, उसे जैसे काठ मार गया। उसकी दशा विचित्र हो गयी और आँखों से रुद्र अश्रुओं का निर्झर फूट पड़ा।"[60]

चारु चन्द्रलेख

'चारु चंद्रलेख' उपन्यास पुरुष चरित्र-शिल्प की दृष्टि से महत्त्वपूर्ण नहीं है, जितना कि द्विवेदी जी के अन्य उपन्यास। इस उपन्यास में ऐतिहासिक और काल्पनिक दोनों तरह के पात्र हैं। सीदी मौला, गोरखनाथ, जल्हन आदि पात्र ऐतिहासिक हैं, जबकि राजा सातवाहन, विद्याधर भट्ट, बोधा, अमोघवज्र आदि काल्पनिक पात्र हैं।

"पात्रों के अन्तर्द्वन्द्वों की सृष्टि करने की ओर द्विवेदी जी की रुचि विशेष रही है, जिससे अधिकांश चरित्रों का निर्माण मनोवैज्ञानिक आधार पर हुआ है। उपन्यास के अधिकांश पात्र अपने निजी विशेषताओं के साथ प्रस्तुत किये गये हैं। विद्याधर कूटनीतिज्ञ के रूप में, धीरशर्मा विद्वान् के रूप में, सीदी मौला प्रगतिवादी विचारक के रूप में, चन्द्रलेखा सौन्दर्य एवं प्रेरणा के प्रतीक के रूप में, राजा सातवाहन शूर एवं उदार पति के रूप में, नाटी माता भक्ति के रूप में, बघेला राजपूती आन के रूप में था। मैनसिंह बुद्धि, सेवा, साहस और बल के प्रतीक के रूप में उपन्यास में प्रस्तुत है। समूचे उपन्यास में इन पात्रों को अपने लक्ष्य की ओर घूमते दिखलाया गया है।"[61]

आगे 'चारु चन्द्रलेख' उपन्यास के मुख्य एवं गौण पुरुष पात्रों का क्रमबद्ध वर्णन द्रष्टव्य है–

सातवाहन 'चारु चन्द्रलेख' उपन्यास का नायक है। इसको "उज्जैन का राजा बताया गया है यह पात्र पूर्ण रूप से काल्पनिक है। पृथ्वीराज चौहान के पतन के बाद सम्पूर्ण उत्तरापथ और विन्ध्य-पर्वत के इर्द-गिर्द सर्वत्र तुर्कों का शासन हो गया। चन्देल, चाहमान और गहड़वाल वंशों के राजाओं तथा उनके सामन्तों ने जहाँ-तहाँ प्रतिकार करने की असफल चेष्टाएँ भी कीं, लेकिन उन्हें कुचल दिया गया। सातवाहन इसी पतन पर और इससे बचने के उपाय पर विचार करता है। वह सैनिकों के बल पर नहीं वरन् जन-शक्ति के बल पर आक्रमण को विफल बनाना चाहता है।"[62]

उपन्यास के आरम्भ में सातवाहन जब पहली बार चन्द्रलेखा को देखता है, तो उसके रूप में सौन्दर्य को देखकर मुग्ध हो उठता है और एक दास की तरह चन्द्रलेखा के सामने आत्मसमर्पण कर देता है। रानी कहती है–"फिर बिना विचारे तुमने यह स्वीकार कर लिया कि मैं जो चाहूँगी वह सब करोगे। यह क्या हो सकता है महाराज? तुमने अगर मुझे रानी के रूप में स्वीकार किया होता तो तुम्हें मुझसे कहना चाहिए था कि मैं जो चाहूँगा वह सब तुम करोगी। मैं तो तुम्हारी रानी हो गयी हूँ, परन्तु तुम मेरे सेवक बन गये। यह बिल्कुल उल्टी बात है।[63] चन्द्रलेखा के अद्भुत सौन्दर्य को देखकर वह इतना आसक्त हो जाता है कि वह अपना नृपत्व को भूलकर एक साधारण प्रेमी की तरह चन्द्रलेखा की प्रशंसा करने लगता है–"देवि, मुझे अपना जन्म-जन्मान्तर कृतार्थ जान पड़ता है। तुम्हारे सान्निध्य से मुझे इतनी तृप्ति मिल रही है जैसे प्रथम बार बत्तीस लक्षणों से युक्त सौभाग्यवती पद्मिनी नारी को देखा है।"[64]

सातवाहन धीरोदात्त कोटि का नायक नहीं है। वह "प्रेमी और शासक दोनों ही रूपों में मात्र एक खिलौना बनकर रह जाता है। प्रथम मिलन में ही चन्द्रलेखा के यह कहने पर कि, 'मुझे रानी बना लो।' वह उसको अपनी रानी बना लेता है और उसके बाद भी चन्द्रलेखा के द्वारा स्पष्ट शब्दों में यह कहे जाने के बाद भी कि मुझे अधिक छूट मत देना। मैं तुम्हें पति रूप में ही स्वीकार कर रही हूँ। वह अपने पति अधिकार का उपयोग नहीं करता और चन्द्रलेखा को मुक्त छोड़ देता है।[65] किन्तु बाद में वह अपनी असमर्थता व्यक्त करते हुए कहता है–"क्या रानी को न रोककर मैं पतिधर्म से च्युत नहीं हो रहा हूँ? क्या रानी को जान-बूझकर मृग-मरीचिका की ओर जाने देना उचित हुआ।"[66]

सातवाहन चन्द्रलेखा के बाहरी रूप-सौन्दर्य को ही सर्वस्व समझता है और अपने को कृतार्थ अनुभव करता है। चन्द्रलेखा के भीतर जो तेजोमय चिन्मय तत्त्व है, उसे वह जानता तो है, किन्तु उसके प्रति सातवाहन के मन में कोई लोभ नहीं

है और यही उसके चरित्र की सबसे बड़ी दुर्बलता है। सातवाहन चन्द्रलेखा से कहता है—"देवि, मेरे लिये तुम्हारा यह रूप और लावण्य ही सर्वस्व है। उसको पाकर ही अपने को चरितार्थ अनुभव कर रहा हूँ। इसके भीतर जो तेजोमय चिन्मय तत्त्व है, उसे पा जाऊँ तो शक्तिशाली हो जाऊँगा, महान् बन सकूँगा। लेकिन उसके प्रति मेरा कोई लोभ नहीं है। वह मेरे लिये अनायास-लब्ध प्रयोजनातीत सम्पत्ति है। देवि, मेरा अन्तःकरण द्रवित होकर तुम्हारी इस रूप-धारा में बह जाना चाहता है।"[67]

राजा सातवाहन में शुभ संकल्प एवं सही समझ होते हुए भी इच्छा और क्रिया-शक्ति के संचालक विवेक एवं दृढ़ निश्चय का अभाव है। रानी के प्रति मोह उसे पंगु बना देता है। वह रानी की इच्छा के विरुद्ध कोई कदम नहीं उठा सकता। वह मन्त्री विद्याधर के परामर्श का सदैव आदर करता है, परंतु उसका मोह दुर्बल मन उसे राष्ट्रोद्धार में सक्रिय नहीं बनने देता।[68] वह सदैव निराशा और अवसाद में डूबा रहता है। एक स्थल पर वह अत्यन्त निराश होकर कहता है—"सारा आर्यावर्त्त विदेशियों से पदाक्रान्त है। एक-एक करके भारतीय राज्य पराक्रान्त तुर्कों से ध्वस्त और पददलित होते जा रहे हैं। निराशा और साहसहीनता की काली छाया से सब कुछ म्लान और धूमिल हो उठा है और नागनाथ आशीर्वाद देते हैं कि तुम चक्रवर्ती होगे। यह क्या सम्भव है?"[69]

इस प्रकार सातवाहन का चरित्र प्रधान होते हुए भी निष्क्रिय है। उसके व्यक्तित्व में आकर्षण नहीं है। उपन्यास के आरम्भ से अन्त तक वह रोता और अपने-आप पर खीझता ही रहता है। आदर्श नायक के चरित्र में जो विशेषताएँ होनी चाहिए, वह सातवाहन के चरित्र में दिखायी नहीं देती।

सातवाहन राजा तो है, किन्तु उसमें वीरता, साहस, जोश व पौरुष आदि नृपत्व गुणों की कमी है। उसका चरित्र निष्क्रिय और निर्जीव है। न तो उसमें प्रौढ़ता है, जीवन्तता है और न विचारों की गहराई है। लेकिन उसके चरित्र में कुछ मानवीय गुण जरूर दिखायी देती है। संयम और देशभक्ति की भावना भी कहीं-कहीं प्रकट हुई है। सातवाहन विक्रमादित्य के समान अपूर्व शौर्य और साहसी बनना चाहता है, जिससे वह अपने देश को पुनः गौरव प्रदान कर सके, किन्तु उसमें शौर्य और साहस की कमी है, जिसके कारण वह निराश हो जाता है। सातवाहन अपने-आप को सम्बोधित करते हुए कहते हैं—"ऐ मेरे चित्त, उठो, जलो, अपनी ही ज्वाला से भस्म हो जाओ। परन्तु ऐसा हो कि इसकी क्षीण ज्योति मुझे मार्ग दिखा सके। कहते हैं, बड़ी सिद्धि के लिए बड़ा त्याग चाहिए, जो जितना दे सकता है, उतना ही पा सकता है। क्या है, जिसे देखकर मैं अपने देश के खोये गौरव को प्राप्त कर सकता हूँ? विक्रमादित्य के समान अपार सत्त्व और साहस मुझे मिल जाता तो मैं देश को अपनी

राष्ट्रीय महिमा तक ले जाने में समर्थ होता। पर क्या वह मिलेगा? कैसे मिलेगा? कहाँ मिलेगा?"[70]

सातवाहन यद्यपि इस उपन्यास का नायक है, फिर भी उसके चरित्र का विकास जितने स्वतन्त्र रूप में होना चाहिए था, नहीं हो पाया है। उपन्यास के अन्य पात्रों की उपेक्षा उसका व्यक्तित्व निष्क्रिय है और एक वीर में जिस प्रकार की निर्णय शक्ति की आवश्यकता होती है उसका इसमें अत्यन्त अभाव है। वह अपने सहयोगी पात्रों पर इतना आश्रित हो जाता है कि उसका कोई स्वतन्त्र व्यक्तित्व ही नहीं बनने पाया है।[71]

कुल मिलाकर यह कहा जा सकता है कि सातवाहन "निष्क्रिय चिन्तन मूढ़ तथा संकल्परहित है"[72] तथा उसके व्यक्तित्व से कोई सन्देश संकेत प्राप्त नहीं होता।

राजा सातवाहन के बाद कथासूत्र को आगे बढ़ाने में **सीदी मौला** की विशेष भूमिका रही है। द्विवेदी जी ने इसे सिद्ध मौला के रूप में प्रस्तुत किया है। "वे कई भाषाओं में पारंगत हैं, धूनी भी रमाते हैं, तन्त्र सिद्धियों में भी निपुण हैं और राजनीति में भी दिलचस्पी रखते हैं। वेष बदलने में भी निपुण है, इसलिए कई बार जासूस समझकर पकड़ लिये जाते हैं। इस प्रकार कई अर्थों में वह विचित्र प्राणी हैं।"[73]

आचार्य द्विवेदी सीदी मौला के अद्भुत व्यक्तित्व का वर्णन करते हुए लिखते हैं—"सीदी मौला सचमुच विचित्र मनुष्य था। उसने दुनिया देखी थी वह कई भाषाओं का जानकार था। साधारण जनता में यह विश्वास था कि उसकी अवस्था सौ से ऊपर हो चुकी है, परन्तु देखने में वह साठ सत्तर के बीच का मालूम पड़ता था। उसका न तो किसी जाति या धर्म पर पक्षपात था, न देश पर। उसकी बोली में मिठास भी थी और दूरदर्शिता भी झलकती थी। जब कुछ कहने लगता तो उसकी वाग्धारा वेगवती नदी की भाँति रुकना नहीं जानती थी। वह साधुओं के बीच रह चुका था, सैनिकों के साथ लड़ाई के मैदान में जा चुका था, शत्रु द्वारा कैद किये बन्दियों के साथ रह चुका था, तिब्बत के वाम-मार्गियों के साथ साधना कर चुका था और मंगोलों के पुरोहित उइगुर नामक बौद्ध जाति में उनका अंग होकर विचर चुका था।...लोगों में उसकी सिद्धियों के बारे में अनेक प्रकार के विश्वास प्रचलित थे। ऐसा सुना जाता था कि वह आग और पानी पर आनायास चल सकता है और आवश्यकता पड़ने पर एकाएक अदृश्य हो जाता है। शत्रु की बन्दीशाला से उसके इसी प्रकार भाग निकलने की कहानियाँ प्रचलित थीं।[74]

सीदी मौला के व्यक्तित्व की सबसे बड़ी विशेषता यह है कि उसमें अनेक संस्कृतियों का समावेश है। उसमें हिन्दू, मुसलमान और बौद्ध इन तीनों संस्कृतियों के तत्त्व विद्यमान हैं। "वे 'जोई पिण्डे सोई ब्रम्हाण्डे' की भावना प्रतिपादित करके

भौतिक एवं दैवी शक्तियों के सामंजस्य पर जोर देते हैं।"[75] उनका विचार है कि–"जब-जब मनुष्य अपने अन्तर्यामी देवता के इंगित पर शक्ति के नवीन स्रोतों के रहस्य को ढूँढ़ निकालेगा, तब-तब तमोगुण जोर मारकर उसकी विवेक-बुद्धि पर आक्रमण करेगा। एक व्यक्ति के तमोगुण के उद्रेक से उतना अनर्थ नहीं होता, जितना सहस्र व्यक्तियों के मिलित तमोगुण से होता है।"[76]

सीदी मौला केवल धार्मिक साधना करना ही नहीं जानते हैं, बल्कि युद्ध के मैदान में भी लड़ना उन्हें बखूबी आता है। उनके माध्यम से द्विवेदी जी ने "मंगोलों की परम्परा, रहन-सहन, साधना-पद्धति तथा उनकी आक्रमण शक्ति आदि का वर्णन प्रस्तुत किया है।[77] सीदी मौला के मन में वर्तमान राजाओं के प्रति घृणा और विरोध का भाव है और इसी विरोध के कारण लोग उसे जासूस समझ लेते हैं। उसका चरित्र कुछ अर्थों में लगभग 'कबीर' के चरित्र जैसा धार्मिक, भेदभाव से रहित और अपने कथनों में विद्रोहपूर्ण और दो टूक है। सीदी मौला इस दृष्टि से 'चारु चन्द्रलेख' का सबसे आकर्षक चरित्र जान पड़ता है।[78] राजा सातवाहन के प्रति कहा गया उसका यह कथन उसके विद्रोही प्रवृत्ति को स्पष्ट करता है – "भारतवर्ष की धर्म-व्यवस्था में बहुत छिद्र हो गये हैं। अपने ही रक्त मांस और चर्म से जितना ढक सको, ढको। अपनी ही अँतड़ियों के तागे से जितना सी सको, सीओ। जाओ वज्र कि तरह दृढ़ बनकर इतिहास विधाता के क्रूर प्रहारों को सहो।"[79]

अतः स्पष्ट है कि, "सिद्ध साधक सीदी मौला एक ऐतिहासिक पात्र है, जिसके माध्यम से उपन्यासकार ने बौद्ध एवं शाक्त तान्त्रिक सम्प्रदाय की वीभत्सता, यौगिक साधनों एवं चमत्कारों, प्राणायाम एवं रसायन योग आदि को प्रस्तुत किया है। उपन्यास का यह एक फक्कड़, बेफिक्र, निर्द्वन्द्व एवं दूरदर्शी पात्र है।"[80]

सीदी मौला की तरह **विद्याधर भट्ट** भी इस उपन्यास का एक जीवन्त पात्र है। उसके व्यक्तित्व में ऐसी अद्भुत शक्ति विद्यमान है कि उसके सामने आने पर तेजस्वी-से-तेजस्वी व्यक्ति भी आकर्षित हो जाता है। विद्याधर भट्ट ज्योतिष-विद्या के सिद्धहस्त हैं। किन्तु वे केवल ज्योतिष और सिद्धियों के ही ज्ञाता नहीं हैं, बल्कि राजनीति और कूटनीति में भी उनकी अच्छी पैठ है। उसकी तेजस्विता, वाग्मिता एवं कर्त्तव्यपरायणता के समक्ष राजा सातवाहन का व्यक्तित्व दबकर रह जाता है। राजा को विद्याधर भट्ट पर पूरा विश्वास है, क्योंकि वह जानते हैं कि भट्ट जो भी निर्णय लेगा वह राज्य और राजा दोनों के कल्याण के लिए होगा।

विद्याधर भट्ट में दृढ़ संकल्प शक्ति ही नहीं है वरन् क्रिया-शक्ति भी है। इस दृष्टि से उपन्यास में राजा सातवाहन की तुलना में उसका चारित्रिक विकास अधिक स्वाभाविक ढंग से हुआ है। यद्यपि विद्याधर भट्ट को ज्योतिष विद्या में आगाध श्रद्धा है, किन्तु वह धीरशर्मा की भाँति केवल ज्योतिष विद्या में ही जीनेवाले पात्र नहीं है।

उसे लगता है कि उसने अपना सारा जीवन नक्षत्रों की गणना करते-करते बिता दिया, किन्तु फिर भी कार्य सिद्ध नहीं हो पाया। "इसीलिए तुर्कों का सामना करने के लिए चम्बल-घाटी के अभियान के साथ उसने नक्षत्रों को नहीं देखा, केवल अवसर को देखा और इसी कारण उसे सफलता भी प्राप्त हुई। इस प्रकार की अप्रत्याशित विजय से उसका उत्साह विवर्द्धमान हो उठा और वह यह अनुभव करने लगा कि इसी प्रकार साहस और शक्ति का परिचय देकर देश को विजातियों-विदेशियों के चंगुल से मुक्त किया जा सकता है। राजनीति, कूटनीति और उनकी समस्त सूक्ष्मताओं में वह पारंगत था। विद्याधर भट्ट में ऐसी आन्तरिक शक्ति थी कि उसके सामने आने पर तेजस्वी व्यक्ति भी हतप्रभ हो जाता था।[81]

विद्याधर भट्ट हस्तरेखाविद् भी हैं। एक स्थल पर वह रानी चन्द्रलेखा के हाथों को देखकर गद्‌गद भाव से कहते हैं—"आज मैं धन्य हूँ, जो बत्तीस लक्षणों से सम्पन्न कुमारिका का दर्शन पा रहा हूँ। देवि, इस कन्या के विवाह के बारे में कुछ चिन्ता मत करना, यह राजरानी होगी और इसका वर इसे स्वयं वरेगा।"[82]

उनका मानना है—"शास्त्र बल से हारना, हारना नहीं, आत्मबल से हारना ही वास्तविक पराजय है।"[83] आत्मगौरव और प्रतिरोध की भावना प्रजा में जागृत होनी चाहिए। "जर्जर वृद्ध विद्याधर भट्ट का उत्साह देखने योग्य था। उन्होने स्वयं सेना का नेतृत्व ग्रहण करने की अभिलाषा व्यक्त की। बोले, "राजन्, आज मुझे अवसर मिला है। रोको मत। मैं आज असाध्य-साधना के लिए कृतसंकल्प हूँ। यदि मैं विदेशियों की प्रचण्ड वाहिनी को भटका-भटकाकर निःशेष कर सका तो अपना जीवन धन्य मानूँगा।...आज महारक्त के अभिषेक से धरती प्रसन्न होनेवाली है।"[84]

निष्कर्षतः कहा जा सकता है कि, "विद्याधर भट्ट इस उपन्यास के अन्य पात्रों से कुछ भिन्न उपन्यासकार के व्यक्तित्व को प्रकट करनेवाला है।"[85] इसके चरित्र-निर्माण में लेखक को पूर्ण सफलता मिली है।

'चारु चन्द्रलेख' में मुख्य पात्रों के अतिरिक्त कुछ अन्य गौण पुरुष-पात्र भी हैं, जो हमारा ध्यान आकृष्ट करते हैं। उनमें मुख्य हैं—बोधा, अमोघवज्र, गोरखनाथ, जल्हन, अक्षोभ्य भैरव और धीरशर्मा।

बोधा इस उपन्यास का एक काल्पनिक पात्र है, "वह पृथ्वीराज के एक सामन्त धर्मायन का पुत्र है। धर्मायन जयित्रचन्द्र के दरबार में चला गया। तभी से विद्याधर भट्ट को बोधा के संरक्षण का भार वहन करना पड़ा।[86] बोधा विद्याधर की राजनीति, कूटनीति और रणनीति का व्याख्याता था। भट्टपाद की नीतियों का कुशल क्रियान्वयन उसकी सफलता थी। वस्तुतः बोधा ही ऐसा माध्यम था, जिससे विद्याधर

सफलता के सोपान पर चढ़ पाते थे।[87] बोधा कुशल राजनीतिज्ञ होने के साथ-साथ धार्मिक, बाह्याडम्बरों को भली-भाँति समझनेवाला सैनिक भी है।"

द्विवेदी जी ने बोधा के चरित्र-शिल्प का निर्माण अत्यन्त रहस्यात्मक ढंग से किया है। उसके चरित्र का सूक्ष्म अध्ययन करने से यह प्रतीत होता है कि हाड़-मांस का पिण्ड होने पर भी वह ऊर्जा-मात्र है और उसके शरीर के अंश-अंश में मानों मस्तिष्क की ही शिराएँ हैं, उसका सर्वांग चेतन का ही पुंजीभूत रूप है, जड़ तत्त्व उसमें है ही नहीं। उसके समस्त पक्षों को देखते हुए ऐसा प्रतिभासित होता है कि शायद उसके शरीर में हृत्पिण्ड नहीं है, वह सर्वथा रागशून्य है, किन्तु उसके मन में गहनतम, निभृत कोने में मैना की मूर्ति विद्यमान रही है, जिसने उसे जागतिक ध ारातल पर प्रतिष्ठित कर उसे मानवीय संवेदना से युक्त सिद्ध कर दिया है।[88] अतः स्पष्ट है कि बोधा के चरित्र-निर्माण में लेखक को पर्याप्त सफलता मिली है।

अमोघवज्र का व्यक्तित्व अत्यन्त आकर्षक है। वह एक ऐसा साधक है, जिसका मानना है कि, सिद्धियों के पीछे भागना मृगमरीचिका है। मनुष्य की सबसे बड़ी शक्ति उसका चरित्र-बल होता है। अपने इस सिद्धान्त-पक्ष का प्रतिपादन करते हुए कहता है– "सिद्धियाँ मनुष्य को कुछ विशेष बल नहीं देतीं। एक साधारण किसान, जिसमें दया-माया है, सच-झूठ का विवेक है और बाहर-भीतर एकाकार है, वह भी बड़े-से-बड़े सिद्ध से ऊँचा है। चरित्र-बल समस्त शक्तियों का अक्षय भण्डार है।"[89]

अमोघवज्र के चरित्र की सबसे बड़ी विशेषता उसकी धर्मनिरपेक्ष दृष्टि है। इसका प्रमाण उस कथन से मिलता है, जहाँ अमोघवज्र राजा सातवाहन से इस्लाम धर्म की शक्ति की व्याख्या करता है–"पश्चिम की ओर से जो इस्लाम आ रहा है, उसे ठीक-ठीक समझो। उसके एक हाथ में अमृत का भाँड़ है, दूसरे में नग्न कृपाण। वह समानता का मन्त्र लेकर आया है, सड़े-गले आचारों को चुनौती देने का अपार साहस लेकर उद्भूत हुआ है।"[90]

इस कथन के माध्यम से अमोघवज्र ने एक ओर जहाँ इस्लाम की शक्ति को बताया है, वहीं दूसरी ओर भारतीय धर्म या हिन्दू धर्म की दुर्बलताओं को भी रेखांकित किया है और साथ ही इस कथन से उसकी धर्मनिरपेक्षता दृष्टि भी दिखायी पड़ती है, जो अमोघवज्र के व्यक्तित्व को और अधिक प्रभावपूर्ण बनाती है।

साधक चरित्रों में अमोघवज्र के अतिरिक्त गुरु गोरखनाथ का चरित्र भी उल्लेखनीय है। वे हठयोग की साधना के गुरु होते हुए भी उन्होंने उसकी दुर्बलताओं का घोर-विरोध किया। एक स्थल पर वे सिद्धियों का मजाक उड़ाते हुए चन्द्रलेखा से कहते हैं–"यदि हम अपने बाह्य विभेदों पर ही अड़े रहेंगे तो विनाश निश्चित है। एक प्रकार की बिना रीढ़ की साधना इन दिनों समूचे भारत को ग्रास किये जा

रही है। सिद्धियों के नाम पर अत्यन्त निचली श्रेणी की कामुकता को उत्तेजना दी जा रही है।"[91]

अतः स्पष्ट है कि उन दिनों भारत में साधक और सिद्धियों के नाम पर आतंक फैला हुआ था और जिसे किसी-न-किसी रूप में तत्कालीन सामन्त और राजाओं का भी प्रश्रय प्राप्त था। "गोरखनाथ का यह कथन केवल सिद्धियों का ही मखौल नहीं है, उस काल की सारी व्यवस्था का मखौल है।"[92]

जल्हन इस उपन्यास का गौण, किन्तु ऐतिहासिक पात्र है। वह "महाराजाधिराज पृथ्वीराज के सभी कवि और सखा चन्दबलद्दिया (चन्दबरदाई) का पुत्र था। उसमें योग्य पिता के योग्य पुत्र होने का गर्व था। वह अपने को अन्य पेशेवर कीर्त्तिगायकों से भिन्न समझता था। इसलिए वह अन्य भाटों से भिन्न श्रेणी का पहनावा भी धारण करता है।"[93] उसके व्यक्तित्व का वर्णन करते हुए आचार्य द्विवेदी लिखते हैं—उसके लम्बे विकुंचित केश कन्धे पर झूल पर रहे थे। ललाट पर लाल रोली की बिन्दी दीपक की तरह जल रही थी।...जल्हन कोई ऐसी बात नहीं कह पाता था, जिसमें समर्थ पिता की चर्चा न आती हो।"[94]

द्विवेदी जी ने उपन्यास में जल्हन के माध्यम से ही ऐतिहासिक घटनाओं का वर्णन प्रस्तुत किया है। जल्हन ही बताता है कि नीलतारा के क्षेत्र में शिवासत कर्म व्यर्थ नहीं होता, शिव की इस प्रकार की ध्वनि से तीन फलों की प्राप्ति होती है—उससे कल्याण होता है, धन की प्राप्ति होती है। और बिछड़े हुए प्रेमी मिल जाते हैं। उपन्यास के अन्त में जल्हन ही राजा सातवाहन को रानी के बारे में बताता है कि वह आकाशमार्ग से उड़ती हुई कामरूप से सोमतीर्थ तक जनता में आत्मविश्वास का सन्देश दे रही है।

अक्षोभ्य भैरव का चरित्र भी आकर्षक है। "वह उन पीड़ित तपस्वियों का प्रतीक है, जो तरुष्कों के क्रूर आक्रमण के समय दृढ़ बने रहे। मनीता पुत्री शूद्र वंशोद्भवा भद्रकाली उसकी साधना का केन्द्र बन गयी। उग्र और करुणा ये दोनों रूप इस तपस्वी के चरित्र को महान् बना देते हैं। व्यक्तिगत भावना की रक्षा में बहकर उससे कितना बड़ा अनर्थ हो गया यह समझते ही कि वह 'नीलतारा' की प्रतिमा के आगे ढेर हो गया।"[95]

अक्षोभ्य भैरव के माध्यम से द्विवेदी जी ने उपन्यास में धार्मिक चेतना का संचार किया है। अक्षोभ्य भैरव धर्म की रक्षा के लिए सदैव तत्पर रहता है। वह बोधा प्रधान से कहता है कि तेरे गुरु विद्याधर भट्ट मिथ्या प्रचार के बल पर समर जीतना चाहता है। "अरे ओ मूढ़, देवी न हिन्दुओं की होती है, न मुसलमानों की, न बौद्धों की। जहाँ सत्य है, जहाँ पर दुःख से विचलित न होने की भावना है, जहाँ वीरता है, जहाँ निर्भीकता है, जहाँ सहज भाव है, वहीं तारा का निवास है।"[96]

उपन्यास के कथानक को गति प्रदान करने में **धीर शर्मा** की भूमिका भी अहम् रही है। धीर शर्मा एक ऐसा अनोखा पात्र है, जो सदैव श्लोक द्वारा ही अपना व्याख्यान प्रस्तुत करता है। चन्द्रलेखा को देखकर वह कहता है—"अस्सी वर्ष के जीवन में प्रथम बार सौभाग्यवती पद्मिनी नारी को देख रहा हूँ।"[97] वह आगे राजा सातवाहन से कहता है कि उसने चन्द्रलेखा को रानी के रूप में स्वीकार करके बहुत बड़ा जोखिम उठा लिया है और अन्त में उसकी बात सत्य हो जाती है।

धीर शर्मा एक सच्चे देशभक्त हैं। उसमें देशभक्ति की भावना कूट-कूट कर भरी हुई है। वह प्रजा को उत्साहित करते हुए कहता है—"जो शरीर मातृभूमि की सेवा में समाप्त हो जाये। वह धन्य है, इससे मनुष्य को वह यश मिलता है, जिसकी तुलना में स्वर्ग और अपवर्ग भी उपेक्षणीय हैं।"[98]

निष्कर्षतः कहा जा सकता है कि 'चारु चन्द्रलेख' उपन्यास में पुरुष है "पात्र-योजना में लेखक की दृष्टि अत्यधिक व्यापक रही है। परिणामतः उनकी रचनात्मक मनीषा कृतियों में ऐसे चरित्रों को जन्म देती है, जो प्रामाणिक ऐतिहासिकता के घेरे में बन्द होकर भी पात्र संकीर्ण ऐतिहासिक दायरे से मुक्त रहते हैं, और साथ-ही-साथ शाश्वत मानवता को प्रतिक्रिया करते रहते हैं।"[99]

पुनर्नवा

'पुनर्नवा' में समुद्रगुप्त एक ऐतिहासिक चरित्र है। एक दूसरा चरित्र है चन्द्रमौलि जो वस्तुतः संस्कृत कवि कालिदास से अभिन्न है। इस उपन्यास के शेष लगभग सभी पात्र देवरात आर्यक, श्यामरूप, सुमेर काका आदि लेखक की कल्पना की उपज हैं। इनमें से कुछ लोक में प्रचलित चरित्र हैं जिनकी ऐतिहासिकता लोक विश्वास मात्र हैं।"[100] व्योमकेश शास्त्री के छद्मनाम से लिखे गये पत्र में पुनर्नवा के पुरुष चरित्रों का विस्तृत विवरण दिया गया है।

इस उपन्यास के मुख्य एवं गौण पुरुष पात्रों का क्रमबद्ध वर्णन प्रस्तुत है—

देवरात साधु पुरुष थे।[101] इस कथन के साथ ही 'पुनर्नवा' उपन्यास का आरम्भ होता है। "उपन्यास के आरम्भ में देवरात को प्रस्तुत करने का यह तात्पर्य है कि यह उपन्यास का केन्द्रवर्ती चरित्र है, जिसके प्रभामण्डल में उपन्यास की संरचना को पूर्णता मिलती है। यद्यपि देवरात उपन्यास के अन्त में फलागम के साथ आशीर्वाद देने के लिए प्रस्तुत न हो सके, पर समूचे उपन्यास पर उनके विराट् व्यक्तित्व का प्रभाव परिलक्षित है। यह एक ऐसा पात्र है, जिसके माध्यम से उपन्यासकार ने अपनी मान्यताओं को अपने व्यक्तित्व की शक्ति देकर प्रस्तुत किया है।"[102]

उपन्यास का आरम्भ अत्यन्त रहस्यात्मक एवं रोचक ढंग से होता है। इसका कारण आचार्य देवरात का अज्ञात व्यक्तित्व है। उसके सम्बन्ध में अनेक प्रकार की

किंवदन्तियाँ फैली हुई हैं। लोग कहते हैं—"प्रख्यात चौधेय क्षत्रिय वंश में जन्म लेनेवाले देवरात ने पश्चिमी सीमान्त पर हुए हूणों के आक्रमण पर तो विजय पा ली, पर विमाता की कुटिलता के कारण प्रिय पत्नी शर्मिष्ठा को खोकर अपने जीवन की बाजी हार गये।"[103] राजपाट छोड़कर वे हलद्वीप आ गये और वहीं आश्रम बनाकर रहने लगे। आर्यक, श्यामरूप और मृणालमंजरी उन्हीं के आश्रम के सहपाठी हैं। पत्नी-वियोग ने उन्हें जनकल्याण्कारी बना दिया। वे सदैव दीन-दुःखियों की सेवा के लिए तत्पर रहते हैं। इस प्रकार देवरात के चरित्र के माध्यम से द्विवेदी जी ने भारतीय महापुरुष का आदर्श प्रस्तुत किया है।

देवरात के व्यक्तित्व में अद्भुत आकर्षण है, जिससे प्रभावित होकर नगरश्री मंजुला अपना अभिमान त्यागकर देवरात के समक्ष अपनी हार स्वीकार करती है। "भगवतीचरण वर्मा द्वारा चित्रित 'चित्रलेखा' की भाँति जब एक दिन मंजुला नगरवासियों को चकित करती हुई आश्रम में आ धमकती है तो लोगों के आश्चर्य का ठिकाना नहीं रहता। इतना अवश्य है कि भगवतीचरण वर्मा की 'चित्रलेखा' के कुमारगिरि से द्विवेदी जी कृत 'पुनर्नवा' के 'देवरात' बिलकुल भिन्न हैं। गृहस्थाश्रम की उपेक्षा करके बना तपस्वी कुमारगिरि अपनी साधना में असफल हो उपहास और निन्दा का विषय बनता है, पर गृहस्थाश्रम की लोकमंगलकारी चेतना से जुड़े रहने के कारण देवरात अपनी लोकसाधना में सफल होते हैं। वैयक्तिक प्रेम का लोकोन्मुख पर्यवसान जैसा देवरात के चरित्र में देखने को मिलता है, वैसा अन्यत्र दुर्लभ है।"[104]

देवरात कला के सच्चे पारखी हैं। उनका मानना है कि नृत्य में भावानुप्रवेश अत्यन्त आवश्यक है। मंजुला के नृत्य में भावानुप्रवेश का अभाव देखकर वह कहते हैं— अपने को खोकर ही अपने को पाया जा सकता है। तुम्हारा नृत्य इसी महासाधना की ओर अग्रसर हो रहा है। इस महाविद्या के बल पर ही एक दिन तुम स्वयं को दलित द्राक्षा की तरह निचोड़कर महाअज्ञात के चरणों में दे सकोगी। फिर यह सोचकर कि मंजुला के चित्त को ठेस न पहुँचे, वे फिर उसी को सम्बोधित करके बोले—"अज्ञ जन दया का पात्र होता है, देवि! अवश्य ही तुमने कुछ समझकर ही भावानुप्रवेश की उपेक्षा की होगी। मैं तो अज्ञ श्रद्धालु के रूप में ही यह सब कह रहा हूँ। इसे अन्यथा न समझना।"[105] इस कथन से उनकी कलामर्मज्ञता का परिचय मिलता है।

देवरात कलामर्मज्ञ होने के साथ-साथ सौन्दर्य का पुजारी भी है, किन्तु वासना की कलंकित दृष्टि उनके पास नहीं है। उनको मंजुला में अपनी पत्नी शर्मिष्ठा की छवि दिखायी पड़ती है, जिससे उनका निगूढ़ प्रेम पुनर्नवीकृत हो उठता है। देवरात मंजुला के बाहरी रूप-सौन्दर्य से नहीं, बल्कि उसके भीतर स्थिर देवत्व से प्रभावित होते हैं। वे मिट्टी के ग्राहक नहीं हैं, बल्कि भावना के सच्चे पुजारी हैं। 'बाणभट्ट की आत्मकथा' के बाणभट्ट की तरह वह भी नारी-शरीर को देव-मन्दिर के समान

पवित्र मानते हैं। वे मंजुला से कहते हैं—"तुम जिस पाप जीवन की बात कर रही हो, वह मनुष्य की बनायी हुई विकृत सामाजिक व्यवस्था की देन है। चिन्ता न करो देवि, उससे उद्धार हो सकता है, तुम्हारा देवता, तुम्हारे भीतर बैठा हुआ अवसर की प्रतीक्षा कर रहा है।[106]

देवरात के व्यक्तित्व की सबसे बड़ी विशेषता उनका सेवाभाव है। प्रिय पत्नी शर्मिष्ठा के वियोग ने उन्हें जनसेवी बना दिया। "सामन्ती संस्कृति की देवरात अनुपम उपलब्धि हैं और भारतीय संस्कृति की सम्पूर्ण स्वस्थ चेतना का विकास उनके व्यक्तित्व में देखने को मिल जाता है। सच्चे अर्थों में देवरात एक संस्कृत राजपुरुष हैं, जो आश्रम जीवन को मोक्षकामी तपश्चर्या को लोक-कल्याण के साथ जोड़ने में समर्थ हुए हैं। वे विदेह संस्कृति के अवशेष और विरक्त होकर लोकहित कामना से सद्गृहस्थ हैं। तापस एवं राजन्य संस्कृति का अद्भुत समन्वय देवरात के चरित्र में देखने को मिलता है।"[107]

देवरात के चरित्र का चरम उत्कर्ष उस समय देखने को मिलता है, जब वह महामारी की शिकार मंजुला के घर जाकर उसकी बच्ची को अपने आश्रम में ले आता है। यह उसके चरित्र की सबसे बड़ी लोकमंगलकारी उपलब्धि है। उसका आश्रम गृहस्थाश्रम में बदल जाता है। जहाँ केवल मृणाल का ही नहीं बल्कि श्यामरूप और आर्यक का भी पालन-पोषण और बौद्धिक विकास होता है। देवरात एक आदर्श पिता की तरह मृणालमंजरी का पालन-पोषण करते हैं और समय आने पर आर्यक के साथ उसका विवाह कर वे अपने पिता-धर्म को बखूबी निभाते हैं। इस प्रकार देवरात का पूरा जीवन दूसरों का कल्याण करने में बीत जाता है।

निष्कर्षतः कहा जा सकता है कि, "देवरात ऐसा देवोपम व्यक्ति हैं, जिसके चरित्र में निष्ठा, अनन्य प्रेम, उदात्तता, उदारता, सेवाभाव आदि अनेक गुण एक साथ पुंजीभूत हैं। वह उपन्यास का नायक न होते हुए भी पाठकों को अपने चरित्र से प्रभावित करता है।"[108]

"उपन्यास की कथा को सर्वाधिक आगे ले चलने के कारण **गोपाल आर्यक** को उपन्यास का नायक कहा जा सकता है। वैसे इस उपन्यास में एकाधिक ऐसे पात्र हैं, जो कथा के आरम्भ से लेकर अन्त तक किसी-न-किसी रूप में वर्तमान रहते हैं। उदाहरण के लिए श्यामरूप का नाम लिया जा सकता है। उपन्यास में फल की प्राप्ति वस्तुतः गोपाल आर्यक को ही होती है और उपन्यास में घटनेवाली सभी महत्त्वपूर्ण घटनाओं का वह सूत्रधार भी है।"[109] इसी आधार पर समीक्षकों ने गोपाल आर्यक को इस उपन्यास का नायक माना है।

गोपाल आर्यक हलद्वीप का निवासी है। उसने आचार्य देवरात के आश्रम में शिक्षा प्राप्त की और बाद में उन्हीं की पालित पुत्री मृणालमंजरी से विवाह किया।

आर्यक ने समाज में फैली अव्यवस्थाओं के खिलाफ युवकों का एक दल 'लहुरावीर' के नाम से संगठित किया। "अपनी वीरतापूर्ण दक्षता से वह समुद्रगुप्त का मित्र और सेनापति बन जाता है और बाद में हलद्वीप का स्वामी सामन्त बन जाता है।"[110] इसी बीच आर्यक का चन्द्रा नाम की एक स्त्री के साथ अवांछित प्रणय-सम्बन्ध हो जाता है और लोकापवाद के भय से अपनी पत्नी मृणाल को छोड़कर भाग जाता है। उपन्यास के अन्त में वह उज्जयिनी में चारुदत्त की सहायता से राजा पालक का वध कर देता है और बाद में उज्जयिनी छोड़कर अपनी पत्नी मृणाल के पास मथुरा वापस आ जाता है। यही आर्यक की जीवन-गाथा है।

आर्यक एक आदर्श भारतीय पुरुष है। उसके चरित्र में अनेक सद्गुण विद्यमान हैं। "वह एक आदर्श पुत्र, आश्रम की मर्यादा का पालन करनेवाला एक आदर्श शिष्य, बन्धुत्व का निर्वाह करनेवाला एक आदर्श भाई, परिणीता पत्नी के प्रति आस्था रखनेवाला एक आदर्श पति, लोकापवाद से भयभीत रहनेवाला पर एक आदर्श प्रेमी तथा एक अजेय आदर्श सैनिक के रूप में इस उपन्यास में प्रस्तुत है।"[111]

आर्यक अपने पिता के समक्ष जिस विनम्रता और आज्ञाकारिता का परिचय देता है, उससे यह पता चलता है कि वह एक आदर्श पुत्र है। आचार्य देवरात के प्रति आर्यक के हृदय में अपार श्रद्धा है। उन्हीं के आदेश पर वह मृणालमंजरी से विवाह करता है। आर्यक एक आदर्श पुत्र और शिष्य होने के साथ-साथ एक आदर्श भाई भी है। श्यामरूप वृद्धगोप का पालित पुत्र था अर्थात् वह आर्यक का सगा भाई नहीं था, किन्तु फिर भी आर्यक ने उसे सदैव अपना बड़ा भाई माना। उसके आपस का प्रेम देखकर पाठकों को सहज ही कृष्ण और सुदामा की याद आ जाती है। श्यामरूप जब आश्रम से भाग जाता है तो आर्यक भी उसकी खोज में निकल पड़ता है। जब मैना उसे रोकना चाहती है, तब वह कहता है—"मैं अपने बड़े भाई के बिना जी नहीं सकता।"[112] इस कथन से आर्यक का भ्रातृ-प्रेम स्पष्ट परिलक्षित होता है।

आर्यक एक आदर्श पति है। मृणाल को खतरे में देखकर आर्यक दृढ़ निश्चय करता है कि—"चाहे जो हो जाये, वह मैना को अकेला नहीं छोड़ेगा। वह वचन दे चुका है, अब पीछे नहीं हट सकता।"[113] यह सच है कि लोकापवाद के भय से वह अपनी प्रिय पत्नी मृणालमंजरी को असहाय छोड़कर भाग जाता है, किन्तु उसके हृदय में अपनी पत्नी के प्रति प्रेम सदैव बना रहता है। वह अपने-आप को मृणाल का अपराधी मानता है और कहता है—"अपराधी हूँ देवि, तुम क्षमा कर सकती हो, मैं कैसे क्षमा करूँ अपने इस दुर्बल चरित्र को? लोग क्या सोचेंगे।"[114]

गोपाल आर्यक ऐसा महत्त्वपूर्ण व्यक्ति, जिसकी वीरता का डंका आर्यावर्त्त में बज चुका है, जो अनेक युद्धों का विजेता है, सम्राट् समुद्रगुप्त के नये सखा बनने का जिसे सौभाग्य प्राप्त है तथा हलद्वीप का जो राजा बनने की क्षमता रखता है।[115] परन्तु वह झूठे लोकापवाद को झेलने में असमर्थ है। चन्द्रा के कारण न केवल उसे

अपनी पत्नी से दूर होना पड़ता है, बल्कि लोकनिन्दा भी सहनी पड़ती है। जिस चन्द्रा के कारण उसे दर-दर भटकना पड़ा, स्वजनों से मुँह छिपाना पड़ा, उससे वह कभी भी घृणा नहीं करता, बल्कि उसकी सेवाओं से अभिभूत रहता है।"[116]

आर्यक के चरित्र-शिल्प का निर्माण उपन्यासकार ने बड़े मनोवैज्ञानिक ढंग से किया है, उसमें एक ओर जहाँ साहस, वीरता, पौरुष आदि गुण विद्यमान है, वहीं दूसरी ओर उसके चरित्र में कुछ दोष भी है। वह लोकापवाद से भयभीत होता है। लोकापवाद से लड़ने की क्षमता उसमें नहीं है। वह चन्द्रा से प्रेम करता है, किन्तु लोकापवाद के भय से अपने प्रेम को स्वीकार नहीं पाता और भाग जाता है। वह अपने चरित्र की कमजोरियों को बखूबी समझता है और आत्म-विश्लेषण करते हुए कहता है—"कहीं एक बड़ी कमजोरी उसके चरित्र में है, जो उसे भागने को बाध्य करती है। उत्साह उसमें कम नहीं है, दीन-दुःखियों की सहायता के लिए प्राण-दान का उसका संकल्प ज्यों-का-त्यों बना हुआ है, सम्मुख युद्ध में अकेले ही सहस्रों को ललकारने की उसकी क्षमता में रंच-मात्र कमी नहीं आयी है, अनुगतों के लिए सर्वस्व उलीचकर दे देने की उसकी उदारता आंशिक रूप से भी शिथिल नहीं हुई है, स्वामी के लिए सब-कुछ न्योछवार कर देने की उसकी प्रतिज्ञा में कहीं भी त्रुटि नहीं आयी है, फिर भी उसे भागना पड़ा है। उसका चित अनुतप्त है। उसमें कहीं भयंकर अपराध का भाव है। क्यों? क्यों ऐसा हुआ? उसका शील कहीं-न-कहीं म्लान हो गया है। वह जानता है, पर जानकार भी अनजान बना फिरता है। वह सब जानता है, लेकिन ठीक समझ नहीं पा रहा है।"[117]

अन्त में, धूता देवी आर्यक का मार्गदर्शन करती है, जिससे प्रेरित होकर वह लोकापवाद को भुलाकर चन्द्रा के प्रेम को स्वीकार करता है और मृणाल के पास लौट जाता है।

इस प्रकार द्विवेदी जी ने आर्यक के चरित्र को निष्कलंक रखते हुए पत्नी और प्रेमिका को एक साथ रख जड़ीभूत सामाजिक सभ्यताओं की उपेक्षा करते हुए नवीन दाम्पत्य-जीवन को मान्यता प्रदान की है। कुछ लोगों को इसमें बहुपत्नीत्व के समर्थन की गन्ध आ सकती है, पर चन्द्रा के प्रेम का जो स्वरूप विकसित हुआ है उससे तो वह मृणालमंजरी और गोपाल आर्यक की ऐसी सेविका बन जाती है कि उसमें प्रेम की ऐसी अलौकिकता के दर्शन होते हैं कि जिसके सम्मुख न जाने कितनी सती-साध्वी एवं पतिव्रता पत्नियों को न्योछावर किया जा सकता है। प्रेम के क्षेत्र में वह रणछोड़ कृष्ण तो अवश्य हैं, पर युद्ध के क्षेत्र में वह कभी-भी न विचलित होनेवाला अजेय योद्धा हैं।[118]

'पुनर्नवा' उपन्यास में देवरात और गोपाल आर्यक के बाद सर्वाधिक महत्त्वपूर्ण पात्र—**श्यामरूप** है। श्यामरूप ब्राह्मण कुमार है, जिसे वृद्धगोप ने अपने पुत्र के समान

पाला। वृद्धगोप चाहते हैं कि श्यामरूप देवरात के आश्रम में संस्कृत शास्त्र की शिक्षा ग्रहण करें, किन्तु "ब्राह्मणोचित कर्मकाण्ड की विद्या में अरुचि होने के कारण वह पाठशाला छोड़कर भाग जाता है और अपनी रुचि के अनुरूप मल्लविद्या का अभ्यासी बन जाता है। मथुरा में आकर नटों की टोली में फँस जाता है। किसी मल्ल समाह्वय (दंगल) में विजयी बनकर नगर का प्रसिद्ध मल्ल और नटों का आदर भाजन बन जाता है। वहीं पर एक अनाथ कन्या मदनिका के प्रति प्रेमाकृष्ट भी हो जाता है, पर मदनिका नटों के हाथों बिकती-बिकाती उज्जयिनी में वसन्तसेना की सेविका बन जाती है। श्यामरूप को प्रसंगवश यह पता चल जाता है और वह भी उज्जयिनी में आ जाता है। पालक के वध के फलस्वरूप नगर में जो विप्लव हुआ, श्यामरूप उसमें सक्रिय भाग लेता है। अन्ततः मदनिका उसे मिल जाती है।"[119]

श्यामरूप व्यापक ख्याति और यश का धनी है। आर्यक की तरह वह भी साहस और वीरता का प्रतीक है। "उसके मन में साहसिक कार्यों के प्रति प्रबल आकर्षण था। विधाता की ओर से उसे प्रचुर शरीर-सम्पत्ति प्राप्त हुई थी। धर्म और दर्शन के सूक्ष्म विवेचन में उसे बिल्कुल रस नहीं मिलता था। अट्ठारह वर्ष की कच्ची उमर में ही वह बड़े-बड़े पहलवानों को पछाड़ दिया करता था।"[120] उसमें हजारों सैनिकों को ललकारने की क्षमता है। एक स्थल पर वह दण्डधरों को सम्बोधित करते हुए चिल्लाते हुए कहता है—सावधान, शार्विलक आ गया है। एक-एक दुर्वृत्त को वह यमलोक पहुँचायेगा और तलवार खींचकर वह बीच में कूद पड़ा। नागरिकों ने जो शार्विलक नाम सुना, तो उनमें उत्साह का ज्वार आ गया। महामल्ल शार्विलक के जय-निनाद के साथ नागरिक-दल दण्डधरों पर टूट पड़ा। शार्विलक ने बिजली की तरह तलवार भाँजना शुरू किया। उसका नाम सुनते ही दण्डधर पीछे हटने लगे। ऐसा जान पड़ा कि पीछे से नागरिकों का एक और दल जय-जयकार करता आ रहा है। दण्डधरों ने ऐसे सामूहिक विरोध की कल्पना नहीं की थी। इधर शार्विलक के नाम-मात्र से वे काँप उठे। नागरिकों को अनायस एक नेता मिल गया। उनके जय-जयकार की ध्वनि उज्जयिनी के गवाक्षों को भेदकर घर-घर पहुँच गयी। ऐसा जान पड़ा कि सारा नगर उमड़कर शार्विलक के पीछे आ खड़ा हुआ है। दण्डधरों में से अनेक मारे गये, अनेकों ने मैदान छोड़ दिया। शार्विलक के साथ नागरिक वसन्तसेना के घर के बाहरी आँगन में उपस्थित हो गये।[121]

श्यामरूप के चरित्र में एक ओर जहाँ शौर्य, वीरता और अपूर्व साहस देखने को मिलता है, वहीं दूसरी ओर उसमें सहानुभूति, दया और प्रेम का भाव भी परिलक्षित होता है। निम्नलिखित कथन में उसके चरित्र के ये सभी सद्गुण प्रस्तुत हुए हैं—नदी में कूदने से पहले शार्विलक ने इस असहाय क्रन्दन को सुना, उसके पैर रूक गये। इतने असहाय लोगों को छोड़कर भाग जाना क्या उचित है? एक ओर अन्नदाता की प्राण-रक्षा और दूसरी ओर असंख्य भय-व्याकुल लोगों को ढाढ़स बँधाना। दोनों में

कौन-सा कर्त्तव्य उसे चुनना चाहिए ? तर्क की ओर झुकनेवाली बुद्धि ने कहा—क्या कर लोगे अकेले इतनी विशाल सेना के सामने? भावना की ओर झुकनेवाली मानस-प्रतीति ने कहा—असहाय स्त्री-पुरुषों और बच्चों को ढाढ़स देते समय मर जाना ही श्रेयस्कर है। क्षण-भर उसे निर्णय करने में दुविधा हुई। पर दूसरी भावनोन्मुखी वृत्ति ही विजयी हुई। चण्डसेन को पीठ पर से खोलकर एक वृक्ष-तले लिटाया। साथी से पानी माँगा। उनके मुख पर ठण्डे पानी के छींटे दिये और फिर अपने साथी को उनकी देख-रेख के लिए छोड़कर वह लौट पड़ा। बच्चों, बूढ़ों, स्त्रियों को आश्वासन दिये, घबड़ाने की कोई बात नहीं है। इधर देखो, शार्विलक अपनी तलवार के साथ तुम्हारे पास खड़ा है। शान्त भाव से सब लोग नदी के किनारे आ जाओ। तुम्हारी रक्षा यह शिव की दी हुई तलवार करेगी।[122]

श्यामरूप प्रेम का सच्चा पुजारी है। प्रथम दर्शन में ही वह माँदी के प्रति अनुरक्त हो जाता है और धीरे-धीरे उसका अनुराग प्रगाढ़ हो जाता है। वह माँदी से कहता है—"तुम्हारे लिये ही पागलों की तरह मैं भटकता रहा हूँ। मथुरा से उज्जयिनी तक इसी आशा से आया हूँ कि तुम कहीं मिल जाओगी। सौभाग्य की बात है कि तुम मुझे मिल गयी। मुझे इस बात की प्रसन्नता है कि तुम वसन्तसेना की शरण में हो। पाँच सौ सुवर्ण कोई ऐसी चीज नहीं है मैं कहीं-न-कहीं से इतना धन इकट्ठा करूँगा और धर्मतः तुम्हें मुक्त करके अपने साथ रखूँगा। तुमने बहुत दुःख झेला है, उसके लिए अपराधी मैं ही हूँ। मेरी ही कुण्ठा के कारण तुम्हें इतना भोगना पड़ा। अब तुम निश्चिन्त रहो। मैं शीघ्र ही तुम्हें मुक्त कराऊँगा और स्वयं तुम्हारे प्रेमपाश में बँध जाऊँगा। शार्विलक अब तक उत्साहहीन होकर निर्जीव की भाँति पड़ा हुआ था। तुमने उसमें आशा और उत्साह भरा है। अब वह असाध्य-साधन करने को कृत-संकल्प है। चिन्ता न करो। एक सप्ताह के भीतर ही मैं तुम्हें अवश्य मुक्त करा लूँगा।"[123]

उपन्यास में श्यामरूप आर्यक का सहयोगी पात्र है। वह एक ओर जहाँ उच्च कोटि का मल्ल है, वहीं दूसरी ओर एक आदर्श प्रेमी भी है। माँदी को पाने के लिए वह हर सम्भव प्रयास करता है और अन्त में उसकी प्रेम-यात्रा पूर्ण हो जाती है। नरक में पड़ी हुई माँदी का उद्धार श्यामरूप उसी प्रकार करता है, जिस प्रकार महावराह ने धारित्री का उद्धार किया था। 'बाणभट्ट की आत्मकथा' में बाणभट्ट और भट्टिनी का प्रेम अदृप्त रह जाता है, किन्तु वही प्रेम 'पुनर्नवा' में आकर श्यामरूप और माँदी के रूप में मुखर हो उठता है।

इस प्रकार "श्यामरूप की कथा, श्यामरूप से छबीला पण्डित, छबीला पण्डित से शार्विलक और शार्विलक से पुनः श्यामरूप बनने की कहानी है।"[124]

इस उपन्यास में मुख्य पुरुष-पात्रों के अतिरिक्त अनेक ऐसे गौण पुरुष-पात्र भी हैं, जो उपन्यास की कथा में गति प्रदान करने में सहायक सिद्ध हुए हैं। वृद्धगोप,

समुद्रगुप्त, भटार्क, सुमेर काका, चन्द्रमौलि, माढ़व्य और चारुदत्त आदि ऐसे ही पात्र हैं।

वृद्धगोप च्यवनभूमि के चौधरी हैं। नन्दगोप के वंशधर होने के कारण उस क्षेत्र में उनका बड़ा सम्मान था। "वृद्धगोप के दो पुत्र थे जिनमें एक तो वस्तुतः ब्राह्मण-कुमार था, जिसे उन्होंने यत्न और स्नेह से पाला था। कुछ साँवला होने के कारण उन्होंने इसका नाम दिया था श्यामरूप। दूसरा आर्यक उनका अपना लड़का था।"[125]

वृद्धगोप एक आदर्श पिता थे। वे अपने दोनों बच्चों को आचार्य देवरात के चरणों में समर्पित करते हुए कहते हैं—आर्य, आज मेरा जन्म जन्म-जन्मान्तर कृतार्थ जान पड़ता है। आपने ही इन दोनों बच्चों में बलराम और कृष्ण का रूप देखा है और आप ही इन्हें बलराम और कृष्ण बना सकते हैं। मेरी हार्दिक अभिलाषा है कि श्यामरूप अपनी वंश-परम्परा के अनुसार पण्डित बने और आर्यक अपनी वंश-परम्परा के अनुसार अजेय मल्ल बने, परन्तु आपके चरणों में इन्हें सौंपकर मैं निश्चिन्त हुआ हूँ। आप इन्हें यथोचित शिक्षा दें।[126]

सम्राट् **समुद्रगुप्त** अपनी प्रशासकीय दक्षता, दृढ़ता एवं सूझ-बूझ के अतिरिक्त एक श्रेष्ठ मानव के रूप में चित्रित किये गये हैं, जो सम्राट् होने के अतिरिक्त एक आदर्श सखा और सहृदय युवक हैं।[127]

समुद्रगुप्त की तरह **भटार्क** भी ऐतिहासिक पात्र है। उपन्यास में उसकी विशेष भूमिका है। वह स्वामिभक्त और नीतिकुशल सेनापति के रूप में हमारे सम्मुख उपस्थित होता है। "पुनर्नवाकार ने भटार्क के चरित्र-शिल्प में उसकी इतिहास प्रसिद्ध वीरता और स्वामिभक्त का उपभोग करने के साथ-साथ अपनी ओर से नीति कुशलता और निरासक्त कर्त्तव्यपरायणता के तत्त्वों की उद्‌भावना की है और समुद्रगुप्त के चरित्र के साथ उसकी संगति बैठायी है।"[128]

सुमेर काका इस उपन्यास के एक ऐसे पात्र हैं जो, अपनी मस्तमौला और फक्कड़ स्वभाव के कारण उपन्यास में रोचकता की सृष्टि करते हैं। उनका व्यक्तिगत अत्यन्त प्रभावशाली है। वे स्पष्टवादी होने के साथ-साथ व्यवहार कुशल भी हैं। "इनके चरित्र-शिल्प में लेखक का उत्पाद्य लावण्य श्लाघनीय है।"[129]

चन्द्रमौलि एक सहृदय, भावुक एवं वियोगी कवि हैं। उनके व्यक्तित्व में संस्कृत कवि कालिदास की छवि दिखायी पड़ती है। चन्द्रमौलि के चरित्र के माध्यम से द्विवेदी जी ने गुप्तकालीन सांस्कृतिक एवं साहित्यिक माढ़व्य चेतना को प्रस्तुत किया है।

माढ़व्य एक संवेदनशील विनोदी व्यक्ति हैं। माढ़व्य की सृष्टि उपन्यास में हास्य के लिए हुई है, जो नाटकों में प्रस्तुत किये जानेवाले विदूषकों की स्मृति दिलाता

है। चारुदत्त के रूप में एक अत्यन्त लोकप्रिय सुन्दर व्यक्तित्ववाला मानवीय गुणों से युक्त एक ऐसा पात्र इस उपन्यास के द्वारा प्राप्त होता है, जो एक आदर्श पति होने के साथ-ही-साथ एक सच्चा प्रेमी भी है। प्रेमिका वसन्तसेना एवं धूता के साथ जैसा निष्कपट आचरण चारुदत्त के द्वारा सम्भव हुआ है, उससे वे तत्कालीन सामन्ती संस्कृति की सुन्दर झाँकी प्रस्तुत करते हैं।

इस प्रकार द्विवेदी जी ने 'पुनर्नवा' में पुरुष पात्रों को जाति, समाज एवं धर्म के संकीर्ण दायरे से ऊपर उठाकर आदर्श मानवता का सन्देश दिया है।

अनामदास का पोथा

"अनामदास का पोथा' औपनिषदिक युग का चित्रण करनेवाला उपन्यास है, जिसका आख्यान खास तौर से छान्दोग्य और वृहदारण्यक उपनिषद् पर आधारित है। ... इस उपन्यास के कुछ चरित्र उपनिषदों से लिये गये हैं, लेकिन अधिकांश लेखक की कल्पना की उपज है।"[130] रैक्व और औषस्ति छान्दोग्य से लिये गये हैं, जबकि मामा और जटिलमुनि कल्पित पात्र हैं।

ऋषिकुमार रैक्व इस उपन्यास का नायक है। रैक्व शुरू में एक सीधा-सादा पात्र है। कौतूहल और जिज्ञासा से भरा हुआ, दीन-दुनिया से बेखबर, 'सब हवा हैं'—के सत्य से जुड़ा हुआ। आँधी-पानी में उड़ता-बचता, डूबता-उतराता एक रथ के पास पहुँचाता है जहाँ 'स्थिर विद्युत् शिखा' जाबाला संज्ञाशून्य होकर कीचड़ में पड़ी हुई है। जीवन में पहली बार इतनी सुन्दर आकृति को देखकर रैक्व जी विकच-पुण्डरीक की तरह खिल जाते हैं। 'अहा हा' वाली मुद्रा में आनन्द विभोर होकर न केवल दिव्य मुखमण्डल और लाल अधरों को देखते हैं, बल्कि घने रेशम से लहरे बालों' को सहलाने भी लगते हैं। झिड़की सुनकर भी आँख फाड़-फाड़कर वे देखते जा रहे हैं। कन्या सरलता पर मुग्ध होती है (होना भी था) फिर व्याकरण, जनक, याज्ञवल्क्य, पद-पदार्थ-प्रत्यय आत्मा आदि-आदि के बारे में रैक्व को बताती है, समझाती है, पुचकारती है। रैक्व उसे पीठ पर बैठाकर घर छोड़ आने का प्रस्ताव करते हैं और कन्या बरज देती है तथा आँखें तरेरकर लोक-व्यवहार की शिक्षा देती है। बस ऋषिकुमार की पीठ में सुरसुरी शुरू हो जाती है और वे रथ के पास बैठ पीठ खुजलाते रहने की गुंजाइश निकाल लेते हैं। आन्तरिक मानसिक अनुभव के उद्घाटन में इस शुरुआत और घटनाक्रम से किसी तीखी चरित्रवत्ता या सापेक्ष वस्तुनिष्ठता की स्थापना भले ही सम्भव न हो, पात्रों को एक ऐतिहासिक दायित्व अवश्य सौंप दिया जाता है और एक क्रियाशील खुलापन धीरे-धीरे उभरने लगता है।"[131]

"रैक्व न तो बाणभट्ट है, न सातवाहन और न गोपाल आर्यक है, वह तो अपने मूल रूप में एक आदिम भोला प्राणी है, जो अनुभव और संस्कारों से पूर्णतः अनभिज्ञ है और इसी कारण मानवीय संवदेनाओं का विशुद्ध एवं मूर्त रूप है।"[132]

रैक्व के व्यक्तित्व में सहज मुग्धता व विलक्षण प्रतिभा का अद्भुत समन्वय है। समाज से दूर रहने के कारण वह लोक-व्यवहार के ज्ञान से वंचित जरूर है,

लेकिन उसकी तत्त्व जिज्ञासा स्वयं परीक्षण सत्य पर आस्था एवं अद्भुत ग्राहिका शक्ति उसके साधारण व्यक्तित्व को विशिष्टता प्रदान करती है। जाबाला के प्रति उसका उदात्त प्रेम उसे निरन्तर आगे बढ़ने की प्रेरणा देती है। माता ऋतम्भरा रैक्व को विरक्ति से संसक्ति की ओर प्रवृत्त करती हैं। सांसारिक दुःख को देखकर वह द्रवित हो उठता है, और माता से कहता है—"माँ, आज समाधि नहीं लग पा रही है। आँखों के सामने केवल भूखे-नंगे बच्चे और कातर दृष्टिवाली माताएँ ही दिख रही हैं।"[133]

रैक्व दीन-दुखियों की सेवा को ही ज्ञान का स्वरूप मानता है। कोरा, वाक्विवाद ज्ञान नहीं है। इस सम्बन्ध में वह कहता है—"मेरे पास अगर वह बुद्धि की परीक्षा लेने आयेगी तो उसे गाड़ी खींचकर दीन-दुखियों तक खाद्य पहुँचाने को कहूँगा। इसी में उसकी बुद्धि की परीक्षा हो जायेगी। माँ जो दीन-दुखियों की सेवा नहीं कर सकता, वह क्या बुद्धि की परीक्षा करेगा। मैं अब थोड़ा-थोड़ा रहस्य समझने लगा हूँ। कोरा वाग्वितण्डा ज्ञान नहीं है।"[134]

"रैक्व में सभी मानवीय वृत्तियाँ विद्यमान हैं, जो आगे चलकर यथावसर प्रस्फुटित होती हैं।" उसके निश्छल और निष्पाप चरित्र के सम्बन्ध में जाबाला अरुन्धती से कहती हैं—"हाँ अरु, शायद ऋजुका का भैया देवता से भी बढ़कर है। ऐसा निश्छल-निष्पाप चरित्र उस दिन नाटक में देखा था, आज ऋजुका दीदी से सुन रही हूँ। तू क्या नहीं समझ पाती कि ऐसा सहज मनुष्य दुर्लभ है।"[135]

"रैक्व के चरित्र में आत्यन्तिक सेवा-भाव भी दिखायी देता है—वे दिन-भर सेवा-कार्य में लगे रहते। परम वैश्वानर की सच्ची उपासना कहकर माता जी ने उन्हें इसी ओर प्रवृत्त किया था। उन्होंने आयुर्वेद का ज्ञान भी प्राप्त कर लिया था। दूर-दूर से आये रोगियों की सेवा करते, जो नहीं आ पाते उनके लिए घर जाकर यथासम्भव चिकित्सा करते। सायंकाल लौटते, कभी-कभी तो आधी रात तक बाहर रहते।...वे अत्यन्त आवश्यक होने पर ही कुछ बोलते थे, अधिकतर मौन ही रहते थे। वे वाक्-संयम का रहस्य जान चुके थे। उन्हें दुःखतप्त प्राणियों की सेवा में रस मिलने लगा था।"[136] इस प्रकार स्पष्ट है कि रैक्व का सेवा-भाव निष्काम सेवा-भाव है। इस सेवा-भाव के बदले में वह कुछ भी नहीं चाहता है।

"रैक्व के चरित्र में कुछ मानवीय दोष भी दिखायी पड़ते हैं जैसे अहंकार वृत्ति यदा-कदा क्रोध भी। परन्तु रैक्व के चरित्र की यह विशेषता है कि वह अपने दोषों को जानता है और उसके लिए पश्चात्ताप भी करता है।"[137]

इस प्रकार लोगों को रैक्व के चरित्र में अस्वाभाविकता भले ही दिखलायी दे, पर जिस उद्देश्य को लेकर द्विवेदी जी ने उसकी सृष्टि की है, उसमें उन्हें पूर्ण सफलता मिली है। वह एक प्रयोग का पुतला भले लगे पर सांस्कृतिक जड़ता को तोड़ने का सन्देश देनेवाला पात्र है। इसके माध्यम से उपन्यासकार ने तप के स्थान

पर लोकसेवा भाव की प्रतिष्ठा की है और ऋषियों द्वारा निरूपित विवाह व्यवस्था को उद्वाह में एक ऋषि रैक्व द्वारा परिवर्तित कर समाज के ज्वलन्त प्रश्नों के साथ उसे जा जोड़ा है। यही इस पात्र की सार्थकता है और इसी दृष्टि में उनका मूल्यांकन अपेक्षित है।[138]

रैक्व के बाद उपन्यास में **मामा** का चरित्र अत्यन्त आकर्षक है। "उपन्यास में मामा बहुत थोड़े देर के लिए ही आते हैं। किन्तु वह सम्पूर्ण उपन्यास में छा जाते हैं। उसके अन्दर जिलाने की इच्छा, प्रेमदर्शन या रहस्यात्मकता से उद्भुत न होकर सीधे स्वभाव प्रेरित और परिस्थिति प्रेरित है। उपन्यास का सबसे मार्मिक स्थल वहाँ है जहाँ मामा की भेंट अकालग्रस्त क्षेत्र में रैक्व व ऋतम्भरा से होती है। इसी भेंट के बाद ऋतम्भरा को यह साक्षात्कार होता है कि जिसमें जिलाने की इच्छा है वह जीने की इच्छा का रहस्य जान गया है।"[139] माता ऋतम्भरा कहती हैं–"जिसमें जिलाने की इच्छा है वह जीने की इच्छा का रहस्य जान गया है?"[140]

मामा के चरित्र के माध्यम से द्विवेदी जी ने सरकारी शासन-व्यवस्था पर करारा व्यंग्य किया है। राजा जानश्रुति द्वारा राहत कार्य के सन्दर्भ में खेले गये नाटक पर मामा की उक्ति प्रभावपूर्ण है। वह रैक्व से कहता है–"राम-राम ब्रह्मचारी जी, क्या कह रहे हैं आप। बोझा ढोना आपका काम है? इसके लिए तो विधाता ने हम लोगों को बना ही रखा है। आप वेद-शास्त्र का अध्ययन करेंगे, तप करेंगे, धर्म का उपदेश देंगे, तभी तो हम पामर जनों का कल्याण होगा।"[141] मामा के इस कथन में करुणा और व्यंग्य दोनों की झलक दिखती है।

मामा का सेवाभाव अत्यन्त सराहनीय है। दीन-दुखियों की सेवा करना ही वह अपना धर्म मानते हैं। माता ऋतम्भरा कहती हैं–"'मामा' ही वास्तविक रूप से तपस्या कर रहा है। अपने को संकट में डालकर मामा दूसरों के बच्चों के लिए साग-पात, फल-मूल और शब्द ले जाते हैं। उन्हें प्रेम से खिलाते हैं और उनका मन बहलाने के लिए झूठी कहानियाँ गढ़कर सुनाते हैं। मामा झूठ बोलता है, पर वह ऐसा झूठ है कि जिसके सामने सत्य की सत्ता ही समाप्त हो जाती है। ऋतम्भरा को मामा में परमपिता परमेश्वर की ज्योति दिखायी देती है।"[142] वह स्पष्ट कहती है–"यह झूठ नहीं बोल रहा है। परम वैश्वानर का इंगित समझ रहा है। परमात्मा ने भी तो हमारी प्रसन्नता के लिए माया का यह झूठ संसार रच रखा है।"[143]

"मामा शास्त्र का ज्ञाता नहीं है, लेकिन जीवन के यथार्थ से परिचित है।"[144] मामा का "विधाता ने अपना कोई नहीं छोड़ा तो सारा गाँव ही अपना हो गया।"[145] वह सबका मामा है–बच्चों का भी, जवानों का भी और बूढ़ों का भी।

उपन्यास में मामा की उपस्थिति बिजली को कौंध की तरह है, जो आकाश में चमककर चला जाता है, पर वह अद्भुत रस की सृष्टि करके जाता है। "जिस प्रकार मामा ने अपने हृदय में दीन-दुखियों की करुण वेदना समेट रखी है उसी प्रकार उससे अचानक उपन्यास से गायब हो जाने की वेदना सहृदय पाठक के हृदय में

सिमटकर रह जाती है। उपन्यास का सब-कुछ झूल सकता है, पर मामा का अनपढ़, अद्भुत और जीवन की मस्ती से भरा हुआ रसमय व्यक्तित्व पाठक के हृदय पर अपनी एक अमिट छाप छोड़ जाता है।"[146]

'अनामदास का पोथा' उपन्यास में मुख्य पात्रों के अतिरिक्त राजा जानश्रुति, जटिल मुनि, औदुम्बनारायण आदि पात्र भी उल्लेखनीय हैं।

राजा जानश्रुति एक कुशल सम्राट्, शासक और एक आदर्श पिता के रूप में उपन्यास में उपस्थित हैं। उनमें एक अच्छे पिता के सभी आदर्श गुण विद्यमान हैं। वह अपनी पुत्री की सभी सुख-सुविधाओं का ख्याल रखते हैं और इतना ही नहीं वे उसकी भावनाओं को भी बखूबी समझते हैं और उसकी आवश्यकताओं की पूर्ति करने के लिए सदैव तत्पर रहते हैं।

"**जटिल मुनि** समन्वयवादी हैं। जटिल मुनि एक ओर एकान्तवादी हैं, दूसरी ओर महर्षि औषस्तिपाद के प्रशंसक हैं। वे मातृशक्ति के साक्षात्कारी हैं साथ ही अपने हाथ से घास छीलकर अन्न ग्रहण करनेवाले स्वावलम्बी हैं। वैसे जटिल मुनि की उपन्यास में कोई आवश्यकता नहीं थी।"[147]

आचार्य औदुम्बरायण राजा जानश्रुति और जाबाला दोनों के गुरु थे। जाबाला के प्रति उनके हृदय में विशेष स्नेह था। "जाबाला को तो उन्होंने गोद में खिलाया था। लड़की के प्रति उनका स्नेह और ममत्व बहुत अधिक था। जाबाला की माँ जब नहीं रही तो उसकी माता के समान उसे स्नेह और दुलार दिया। जाबाला उनसे पढ़ती भी थी और अनेक प्रकार के बालहठ भी पूरा कराती थी। उनके स्नेह के कारण वह ढीठ हो गयी थी। पढ़ते समय वह उनसे खुलकर बहस करती। आचार्य उसके गुरु और माता दोनों का काम करते थे।"[148]

औदुम्बरायण विद्वान् होने के कारण साथ-साथ सहनशील और विनम्र भी हैं। तरुण तापस रैक्व उनके साथ अशिष्टतापूर्ण व्यवहार करता है किन्तु वे तनिक भी विचलित नहीं होते। यह उनकी सहनशीलता और विनम्रता का परिचायक है।

द्विवेदी जी ने आचार्य औदुम्बरायण का "चरित्र-चित्रण प्राचीन समय के एक कुल पुरोहित आचार्य के रूप में किया है। कुल पुरोहित होने के नाते आचार्य राजा और प्रजा दोनों के शुभ चिन्तक हैं।"[149]

सन्दर्भ-सूची

1. भारतीय इतिहास के निर्माता हजारीप्रसाद द्विवेदी, विश्वनाथ प्रसाद तिवारी, पृ. 52.
2. उपर्युक्त, पृ.52-53.
3. हजारीप्रसाद द्विवेदी के ऐतिहासिक उपन्यास, राजकाव, पृ. 79.
4. उपन्यासकार आचार्य हजारीप्रसाद द्विवेदी, डॉ. त्रिभुवन सिंह, पृ. 85.
5. बाणभट्ट का साहित्यिक अनुशीलन, अमरनाथ पाण्डेय, पृ. 8.
6. बाणभट्ट की आत्मकथा, हजारीप्रसाद द्विवेदी, पृ. 12.

7. उपर्युक्त, पृ. 58.
8. उपर्युक्त, पृ. 52.
9. उपर्युक्त, पृ. 22.
10. उपर्युक्त, पृ. 47.
11. उपर्युक्त, पृ. 124.
12. उपर्युक्त, पृ. 22.
13. उपर्युक्त, पृ. 77.
14. उपर्युक्त, पृ. 90.
15. ऐतिहासिक उपन्यास की सीमा और बाणभट्ट की आत्मकथा, डॉ. त्रिभुवन सिंह, पृ. 61.
16. बाणभट्ट की आत्मकथा, हजारीप्रसाद द्विवेदी, पृ. 16.
17. उपर्युक्त, पृ. 16.
18. उपर्युक्त, पृ. 16.
19. उपर्युक्त, पृ. 90.
20. उपर्युक्त, पृ. 87.
21. उपर्युक्त, पृ. 90.
22. ऐतिहासिक उपन्यास की सीमा और बाणभट्ट की आत्मकथा, डॉ. त्रिभुवन सिंह, पृ. 66.
23. आचार्य हजारीप्रसाद द्विवेदी का समग्र साहित्य : एक अनुशीलन, डॉ. यदुनाथ चौबे, पृ. 61.
24. ऐतिहासिक उपन्यास की सीमा और बाणभट्ट की आत्मकथा, डॉ. त्रिभुवन सिंह, पृ. 63.
25. बाणभट्ट की आत्मकथा, हजारीप्रसाद द्विवेदी, पृ. 97.
26. उपन्यासकार हजारीप्रसाद द्विवेदी, डॉ. त्रिभुवन सिंह, पृ. 92.
27. उपर्युक्त, पृ. 100.
28. बाणभट्ट की आत्मकथा विमर्श और व्याख्या, प्रो. लक्ष्मण दत्त गौतम, पृ. 96.
29. बाणभट्ट की आत्मकथा, हजारीप्रसाद द्विवेदी, पृ. 50.
30. उपर्युक्त, पृ. 79.
31. उपर्युक्त, पृ. 50.
32. उपर्युक्त, पृ. 54.
33. उपर्युक्त, पृ. 51.
34. उपर्युक्त, पृ. 55.
35. उपर्युक्त, पृ. 200.
36. आचार्य हजारीप्रसाद द्विवेदी का समग्र साहित्य : एक अनुशीलन, डॉ. यदुनाथ चौबे, पृ. 62.
37. बाणभट्ट की आत्मकथा विमर्श और व्याख्या, प्रो. लक्ष्मण दत्त गौतम, पृ. 103.
38. बाणभट्ट की आत्मकथा, हजारीप्रसाद द्विवेदी, पृ. 60.
39. उपर्युक्त, पृ. 64.
40. उपर्युक्त, पृ. 63.
41. उपर्युक्त, पृ. 62.
42. उपर्युक्त, पृ. 66.
43. उपर्युक्त, पृ. 65-66.
44. उपर्युक्त, पृ. 69.
45. उपर्युक्त, पृ. 182.

46. आचार्य हजारीप्रसाद द्विवेदी, का समग्र साहित्य एक अनुशीलन, डॉ. यदुनाथ चौबे, पृ. 62.
47. बाणभट्ट की आत्मकथा, हजारीप्रसाद द्विवेदी, पृ. 102.
48. उपर्युक्त, पृ. 102-103.
49. उपर्युक्त, पृ. 192-193.
50. उपर्युक्त, पृ. 102.
51. उपर्युक्त, पृ. 104.
52. उपर्युक्त, पृ. 40.
53. उपर्युक्त, पृ. 41.
54. उपर्युक्त, पृ. 41.
55. उपर्युक्त, पृ. 42-43.
56. उपर्युक्त, पृ. 134-35.
57. उपन्यासकार आचार्य हजारीप्रसाद द्विवेदी, डॉ. त्रिभुवन सिंह, पृ. 100.
58. बाणभट्ट की आत्मकथा : 'एक अध्ययन' सुरेशचन्द्र त्रिवेदी एवं विष्णु प्रसाद जानी पृ. 63.
59. बाणभट्ट की आत्मकथा, हजारीप्रसाद द्विवेदी।
60. उपन्यासकार आचार्य हजारीप्रसाद द्विवेदी, डॉ. त्रिभुवन सिंह, पृ. 101.
61. उपर्युक्त, पृ. 120.
62. आचार्य हजारीप्रसाद द्विवेदी का समग्र साहित्य : एक अनुशीलन, डॉ. यदुनाथ चौबे, पृ. 82.
63. चारु चन्द्रलेख, हजारीप्रसाद द्विवेदी, पृ. 27.
64. उपर्युक्त, पृ. 27.
65. आचार्य हजारीप्रसाद द्विवेदी के उपन्यास और आधुनिक चेतना, डॉ. मंजु तँवर, पृ. 11.
66. चारु चन्द्रलेख, हजारीप्रसाद द्विवेदी, पृ. 99.
67. उपर्युक्त, पृ. 73.
68. आचार्य हजारीप्रसाद द्विवेदी के उपन्यासो में जीवन-दर्शन, श्रीमती मंजु सारस्वत, पृ. 47.
69. चारु चन्द्रलेख, हजारीप्रसाद द्विवेदी, पृ. 58.
70. उपर्युक्त, पृ. 58.
71. उपन्यासकार आचार्य हजारीप्रसाद द्विवेदी, डॉ. त्रिभुवन सिंह, पृ. 120.
72. आचार्य हजारीप्रसाद द्विवेदी के उपन्यास, राजकाव, पृ. 82.
73. आचार्य हजारीप्रसाद द्विवेदी के उपन्यास और आधुनिक चेतना, डॉ. मंजु तँवर, पृ. 122.
74. चारु चन्द्रलेख, हजारीप्रसाद द्विवेदी, पृ. 38.
75. उपन्यासकार आचार्य हजारीप्रसाद द्विवेदी, डॉ. त्रिभुवन सिंह, पृ. 106.
76. चारु चन्द्रलेख, हजारीप्रसाद द्विवेदी, पृ. 50.
77. उपन्यासकार आचार्य हजारीप्रसाद द्विवेदी, डॉ. त्रिभुवन सिंह, पृ. 121.
78. हजारीप्रसाद द्विवेदी के उपन्यास और आधुनिक चेतना, डॉ. मंजु तँवर, पृ. 107.
79. चारु चन्द्रलेख, हजारीप्रसाद द्विवेदी।
80. उपन्यासकार आचार्य हजारीप्रसाद द्विवेदी, डॉ. त्रिभुवन सिंह, पृ. 121.
81. हिन्दी उपन्यास कला, डॉ. रामलखन शुक्ल, पृ. 148.
82. चारु चन्द्रलेख, पृ. 33.
83. उपर्युक्त, पृ. 69.
84. उपर्युक्त, पृ. 101.

85. उपन्यासकार आचार्य हजारीप्रसाद द्विवेदी, डॉ. त्रिभुवन सिंह, पृ. 121.
86. आचार्य हजारीप्रसाद द्विवेदी का समग्र साहित्य : एक अनुशीलन, डॉ. यदुनाथ चौबे, पृ. 85.
87. हिन्दी उपन्यास कला, डॉ. रामलखन शुक्ल, पृ. 148.
88. उपर्युक्त, पृ. 148.
89. चारु चन्द्रलेख, हजारीप्रसाद द्विवेदी, पृ. 121.
90. उपर्युक्त, पृ. 258.
91. उपर्युक्त, पृ. 125.
92. हजारीप्रसाद द्विवेदी के उपन्यास और आधुनिक चेतना, डॉ. मंजु तँवर, पृ. 108.
93. चारु चन्द्रलेख, हजारीप्रसाद द्विवेदी, पृ. 287.
94. उपर्युक्त, पृ. 287.
95. आचार्य हजारीप्रसाद द्विवेदी का समग्र साहित्य : एक अनुशीलन, डॉ. यदुनाथ चौबे, पृ. 84.
96. चारु चन्द्रलेख, हजारीप्रसाद द्विवेदी, पृ. 279.
97. उपर्युक्त, पृ. 25.
98. उपर्युक्त, पृ. 76.
99. आचार्य हजारीप्रसाद द्विवेदी के उपन्यास, राजकाव, पृ. 85.
100. भारतीय साहित्य के निर्माताः हजारीप्रसाद द्विवेदी, विश्वनाथ प्रसाद तिवारी, पृ. 50-51.
101. पुर्ननवा हजारीप्रसाद द्विवेदी।
102. उपन्यासकार आचार्य हजारीप्रसाद द्विवेदी, डॉ. त्रिभुवन सिंह, पृ. 134.
103. उपर्युक्त, पृ. 135.
104. उपर्युक्त, पृ. 135.
105. पुनर्नवा हजारीप्रसाद द्विवेदी।
106. उपर्युक्त,
107. उपन्यासकार आचार्य हजारीप्रसाद द्विवेदी, डॉ. त्रिभुवन सिंह, पृ. 137.
108. डॉ. हजारीप्रसाद द्विवेदी का उपन्यास साहित्य : एक अनुशीर्लन, डॉ. (श्रीमती) उमा मिश्रा, पृ.-203
109. उपन्यासकार आचार्य हजारीप्रसाद द्विवेदी, डॉ. त्रिभुवन सिंह, पृ. 137.
110. उपन्यासकार आचार्य हजारीप्रसाद द्विवेदी, सम्पादक डॉ. बादाम सिंह, रावत, शीर्षक लेख-पुर्ननवा : एक अन्तर्यात्रा, शीर्षक लेख— मनोहर लाल गौड़, पृ. 105.
111. उपन्यासकार आचार्य हजारीप्रसाद द्विवेदी, डॉ. त्रिभुवन सिंह, पृ. 139.
112. पुर्ननवा हजारीप्रसाद द्विवेदी पृ. 26.
113. उपर्युक्त, पृ. 45.
114. उपर्युक्त, पृ. 95.
115. उपन्यासकार आचार्य हजारीप्रसाद द्विवेदी, डॉ. त्रिभुवन सिंह, पृ. 137.
116. उपर्युक्त, पृ. 139.
117. पुनर्नवा हजारीप्रसाद द्विवेदी पृ. 91-92.
118. उपन्यासकार आचार्य हजारीप्रसाद द्विवेदी, डॉ. त्रिभुवन सिंह, पृ. 139.
119. उपन्यासकार आचार्य हजारीप्रसाद द्विवेदी, सम्पादक डॉ. बादाम सिंह, रावत, शीर्षक लेख-पुनर्नवा : एक अन्तर्यात्रा, शीर्षक लेख— मनोहर लाल गौड़, पृ. 105.
120. पुनर्नवा हजारीप्रसाद द्विवेदी पृ. 58.
121. उपर्युक्त, पृ. 187.
122. उपर्युक्त, पृ. 217.

123. उपर्युक्त, पृ. 133.

124. उपन्यासकार आचार्य हजारीप्रसाद द्विवेदी, सम्पादक डॉ. बादाम सिंह, रावत, शीर्षक लेख-पुनर्नवा : कथा का आद्यबिम्ब, शीर्षक लेख– डॉ. कृष्णकुमारी मिश्र, पृ. 125.

125. पुनर्नवा हजारीप्रसाद द्विवेदी पृ. 8.

126. उपर्युक्त, पृ. 8.

127. उपन्यासकार आचार्य हजारीप्रसाद द्विवेदी, डॉ. त्रिभुवन सिंह, पृ. 141-142.

128. पुनर्नवा : चेतना और शिल्प, राजनारायण, पृ. 94.

129. उपर्युक्त, पृ. 94.

130. भारतीय साहित्य के निर्माताः हजारीप्रसाद द्विवेदी, विश्वनाथ प्रसाद तिवारी, पृ. 52.

131. हजारीप्रसाद द्विवेदी–विश्वनाथ प्रसाद तिवारी, शीर्षक लेख– 'नाम में क्या रखा है।' लेखक– अरुणेश नीरन, पृ. 215-16.

132. हजारीप्रसाद द्विवेदी के उपन्यास और आधुनिक चेतना, डॉ. मंजु तँवर, पृ. 22.

133. अनामदास का पोथा, हजारीप्रसाद द्विवेदी पृ. 86.

134. उपर्युक्त, पृ. 94.

135. उपर्युक्त, पृ. 134.

136. उपर्युक्त, पृ. 195-196.

137. डॉ. हजारीप्रसाद द्विवेदी का उपन्यास साहित्य–एक अनुशीलन, डॉ. (श्रीमती) उमा मिश्रा, पृ. 215.

138. उपन्यासकार आचार्य हजारीप्रसाद द्विवेदी, डॉ. त्रिभुवन सिंह, पृ. 160.

139. उपन्यासकार आचार्य हजारीप्रसाद द्विवेदी, डॉ. बादाम सिंह रावत, शीर्षक लेख– : अनामदास का पोथाः एक मूल्यांकन शीर्षक लेखक डॉ. सान्ध्य प्रभा, पृ. 151-152.

140. अनामदास का पोथा, हजारीप्रसाद द्विवेदी पृ. 92.

141. उपर्युक्त, पृ. 110.

142. उपन्यासकार आचार्य हजारीप्रसाद द्विवेदी, डॉ. त्रिभुवन सिंह, पृ. 163.

143. अनामदास का पोथा, हजारीप्रसाद द्विवेदी पृ. 91.

144. उपन्यासकार आचार्य हजारीप्रसाद द्विवेदी, डॉ. बादाम सिंह रावत, शीर्षक : अनामदास का पोथाः एक मूल्यांकन शीर्षक लेखक– डॉ. सान्ध्य प्रभा, पृ. 152.

145. अनामदास का पोथा, हजारीप्रसाद द्विवेदी पृ. 89.

146. उपन्यासकार आचार्य हजारीप्रसाद द्विवेदी, डॉ. त्रिभुवन सिंह, पृ. 164.

147. उपन्यासकार आचार्य हजारीप्रसाद द्विवेदी, डॉ. बादाम सिंह रावत, शीर्षक लेख- : अनामदास का पोथाः एक मूल्यांकन शीर्षक लेखक– डॉ. सान्ध्य प्रभा, पृ. 152.

148. अनामदास का पोथा, हजारीप्रसाद द्विवेदी पृ. 91.

149. डॉ. हजारीप्रसाद द्विवेदी का उपन्यास साहित्य- एक अनुशीलन, डॉ. (श्रीमती) उमा मिश्रा, पृ. 215.

चरित्र-शिल्प की दृष्टि से आचार्य हजारीप्रसाद द्विवेदी का महत्त्व

आचार्य हजारीप्रसाद द्विवेदी ने अपने उपन्यासों में चरित्र-शिल्प की समस्त विशेषताओं को समाहित करने का प्रयास किया है। किसी भी चरित्र के विषय-वस्तु के साथ तारतम्यता स्थापित करने में द्विवेदी जी अत्यन्त सफल रहे हैं। उपन्यासों में उन्होंने प्रत्येक चरित्र के साथ न्याय किया है और उसे यथोचित स्थान देने का प्रयत्न किया है। यही कारण है कि उनके उपन्यास पाठकों को सदैव जिज्ञासु बनाये रखते हैं। पात्र वर्तमान के हों या अतीत के, देवलोक के हों या कल्पना लोक के अथवा पृथ्वीलोक के द्विवेदी जी ने उनके चरित्र-शिल्प का निर्माण अत्यन्त स्वाभाविक ढंग से किया है। इस प्रकार द्विवेदी जी का युगबोध उनके उपन्यासों में प्रस्तुत अतीतकालीन पात्रों को भी प्रासंगिकता प्रदान करनेवाला है।

आचार्य द्विवेदी जी उदात्त और महान् चरित्रों का सृजन करने में सिद्धहस्त हैं। ''उनके उपन्यासों के अधिकांश पात्र विद्वान्, योद्धा, कला मर्मज्ञ और परदुःखकातर होते हैं। उनमें त्याग, बलिदान और प्रेम की एक अन्तर्धारा प्रवाहित होती है। बाणभट्ट, निपुणिका, भट्टिनी, चन्द्रलेखा, देवरात, मंजुला, गोपाल आर्यक, चन्द्रा, शुभा, रैक्व आदि चरित्र इसी प्रकार के हैं। बीच-बीच में देवदर्शन, स्वप्न दर्शन तथा सिद्धियों आदि के चमत्कार भी आते हैं, पर द्विवेदी जी उनका मनोवैज्ञानिक विश्लेषण करके उन्हें विश्वसनीय बनाने की चेष्टा करते हैं। उनकी दृष्टि पात्रों की मानसिक हलचलों के गहन विश्लेषण-उद्घाटन की ओर होती है।''[1]

द्विवेदी जी ने पुरुषप्रधान समाज में व्याप्त अतिचारों और अनाचारों का मूल कारण अहंकार और शक्तिमद को माना है। आज समाज में चारों ओर जो हिंसा, बर्बरता देखने को मिल रहा है, उसका कारण यही अहंकार है। इसी का समष्टि रूप शोषण व उत्पीड़न की भयानक स्थितियों में देखा जा सकता है। द्विवेदी जी का मानना है कि इस आतंकपूर्ण भयानक स्थिति का शमन निषेध-रूपा नारी-तत्त्व के समुत्थान से ही हो सकता है। जहाँ कहीं उत्सर्ग, प्रेम, सेवा और समर्पण का भाव

है, वहीं नारी-तत्त्व विद्यमान है। पुरुष अपनी अहंकार की कलुषता से नारी-तत्त्व को विकृत और विनष्ट कर देता है। द्विवेदी जी कहते हैं—"पुरुष-चित्त का लेश मात्र विकास भी नारी शक्ति को कुण्ठित कर देता है। यह दुःख और यातना का भवसागर सूख गया होता यदि पुरुष ने नारी को ठीक-ठीक पहचाना होता और अपने चित्त के कल्मष से इस महिमामयी शक्ति को कलुषावृत न किया होता।"[2]

मानव-जीवन की परम्परा को अक्षुण्ण बनाये रखने में स्त्री और पुरुष दोनों प्राणियों का सहयोग रहा है, किन्तु पुरुष अपनी विशेष शक्ति और संघर्ष क्षमता के कारण जीवन-व्यापार में अग्रणी दृष्टिगोचर होता है और स्त्री अपनी सीमित पृष्ठभूमि में रहकर, उसके सहायक की गौण भूमिका निर्वाह करती है। अतीत और वर्तमान जीवन का अवलोकन करने पर भी यही अनुभव होता है कि स्त्री, पुरुष पर निर्भर है। उसका अपना कोई स्वतन्त्र अस्तित्व नहीं है। वह पुरुष की बनायी समाज-व्यवस्था में प्रायः पीड़ित और प्रताड़ित होती रहती है। समाज की इन्हीं विषय-वस्तुओं को आधार बनाकर द्विवेदी जी ने अपने उपन्यासों को रचा है।

आचार्य द्विवेदी जी की धारणा है कि नारी पुरुष की आश्रिता अथवा भोग्या नहीं है—वह वास्तव में उसकी पूरक, सहचर और मूलतः उसकी प्रेरणा है। "स्वस्थ समाज के निर्माण हेतु द्विवेदी जी की दृष्टि में मात्र नारी के समर्पण से काम चलनेवाला नहीं है। पुरुष को भी समान रूप से नारी के लिए समर्पित होना पड़ेगा।"[3] अपने मत को स्पष्ट करने के लिए द्विवेदी जी ने ताम्बूल को नारी-धर्म का प्रतीक माना है—"ताम्बूल नारी-धर्म को ठीक-ठीक व्यक्त करता है। देख बेटा, जिस प्रकार पान और सुपारी, चूना और कत्था मिलकर एकमेक हो जाते हैं, उसी प्रकार जब पुरुष और नारी और उनकी तेजोगरिमा एकमेक हो जाते हैं, तभी अलौकिक आनन्द के हेतु बनते हैं। कैसे बनते हैं? एक-दूसरे को परिपूर्ण भाव से आत्मसमर्पण करके।"[4]

आचार्य हजारीप्रसाद द्विवेदी ने चरित्र-शिल्प के निर्माण में इतिहास के साथ-साथ कल्पना का सहारा भी बड़े कौशल के साथ लिया है। **बाणभट्ट की आत्मकथा** में बाणभट्ट, हर्षवर्द्धन, राज्यश्री तथा कुमार कृष्णवर्द्धन ऐतिहासिक पात्र हैं। बाणभट्ट का हर्षवर्द्धन के दरबार में जाना और वहाँ सभा पण्डित बनना ये दोनों बातें इतिहाससम्मत हैं। 'हर्षचरित' में हर्षवर्द्धन के चचेरे भाई कृष्णवर्द्धन का उल्लेख मिलता है, किन्तु ऐतिहासिक ग्रन्थों में उसका कोई वर्णन नहीं मिला है। 'बाणभट्ट की आत्मकथा' के अन्य पात्र—तुवरमिलिन्द, लोरिकदेव, भट्टिनी, निपुणिका, सुचरिता आदि द्विवेदी जी की कल्पना की उपज हैं। तुवरमिलिन्द भट्टिनी के पिता हैं, जो अत्यन्त प्रतापी और यशस्वी राजा हैं। उपन्यास में वे प्रत्यक्ष तो नहीं आते हैं, किन्तु उनके महान् चरित्र का प्रभाव पाठकों पर बना रहता है। लोरिकदेव भी एक

काल्पनिक पात्र है। इसके चरित्र के निर्माण में द्विवेदी जी ने लोक-साहित्य का सहारा लिया है। इसके अलावा भट्टिनी, निपुणिका और सुचरिता द्विवेदी जी की कल्पना की सृष्टि हैं।

'चारु चन्द्रलेख' में चन्द्रलेखा, गोरखनाथ, सीदी मौला, ऐतिहासिक पात्र हैं, जबकि राजा सातवाहन, मैना, विद्याधर भट्ट, बोधा आदि काल्पनिक पात्र हैं। 'पुनर्नवा' में समुद्रगुप्त एक ऐतिहासिक चरित्र है। वहीं दूसरी ओर देवरात, गोपाल आर्यक, श्यामरूप, सुमेरकाका, मंजुला, मृणालमंजरी, चन्द्रा आदि लेखक की अद्भुत कल्पना की सृष्टि हैं, "इनमें से कुछ लोक में प्रचलित चरित्र हैं, जिनकी ऐतिहासिकता लोक-विश्वास मात्र है। द्विवेदी जी ने लोरिकचन्द की लोकगाथा, शूद्रक के 'मृच्छकटिकम्' के कुछ प्रसंग तथा मातृगुप्त को कालिदास के रूप में स्वीकार करके एक कल्प-सृष्टि की है।"[5]

'अनामदास का पोथा' उपन्यास मुख्य रूप से छान्दोग्य और वृहदारण्यक उपनिषदों पर आधारित है। द्विवेदी जी ने इस उपन्यास के कुछ चरित्र उपनिषदों से लिये हैं, लेकिन अधिकांश पात्र उनकी कल्पना की सृष्टि हैं। रैक्व, जानश्रुति, जाबाला और औषस्ति पात्र छान्दोग्य उपनिषद् से लिये गये हैं, जबकि ऋजुका, माता अरुन्धती, जटिल मुनि आदि पात्र काल्पनिक हैं। उपनिषदों से लिये गये पात्रों को भी द्विवेदी जी ने अपनी कल्पना के रंग में रंगकर उसे और भी आकर्षक बना दिया है।

आचार्य द्विवेदी जी ने अपने उपन्यासों में स्त्री को अत्यन्त गौरवमय पद प्रदान किया है। उनकी नारियाँ सदैव आदर्श मानवी से देवी पद की ओर अग्रसर होती हैं। 'बाणभट्ट की आत्मकथा' की भट्टिनी और निपुणिका, 'चारु चन्द्रलेख' की चन्द्रलेखा और मैना, 'पुनर्नवा' की चन्द्रा, मृणाल और मंजुला तथा 'अनामदास का पोथा' में जाबाला और ऋतम्भरा का चरित्र इसी प्रकार का है।

नारी महिमा का गुणगान और उसका आत्मोत्थान द्विवेदी जी के उपन्यासों का मुख्य उद्देश्य है। 'बाणभट्ट की आत्मकथा' की भट्टिनी स्त्री-जाति की आदर्श है। उनके सम्पर्क में आकर ही बाणभट्ट मनुष्यता से देवत्व की ओर अग्रसर होता है। निपुणिका एक ऐसी स्त्री-पात्र है, जिसके माध्यम से द्विवेदी जी ने नारी के आत्मबलिदान का एक अद्भुत रूप प्रस्तुत किया है। यह प्रेम के सात्त्विक रूप की चरम उत्कर्ष है। निपुणिका के चरित्र में जो गौरवमयी दीप्ति है, वह अद्वितीय है। वह कमल के फूल की भाँति है, जो कीचड़ में जन्म लेकर भी निर्मल और स्वच्छ रहती है।

'चारु चन्द्रलेख' की नाटी माता का संयम और तप इतना उच्चकोटि का है कि राजा सातवाहन भी उसके समक्ष नतशिर हो जाते हैं। चन्द्रलेखा देवी स्वरूप है। बत्तीस लक्षणों से युक्त चन्द्रलेखा सिद्धियोगिनी होने के साथ-साथ एक आदर्श पति-परायण स्त्री भी है। मैना साहस और संयम की प्रतिमूर्ति है। वह सिर्फ लुटाना

जानती है, ग्रहीता भाव उसमें है ही नहीं। साहस से ही सिद्धि मिलती है—यही मैना के जीवन का आदर्श सिद्धान्त है।

'पुनर्नवा' की मंजुला एक नर्तकी है, पर उसके चरित्र को द्विवेदी जी ने जिस प्रकार गौरव प्रदान किया है, उसकी पवित्रता ने उसके सात्त्विक हृदय को रेखांकित किया है, वह अनूठा है। गणिका पुत्री मृणाल अपने आदर्श गुणों के बल पर इतना ऊँचा उठती है कि सम्राट् भी उसका सम्मान करते हैं। मृणाल के सत्संग में आकर चन्द्रा का चरित्र भी उज्ज्वल हो जाता है। वह एक ऐसी प्रताड़ित नारी है, जो अपने दृढ़ संकल्प-शक्ति के बल पर समाज और शासन की चिन्ता न करते हुए जीवन पथ पर अग्रसर होती है। लोग उसे कुलटा मानते हैं, किन्तु खुद की दृष्टि में वह कुलवधू और सती-साध्वी स्त्री है। चन्द्रा के चरित्र के माध्यम से द्विवेदी जी ने एक साहसी, संघर्षशील और निश्छल स्त्री का आदर्श उपस्थित किया है। 'अनामदास का पोथा' की ऋतम्भरा का चरित्र भी अद्वितीय है। वह स्त्री-जाति की आदर्श है।

इस प्रकार द्विवेदी जी ने स्त्री को सर्वत्र आदर्श रूप में प्रस्तुत किया है। वे "नारी को भौतिक रूप से आत्मनिर्भरता दिलाने की वकालत नहीं करते। वे तो उसे तप-त्याग, सेवा-संयम के उच्च भारतीय आदर्शों से समन्वित देखना चाहते हैं। वे नारी को पद्मिनी, सीता, अनसूया और गार्गी बनाना चाहते हैं। 'आत्मकथा की निपुणिका, चारु चन्द्रलेख' की मैना पद्मिनी-रूपा है, भट्टिनी सीता का संयम और विवेक लिये हुए है। 'पुनर्नवा' की मृणाल और धूतादेवी अनसूया-सी पति परायण है तो 'अनामदास का पोथा' की ऋतम्भरा गार्गी के ज्ञान-गौरव से सम्पन्न है।[6]

द्विवेदी जी के उपन्यासों में पुरुष-पात्र भी "अपने मानवीय गुणों के कारण महत्त्वपूर्ण हैं, वे महत्त्वपूर्ण इसीलिए बन पाये कि उन्होंने नारी-शरीर को देव-मन्दिर स्वीकार कर उसके अन्दर में निहित देवत्व का दर्शन किया। द्विवेदी जी की धरती स्वरूपा नारी समय-समय पर पंक में डूबकर अपने उद्धार के लिए पुरुष रूपी महावराह की उपेक्षा अवश्य करती है, पर वह विधाता की ऐसी सृष्टि है, जो उसकी इच्छाशक्ति को स्वरूप प्रदान करती है। इस प्रकार द्विवेदी जी ने अपने उपन्यास में नारी मर्यादा की बड़ी जबर्दस्त वकालत की है।"[7]

आचार्य द्विवेदी ने स्त्री-पुरुष की इसी अवधारणा को आधुनिक सन्दर्भ में विकसित कर नवीन दृष्टिकोण प्रदान किया है। आज का मानव संघर्षों के बीच घिरा हुआ लक्ष्यहीन जीवन जी रहा है। उसे अपने जीवन की सार्थकता की तलाश है। द्विवेदी जी ने अपने चारों उपन्यासों के पात्रों के माध्यम से इसी प्रश्न का समाधान ढूँढ़ने का प्रयास किया है। 'बाणभट्ट की आत्मकथा' में महामाया, 'चारु चन्द्रलेख' में राजा सातवाहन, 'पुनर्नवा' में देवरात और 'अनामदास का पोथा' में रैक्व इसी प्रश्न

का उत्तर ढूँढ़ते नजर आते हैं। अन्त में सब को एक ही उत्तर मिलता हैं–"सच्चा सुख अपने को दलित द्राक्षा की भाँति निचोड़कर उपलब्ध माधुर्य रस को लुटा देने में है।"[8]

अपने सर्वस्व को निःशेष कर देने की कामना में चरम-तृप्ति और परम सार्थकता की तलाश ही मानो नारी-तत्त्व की साधना हे। व्यक्ति जीवन की समस्त कुण्ठाओं व पीड़ाओं से लेकर समष्टि जीवन की दारुण विभीषिकाओं तक इसका शामक प्रभाव पड़ता है चाहे व्यक्ति के निजी जीवन की आकांक्षा हो या किसी देश व समाज की महत्त्वाकांक्षा, आज के ऐतिहासिक संकट से घिरी मनुष्यता इसी नवीन मूल्य-बोध को अपनाकर कल्याण की ओर समान मानव संस्कृति की महायोजन की ओर अग्रसर हो सकती है।[9]

आचार्य हजारीप्रसाद द्विवेदी ने अपने उपन्यासों में पात्रों को भी प्रतीक रूप में प्रस्तुत किया है। ''वर्तमान सामाजिक विषमता से उत्पन्न वेदना की ओर द्विवेदी जी की दृष्टि बराबर रही है और वे स्वीकार करते हैं कि यह वेदना तब तक समाप्त नहीं होगी, जब तक कि इच्छा, क्रिया और ज्ञान में समन्वय स्थापित न होगा। इनकी परस्पर विषमता ही सामाजिक वेदना के मूल में है। इसे स्पष्ट करने के लिए वे अपने उपन्यासों में पात्रों को प्रतीक रूप में प्रस्तुत करते हैं।[10]

'बाणभट्ट की आत्मकथा' में भट्टिनी, निपुणिका और बाणभट्ट क्रमशः इच्छा, क्रिया और ज्ञान के प्रतीक के रूप में अवतरित हुए हैं। इसी प्रकार चारु चन्द्रलेख में चन्द्रलेखा, मैना और सातवाहन तथा 'पुनर्नवा' में मृणाल, चन्द्रा और आर्यक क्रमशः इच्छा, क्रिया और ज्ञान के प्रतीक जान पड़ते हैं।

'आत्मकथा' की इच्छा प्रतीक भट्टिनी लेख में चन्द्रलेखा के रूप में प्रकट हुई है। वह ज्ञान-प्रतीक बाण को सातवाहन के रूप में पाकर धन्य होती है। पुनः वह 'पुनर्नवा' में मृणाल होकर आयी है, जो ज्ञान प्रतीक आर्यक को पति रूप में पाती है। आत्मकथा की क्रिया प्रतीक निपुणिका ज्ञान-प्रतीक बाण को पाने में विफल रहती है। 'लेख' में मैना बनकर आयी है। वह जन्म-जन्म के संगी सातवाहन को देखकर मुग्ध है पर लुब्ध नहीं। यहाँ भी क्रिया रूप मैना का अन्त निपुणिका जैसा ही होता है। वह देना भर जानती है, ग्रहीता-भाव उसमें नहीं है। पुनर्नवा में क्रिया-प्रतीक चन्द्रा होकर आती है और इस बार भी उसे जन्म-जन्मान्तर के साथी ज्ञान प्रतीक आर्यक हो पाने में अपूर्व संघर्ष करना पड़ता है। अन्ततः वह इच्छा ज्ञान के बिछुड़े बिन्दुओं को मिलाने में सफल होती है। और स्वयं भी उनसे संयुक्त होकर पूर्णता पाती है।[11]

इस प्रकार स्पष्ट है कि 'बाणभट्ट की आत्मकथा' में तीनों इच्छा, क्रिया और ज्ञान एक-दूसरे की ओर आकर्षित तो होते हैं, किन्तु मिल नहीं पाते। 'चारु चन्द्रलेख' में भी तीनों एक-दूसरे के प्रति उन्मुख होते हैं, परन्तु इच्छा रूपी चन्द्रलेखा

और ज्ञानरूप सातवाहन ये दो बिन्दु ही आपस में मिल पाते हैं। 'पुनर्नवा' में तीनों बिन्दु परस्पर एक-दूसरे से मिलते हैं। क्रिया प्रतीक चन्द्रा, इच्छा और ज्ञान रूप मृणाल और आर्यक से मिलकर पूर्णता पाती है। 'बाणभट्ट की आत्मकथा' और 'चारु चन्द्रलेख' के पाठकों को द्विवेदी जी ने जहाँ छोड़ दिया था, इस उपन्यास में वे उन्हें साहसपूर्वक आगे बढ़ने का सन्देश देते हैं। मृणाल, चन्द्रा, गोपाल आर्यक का पुनर्मिलन जीवन की विडम्बना को समाप्त करनेवाला है और इस उपन्यास का यही साहसिक अभियान है।[12]

"द्विवेदी जी के उपन्यासों में प्रणय-भावना है तो परन्तु सर्वत्र संयत-वेष्टित। निपुणिका बाण के प्रति अनुरक्त है। परन्तु समर्पण-विफला निपुणिका का मोह भक्ति में बदल जाता है। भट्टिनी बाण के कहे शब्दों को सामगान समान मानती है। उसकी बाण के प्रति प्रणयानुभूति सदैव अप्रकट है। मैना का सातवाहन के प्रति प्रेम भी आन्तरिक है वह राजा के प्रति मोह तो रखती है, पर लोभ नहीं। चन्द्रा का प्रणय आर्यक के प्रति वेगवती सरिता-सा उच्छल है, जो समाज के तटबन्धों को तोड़कर प्राप्त को पाकर ही रहता है। जाबाला का रैक्व के प्रति प्रेम, श्रद्धा-मनु के प्रेम के समान संयत है।"[13]

समाज में जिन स्त्रियों को पतिता या कुलटा समझा जाता है उनमें सच्चे जीवन नारीत्व का विकास कर द्विवेदी जी ने उसे देवी के पद पर प्रतिष्ठित किया है। नारी का समर्पित सेवा-भाव ही उसे महान् बनाता है। 'चारु चन्द्रलेख' की मैना, 'पुनर्नवा' की चन्द्रा और 'अनामदास' की जाबाला भी यही आदर्श प्रस्तुत करती है। 'पुनर्नवा' की गणिका मंजुला की कला प्रशंसा सभी करते हैं। किन्तु उसके हृदय में स्थित देवत्व को केवल देवरात ही पहचान पाते हैं। देवरात कहते हैं–"देवी, तुम्हारे भीतर देवता का निवास है। तुम्हारा देवता तुम्हारे भीतर बैठा हुआ अवसर की प्रतीक्षा कर रहा है। कोई बाहरी शक्ति किसी का उद्धार नहीं करती। यह अन्तर्यामी देवता ही उद्धार कर सकता है।[14]

इस प्रकार द्विवेदी जी ने मंजुला जैसी गणिका के हृदय में भी देवत्व की स्थापना किया है। मंजुला की आन्तरिक पीड़ा और वेदना केवल उसकी पीड़ा या वेदना नहीं है बल्कि वह उसके जैसी लाखों नारियों का प्रतिनिधित्व करती है। दूसरी ओर चन्द्रा एक ऐसी स्त्री-पात्र है, जो परिस्थितियों से समझौता नहीं करती है, बल्कि उसका विरोध करती है। वह कहती है–"मेरा विवाह मेरी इच्छा के विरुद्ध मेरे पिता ने एक ऐसे मनुष्य रूपधारी पशु से कर दिया, जो पुरुष है ही नहीं। मैं उसे पति नहीं मान सकती। हलद्वीप के मुँह में कालिख लगती है तो सौ बार लगा करे। जो समाज इस प्रकार के विवाह की स्वीकृति देता है, वह अपने मुँह में कालिख पहले

ही पोत लेता है। मैंने आर्यक को ही अपना पति माना था। वह मेरा था, और रहेगा।[15] ऐसे प्रसंगों की सृष्टि द्विवेदी जी ने 'बाणभट्ट की आत्मकथा' और 'चारु चन्द्रलेख' मैं भी की है। पर कुत्सित सामाजिक रूढ़ियों एवं अन्धविश्वासों के विरुद्ध जो जेहाद 'पुनर्नवा' उपन्यास में चन्द्रा ने छोड़ रखा है वह उनमें नहीं। बल्कि उन उपन्यासों में घुटन की सृष्टि हुई है और उस घुटन से प्रकट अदृप्त प्रेम का सौन्दर्य छायावादी है, जो जयशंकर प्रसाद के सौन्दर्यबोध से प्रभावित जान पड़ता है।[16]

द्विवेदी जी के उपन्यासों के पात्रों के चरित्र-शिल्प का सूक्ष्म अध्ययन किया जाये तो यह स्पष्ट हो जायेगा कि वे विगलित सामाजिक परम्पराओं में संस्कार लाने एवं नवीन सामाजिक मूल्यों के निर्माण के प्रति सजग हैं। द्विवेदी जी का मानना है कि सामाजिक विकृति पुरुषों के कारण होती है न कि स्त्रियों के कारण। इसलिए उन्होंने अपने उपन्यासों में समाज द्वारा उपेक्षित एवं पतित समझी जानेवाली स्त्री पात्रों में देवत्व की स्थापना किया है। द्विवेदी जी "जाति-पाँति, ऊँच-नीच और वांछित-अवांछित के बीच खिंची भ्रामक रेखाओं को मिटाकर वे मानवता की दिग्विजय में आस्था रखनेवाले उपन्यासकार हैं। यही कारण है कि उपन्यासों के माध्यम से पतित समझे जानेवाले ऐसे नारी-पात्रों की सृष्टि की है कि जिनकी चरण धूलि मस्तक पर रखकर किसी भी देश, जाति और काल में नारियाँ साध्वी एवं देवी कहलाने का अधिकार प्राप्त कर सकती हैं।[17]

स्पष्ट है कि आचार्य द्विवेदी जी ने अपने उपन्यासों में आदर्श पुरुष पात्रों की सृष्टि किया है, जो अपने मानवीय गुणों के कारण उपन्यास में महत्त्वपूर्ण स्थान पाते हैं। किन्तु उनकी महत्ता इस दृष्टि से और भी अधिक बढ़ जाती है कि उन्होंने नारी-शरीर को केवल वासना की दृष्टि से न देखकर उसके शरीर को देव-मन्दिर मानकर उसके भीतर देवत्व का दर्शन किया है।

द्विवेदी जी के पात्रों के चरित्र-शिल्प के सम्बन्ध में डॉ नामवर सिंह लिखते हैं—"उनके प्रति उपन्यासों में प्रायः एक पतिता नारी के प्रति सहानुभूति जमाकर उसके उद्धार का चित्रण मिलता है।[18] 'बाणभट्ट की आत्मकथा' अपहृता राजपुत्री भट्टिनी और घर से भागी हुई अबला नारी निपुणिका इन दोनों के माध्यम से द्विवेदी जी ने नारी-हृदय की समग्र पीड़ा को चित्रित किया है। इन नारियों की पीड़ा केवल उनकी पीड़ा नहीं है, बल्कि समस्त नारी-जाति की पीड़ा है। डॉ. शैल रस्तोगी के शब्दों में—"निपुणिका और भट्टिनी के हृदय की पीड़ा का जो चित्र द्विवेदी जी ने प्रस्तुत किया है, वह बड़ा सजीव है। नारी-हृदय की सम्पूर्ण वेदना उसके चरित्र में साकार हो उठी है।...उनकी नारी की पीड़ा चिरन्तन पीड़ा है, जो पुरातन होते हुए भी नूतन

है।"[19]

"मुक्त करो नारी को मानव! चिर बन्दिनि नारी को।
युग युग की बर्बर कारा से, जननी सखी प्यारी को।"[20]

स्पष्ट है कि "आचार्य द्विवेदी के उपन्यास एक ओर जहाँ नारी को शैक्षिक, चारित्रिक उत्थान हेतु प्रेरणा देते हैं, तो दूसरी ओर पुरुष को स्वस्थ दृष्टि प्रदान करते हैं। जिससे वह नारी को शृंगार आलम्बन से आगे बढ़कर उसे श्रद्धा विश्वासमयी मानने लगे। इस प्रकार इन उपन्यासों में नारी-कल्याण के साथ मानव-मात्र के आत्यन्तिक कल्याण की पावन भावना की अभिव्यक्ति हुई है।[21]

सन्दर्भ सूची

1. हजारीप्रसाद द्विवेदी, विश्वनाथ प्रसाद तिवारी, पृ. 52.
2. उपन्यासकार आचार्य हजारीप्रसाद द्विवेदी, डॉ. त्रिभुवन सिंह, पृ. 173.
3. उपर्युक्त, पृ. 173.
4. चारु चन्द्रलेख, पृ. 217.
5. हजारीप्रसाद द्विवेदी, विश्वनाथ प्रसाद तिवारी, पृ. 51.
6. हजारीप्रसाद द्विवेदी के उपन्यासों में नारी, डॉ. हरिशंकर शर्मा, पृ. 214.
7. उपन्यासकार आचार्य हजारीप्रसाद द्विवेदी, डॉ. त्रिभुवन सिंह, पृ. 185.
8. साहित्य संगम आचार्य हजारीप्रसाद द्विवेदी, डॉ. रामकुमार गुप्त, पृ. 91.
9. उपर्युक्त, पृ. 91.
10. उपन्यासकार आचार्य हजारीप्रसाद द्विवेदी, डॉ. त्रिभुवन सिंह, पृ. 168.
11. हजारीप्रसाद द्विवेदी के उपन्यासों में नारी, डॉ. हरिशंकर शर्मा, पृ. 216.
12. उपन्यासकार आचार्य हजारीप्रसाद द्विवेदी, डॉ. त्रिभुवन सिंह, पृ. 170.
13. हजारीप्रसाद द्विवेदी के उपन्यासों में नारी, डॉ. हरिशंकर शर्मा, पृ. 218.
14. पुनर्नवा हजारीप्रसाद द्विवेदी, पृ. 18.
15. उपर्युक्त, पृ. 107.
16. उपन्यासकार आचार्य हजारीप्रसाद द्विवेदी, डॉ. त्रिभुवन सिंह पृ. 184.
17. उपर्युक्त, पृ. 185.
18. साप्ताहिक हिन्दुस्तान, 17 जून, 1979.
19. हिन्दी उपन्यासों में नारी, डॉ. शैल रस्तोगी, पृ. 189-90.
20. युगवाणी सुमित्रानन्दन पन्त।
21. हजारीप्रसाद द्विवेदी के उपन्यासों में नारी, डॉ. हरिशंकर शर्मा, पृ. 222.

समाहार

आचार्य हजारीप्रसाद द्विवेदी ने कुल चार उपन्यासों की रचना की–'बाणभट्ट की आत्मकथा', 'चारु चन्द्रलेख', 'पुनर्नवा' और 'अनामदास का पोथा'। हिन्दी के उपन्यास जगत् में इन चारों रचनाओं का अनन्य स्थान है। इन उपन्यासों में द्विवेदी जी ने ऐतिहासिक एवं समकालीन, कला एवं संस्कृति, नारी के विविध रूप, ललित निबन्ध तथा भारतीय आख्यान परम्परा सहित अनेक विधाओं का अद्‌भुत समन्वय प्रस्तुत किया है। इन उपन्यासों की पृष्ठभूमि और प्रेरणा उनके अपने समय और समकालीन जीवन के अनुभवों में हैं। इनमें भौगोलिक, सांस्कृतिक एवं राजनीतिक परिस्थितियों तथा लेखक के पारिवारिक एवं व्यक्तिगत सम्बन्ध सभी को एक सूत्र में पिरोने का प्रयास किया गया है। साथ ही इन उपन्यासों में आदर्शीकरण, मिथकीकरण एवं सांस्कृतिककरण की निरन्तर प्रक्रिया भी देखने को मिलती है। इन चारों उपन्यासों में प्राचीन इतिहास का भरपूर उपयोग किया गया है। इनमें उलटवाँसियों, पहेलियों, दन्तकथाओं, गप्प, दर्शन, सृष्टि एवं दृष्टि का रमणीय समायोजन किया गया है। वस्तुतः द्विवेदी जी अपने उपन्यासों में कल्पना, भ्रम और मिथक का बड़ी सहजता से मोह-जाल रच डालते हैं। यही कारण है कि वे अपने पात्रों के चरित्र को उभारने एवं उन्हें सशक्त भूमिका प्रदान करन में अत्यन्त सफल रहे हैं।

आचार्य हजारीप्रसाद द्विवेदी के चारों उपन्यास 'बाणभट्ट की आत्मकथा', चारु चन्द्रलेख', पुनर्नवा और अनामदास का पोथा', उच्च कोटि का ऐतिहासिक उपन्यास है। ये उपन्यास क्रमशः हर्षवर्द्धनकालीन, मध्ययुगीन, गुप्तकालीन एवं प्रागैतिहासिककालीन भारतीय सभ्यता एवं संस्कृति की सजीव झाँकी प्रस्तुत करते हैं। इन उपन्यासों में ऐतिहासिक पात्रों एवं घटनाओं का केवल साक्ष्य भर लिया गया है। इनकी विषय-वस्तु के स्रोत ऐतिहासिक तथ्यात्मक घटना न होकर तत्कालीन साहित्य एवं लोक-जीवन को अनुप्राणित करती हुई प्रतीत होती है। यद्यपि स्थान को छोड़कर समस्त काल एवं घटनाएँ काल्पनिक हैं तथापि द्विवेदी जी ने अपनी कल्पना शक्ति से इसका सजीव चित्रण प्रस्तुत किया है।

द्विवेदी जी ने मानव के दोनों रूपों स्त्री और पुरुष के विभिन्न पहलुओं को अत्यन्त बारीकी से उकेरने का प्रयास किया है। द्विवेदी जी इस बात को प्रस्तुत करने में सफल रहे हैं कि ईश्वर की सर्वोत्तम रचना के रूप में स्त्री और पुरुष किस प्रकार एक-दूसरे के पूरक हैं। सृष्टि की रचना से लेकर सम्पूर्ण समाज का अस्तित्व मानव के इन्हीं दो रूपों में समाहित है। द्विवेदी जी ने स्त्री और पुरुष के आध्यात्मिक, भौतिक एवं सांस्कृतिक मनोभावनाओं एवं उसके विविध पक्षों को गहनता से विश्लेषित किया है। वे स्त्री के सामाजिक एवं पारिवारिक सम्बन्धों और उसके प्रति दायित्व एवं अधिकारों को सहजता से प्रस्तुत करने में सफल रहे हैं। स्त्री की कोमल भावनाओं, उनके उदात्त विचारों, उनकी करुणा, प्रेम, दया, क्षमा और पवित्रता के प्रति दायित्वों को उद्‌घाटित करने में द्विवेदी जी अपने समकक्षों से आगे निकल जाते हैं। स्त्री-चरित्र के प्रस्तुतीकरण, उनकी भाषा, उनकी भाव-भंगिमाओं के कारण संवाद को अत्यन्त प्रभावशाली बनाया गया है। ये सभी बातें उनके चारों उपन्यासों की स्त्री पात्रों के सन्दर्भ में कही जा सकती है। मानव-जीवन में मृत्युपर्यन्त जिस सुख-दुःख का पहिया निरन्तर गतिशील रहता है, उसके प्रति स्त्री जाति की विभिन्न दृष्टिकोणों, विचारों एवं दर्शन को उजागर करने में भी द्विवेदी जी अत्यन्त सफल रहे हैं।

द्विवेदी जी मानव-जीवन के इस शाश्वत सत्य को उद्‌घाटित करते हैं कि पुरुष जीवन की सार्थकता स्त्री के बिना अधूरी है। व्यावहारिक जीवन में पुरुष की सफलता स्त्री के सहयोग एवं समर्थन पर निर्भर करती है। स्त्री शक्ति के बिना पुरुषार्थ निरर्थक है। द्विवेदी जी ने काफी बल दिया है कि किसी भी सामाजिक व्यवस्था का अस्तित्व स्त्री-शक्ति पर निर्भर करती है। पुरुष का झूठा अहंकार एवं दर्शन स्त्री-जाति की दैविक प्रतिभा को स्वीकार करने में बाधक बनती है। संकुचित मानसिकता के कारण पुरुष, स्त्री-शक्ति के विस्तार एवं प्रभाव को स्वीकार नहीं करना चाहता है। हीन भावना से ग्रसित पुरुष समाज स्त्री की भावनाओं, इच्छाओं और आकांक्षाओं को महत्त्व देने और उसे स्वीकारने में अपमानित महसूस करता है। स्त्री की उपेक्षा से ही समाज में विभिन्न कुरीतियों, अन्धविश्वासों और अनपेक्षित मान्यताओं का जन्म होता है। सुख और दुःख के भँवर जाल में स्त्रियों का वास्तविक व्यक्तित्व नहीं निखर पाता और उनका जीवन कुण्ठाग्रस्त होकर रह जाता है। द्विवेदी जी के चारों उपन्यासों में स्त्री के विविध पक्षों का अद्‌भुत प्रस्तुतीकरण हुआ है।

आचार्य हजारीप्रसाद एक अद्वितीय साहित्यकार थे। उनमें मानव-जीवन और उसके परिवेश को पहचानने और उसका गहन विश्लेषण करने की अद्‌भुत क्षमता थी। जीवन का व्यापक अनुभव उनके लेखन-कला को परिपक्व बनाती है। उनके विशिष्ट व्यक्तिक जीवन-दृष्टि उनके उपन्यासों की मुख्य विशेषता है। उनकी

बौद्धिक चेतना के क्षितिज को मापना आसान काम नहीं है। उनकी मान्यताएँ, धारणाएँ तथा परिकल्पनाएँ उच्च स्तरीय साहित्यिक प्रतिभा को दर्शाती हैं। जीवन के विविध पक्षों को जिस सफलता और सहजता से वे वर्णित करते हैं, वह अपने-आप में असाधारण है। अपने चारों उपन्यासों में जिस प्रकार चरित्र-शिल्प को गढ़ा है और उसमें जिस प्रकार की भाषा और अलंकरण का इस्तेमाल हुआ है, वह द्विवेदी जी की अद्वितीय रचनात्मक क्षमता को प्रक   रता है।

द्विवेदी जी के चारों उपन्यास केवल रोचक कथा भर नहीं हैं, बल्कि इसमें ऐतिहासिक एवं समकालीन जीवन का गहरा बोध भी है और संवदेनाओं की क्षमता भी। चरित्र-शिल्प में इस बोध और संवदेना की गहराई स्पष्ट रूप से देखी जा सकती है। वस्तुतः यह कहना अतिशयोक्तिपूर्ण नहीं होगा कि हिन्दी जगत् में द्विवेदी जी के उपन्यासों ने अपनी अलग पहचान बनायी है, तो वह चरित्र-शिल्प के कारण ही।

परिशिष्ट
प्रमुख सन्दर्भ ग्रन्थों की सूची

1. बाणभट्ट की आत्मकथा, हजारीप्रसाद द्विवेदी, राजकमल प्रकाशन, नयी दिल्ली, ग्यारहवाँ संस्करण, 2006
2. चारु चन्द्रलेख, हजारीप्रसाद द्विवेदी, राजकमल प्रकाशन, नयी दिल्ली, तीसरा संस्करण, 2006
3. पुनर्नवा, हजारीप्रसाद द्विवेदी, राजकमल प्रकाशन, नयी दिल्ली, तीसरा संस्करण, 2008
4. अनामदास का पोथा, हजारीप्रसाद द्विवेदी, राजकमल प्रकाशन, नयी दिल्ली, तीसरा संस्करण, 2005
5. हिन्दी साहित्य कोश, भाग-5, धीरेन्द्र वर्मा, ज्ञानमण्डल लिमिटेड वाराणसी-1, संस्करण, 2000
6. हिन्दी साहित्य का इतिहास, रामचन्द्र शुक्ल, नागरी प्रचारिणी सभा, वाराणसी, पच्चीसवाँ संस्करण, सं. 2049 वि.
7. हिन्दी कहानियों की शिल्पविधि का विकास, डॉ. लक्ष्मीनारायण लाल, साहित्य भवन, इलाहाबाद, तृतीय संस्करण, 1967
8. हिन्दी उपन्यास, सुषमा प्रियदर्शनी, राधाकृष्ण प्रकाशन, दिल्ली-6, संस्करण 1972
9. हिन्दी उपन्यास कला, डॉ. रामलखन शुक्ल, सन्मार्ग प्रकाशन, दिल्ली, प्रथम संस्करण, 1972
10. ऐतिहासिक उपन्यास की सीमा और बाणभट्ट की आत्मकथा, डॉ. त्रिभुवन सिंह, नन्दकिशोर एण्ड ब्रदर्स, वाराणसी, जनवरी, 1961
11. हजारीप्रसाद द्विवेदी के ऐतिहासिक उपन्यास, राजकाव साहित्य, अकादमी, प्रथम संस्करण, 1967
12. ऐतिहासिक उपन्यास, डॉ. सत्यपाल चुघ, नेशनल पब्लिशिंग हाउस, प्रथम संस्करण, 1974
13. आचार्य हजारीप्रसाद द्विवेदी के उपन्यासों में जीवन-दर्शन, श्रीमती मंजु सारस्वत, यूनिक ट्रेडर्स, जयपुर, प्रथम संस्करण, 1981
14. राजपाल हिन्दी शब्दकोश, डॉ. हरदेव बाहरी, राजपाल ऐण्ड सन्स, कश्मीरी गेट दिल्ली अठारहवाँ संस्करण, 2003
15. हिन्दी उपन्यासः समकालीन परिदृश्य, डॉ. महीप सिंह, लिपि प्रकाशन, दिल्ली, प्रथम संस्करण, 1980
16. दूसरी परम्परा की खोज, नामवर सिंह, राजकमल प्रकाशन नई दिल्ली, चतुर्थ संस्करण, 2003
17. हजारीप्रसाद द्विवेदी के उपन्यास और आधुनिक चेतना, डॉ. मंजु तँवर, युवराज पब्लिशर्स ऐण्ड डिस्ट्रीब्यूटर्स, नयी दिल्ली, प्रथम संस्करण, 1991
18. उपन्यास हजारीप्रसाद द्विवेदी, डॉ. बादाम सिंह रावत एवं डॉ. वेद प्रकाश अमिताभ, गिरनार प्रकाशन, मेहसाना, गुजरात, प्रथम सस्करण, 1980
19. पुनर्नवा : चेतना और शिल्प, राजनारायण, विवेक प्रकाशन, दिल्ली, प्रथम संस्करण, 1976

20. भारतीय साहित्य के निर्माता : हजारीप्रसाद द्विवेदी, विश्वनाथ प्रसाद तिवारी, साहित्य अकादमी, प्रथम संस्करण, 1989
21. हजारीप्रसाद द्विवेदी के उपन्यासों में नारी, डॉ. हरिशंकर शर्मा, आराधना ब्रदर्स, कानपुर, प्रथम संस्करण, 1992
22. हिन्दी उपन्यासों में नारी, डॉ. शैल रस्तोगी, वि.भू. प्रकाशन, साहिबाबाद, प्रथम संस्करण, 1977
23. उपन्यासकार आचार्य हजारीप्रसाद द्विवेदी, डॉ त्रिभुवन सिंह, वाराणसेय संस्कृत संस्थान, वाराणसी, संस्करण, 1989
24. हिन्दी उपन्यास और यथार्थवाद, डॉ. त्रिभुवन सिंह, तृतीय संस्करण, 1961
25. बाणभट्ट की आत्मकथा : एक अध्ययन, सुरेशचन्द्र त्रिवेदी एवं विष्णु प्रसाद जानी, हिन्दी साहित्य भण्डार लखनऊ, प्रथम संस्करण, 1964
26. डॉ. हजारीप्रसाद द्विवेदी का उपन्यास साहित्य : एक अनुशीलन, डॉ. (श्रीमती) उमा मिश्रा, अन्नपूर्णा प्रकाशन, कानपुर, प्रथम संस्करण, 1983
27. बाणभट्ट की आत्मकथा : एक अध्ययन, सुरेशचन्द्र त्रिवेदी एवं विष्णु प्रसाद जानी, हिन्दी साहित्य भण्डार, लखनऊ, प्रथम संस्करण, 1964
28. आचार्य हजारीप्रसाद द्विवेदी का साहित्य, डॉ. चौथीराम यादव, हरियाणा साहित्य अकादमी, चण्डीगढ़, प्रथम संस्करण, 1989
29. आचार्य हजारीप्रसाद द्विवेदी का समग्र साहित्य, : एक अनुशीलन, डॉ. यदुनाथ चौबे, अनुभव प्रकाशन, कानपुर, प्रथम संस्करण, 1980
30. हिन्दी उपन्यासों का शास्त्रीय विवेचन, डॉ. महावीर लोढ़ी, रोशनलाल जैन ऐण्ड सन्स, जयपुर, संस्करण, 1972
31. साठोत्तर हिन्दी उपन्यासों में नारी के विविध रूप, डॉ. विमल शर्मा, संगम प्रकाशन, इलाहाबाद, प्रथम संस्करण, 1982
32. साहित्य संगम, आचार्य हजारीप्रसाद द्विवेदी, डॉ. रामकुमार गुप्त मंगल प्रकाशन, जयपुर, प्रथम संस्करण, 1984
33. हजारीप्रसाद द्विवेदी, विश्वनाथ प्रसाद तिवारी, मयूर पैपरबैक्स, दिल्ली, प्रथम संस्करण, 2002
34. संचयिता : हजारीप्रसाद द्विवेदी, राधावल्लभ त्रिपाठी, वाणी प्रकाशन, नयी दिल्ली, प्रथम संस्करण, 2001
35. बाणभट्ट का साहित्यिक अनुशीलन, अमरनाथ पाण्डेय, भारतीय विद्या प्रकाशन, दिल्ली, संस्करण, 1974

पत्र-पत्रिकाएँ :

1. साप्ताहिक हिन्दुस्तान
2. आलोचना
3. आजकल